신 앞의 침묵

비움과 공감의 종교를 향하여

조현규 지음

도서출판 밀알서원

도서
출판 **밀알서원**

밀알서원(Wheat Berry Books)은 **CLC**가 공동으로 운영하는
복음주의 출판사로서 신앙생활과 기독교문화를 위한
설교, 시, 수필, 간증, 선교·경건 서적 등을 출판하고 있습니다.

The Silence in the Presence of God

Written by
Hyun Kyu Cho

Korean Edition
Copyright © 2015 by Wheat Berry Books
Seoul, Korea

추천사

배 원 달
전 안동대학교 총장

나에게는 참 많은 제자들이 있었다. 모두 훌륭한 사람들이다. 그들 중에서도 특히, 일찍 부모님을 여의고 늦게 시작한 공부에 흠뻑 빠져 학문함의 참 맛을 제대로 알았던 한 제자를 기억한다. 그가 곧 이 책을 쓴 저자이다.

그는 올곧은 심성을 지녔던 사람이었다. 가학(家學)의 뿌리를 지녔기에 근본이 바로잡혀 있었고, 세상을 보는 눈이 정의로웠기에 혈기가 있었다. 그랬지만 쇠락한 유림(儒林) 가문의 자식으로 벅찬 삶을 살았다. 대학 졸업 후 그는 대만(臺灣) 유학의 길을 택했고 힘든 과정을 잘 이겨냈다. 9년이란 긴 세월 동안 동양철학이란 학문세계를 이루고 돌아왔다.

귀국 후 곧바로 전임 교수로 자리를 잡았고, 동양윤리 분야의 독보적 위치를 점했다. 수많은 저서들은 뭇 대학의 교재로 각광을 받았고 임용고시의 필독서가 되었다. 그렇지만 그는 늘 겸손했고 신앙생활도 열심이었다. 학교에서는 존경받는 스승으로, 교회에서는 모범적인 신앙인으로, 사회에서는 지도자적 삶을 살았다.

동양윤리 분야의 전문가로만 알았던 그가 갑자기 웬 신학 이야기인가 의아해하며 그의 원고를 읽었고, 깜짝 놀랐다. 언제 이런 신학적, 종교학적 지식을 습득했던 것인가? 신앙고백서 정도를 넘어있다. 어느 종교와 종파에도 치우치지 않는 그의 신학적 관점은 실로 놀랍다. 동서양 철학을 아우르는 철학적 배경과 과학적 소양을 바탕으로 유신론과 무신론을 관통하고 있다.
　일상의 그의 삶 자체가 수도자의 삶이다. 늘 경건하게 살고자 노력한다. 즉 예수의 경건과 주자(朱子)의 거경(居敬)의 경지를 아우른다. 그런 그가 한국 기독교에 아니, 전 세계 종교인들에게 진리의 메시지를 전하고 있다. 그러나 그는 거들먹거리지 않는다. 오히려 침묵해야 함에도 불구하고 쓸데없는 말을 많이 하였다고 고개를 숙인다. 그러나 이 책은 분명 종교 문제를 심각하게 고민하는 많은 사람에게 하나의 울림이 될 것이다. 올바른 종교를 선택하는 데 많은 도움이 될 것이다.
　살아생전 이런 책을 추천할 수 있음에 감사한다.

저자 서문

글쓴이는 본래 철학공부를 하였다. 동서양 철학을 두루 공부하였지만 박사논문은 중국 송나라 때 성리학을 집대성한 주자(朱子)의 사상을 다루었다. 그러고 보면 주 전공은 동양철학이라 할 수도 있을 것 같다. 그런데 왜 '신(神)과 종교'에 대한 이야기인가? 이에 대한 해명부터 해보자.

글쓴이는 중학교시절 바로 집 뒤에 있던 교회에 가게 되었다. 예배를 마치고 나오는 아이들이 뭔가 먹을 것을 들고 나오는 것을 보고 부러워했던 탓도 있지만, 동네 여학생들이 그 교회에 많이 다녔기 때문이다. 아마도 사춘기 때의 호기심의 발동이 그 연유가 되었던 듯하다. 그리하여 기독교라는 종교와의 만남이 이루어졌다. 1년 남짓 다녔을까, 미처 기독교가 무엇인지도 제대로 알지 못한 채 불교신자였던 부모님의 불호령에 못 이겨 교회에 나가는 발길을 멈추어야만 했다. 그렇지만 어릴 적 종교적 경험은 다소의 시간이 흐른 뒤에 자연스럽게 이어졌다. 바로 군대생활을 하면서이다. 육체적으로 힘든 시기였기 때문에 정신적 의지처가 필요했던 것이다. 비교적 열심이었고 제대 후에도 신앙생활은 계속되었다. 신앙심이 두터운 아내를 만나 결혼도 하였고, 오랜 유학생활을 이겨낼 수 있었던 것도 신앙의 힘이었다고 말할 수 있다.

박사논문을 준비하면서는 힘들 때마다 하나님을 찾으며 이렇게 서원했다. "이 논문을 마치게 해주시면 앞으로 신학공부를 하겠습니다." 지금 이 글을 쓰면서 생각하면 어처구니없는 기도였지만 그 당시의 나의 신앙은 바로 거기에 머물렀다. 귀국 후 교수생활을 하면서도 늘 이 서원이 심적 부담으로 남아있었다. 그리고 비교적 열심히 신앙생활은 하였지만 마음 한구석에는 뭔가 채워지지 않는 것이 있었다. 그러던 중 우연히 오강남 교수의 책들을 접하게 되었고, 그때부터 독서의 범위를 종교학으로 넓혀갔다. 두루두루 세상의 종교를 엿보기 시작했고, 급기야는 신학의 영역에까지 관심의 폭을 넓혔다. 그동안 비교적 많은 책들을 읽으면서 나의 신앙관도 변화를 거듭하였고, 신에 대한 이해의 폭도 조금은 넓어졌다. 유학시절 하나님께 신학공부를 하겠다고 서원했던 약속을 조금이나마 지킨 듯하여 요즘은 마음이 한결 가벼워졌다. 아직 잘 모르지만, 아니 영원히 제대로 알기는 힘들겠지만 그래도 조금씩 알아가는 것이 무척 재미있다.

글쓴이가 이런 글을 써보겠다고 감히 용기를 냄에는 그동안 많은 안내자들의 도움이 있었다. 유영모, 함석헌 등과 같은 신학의 선배들과 그들의 글들, 김경재, 오강남, 정용섭, 김진호, 이현주, 홍정수, 김준우 등의 신학적, 종교적 글들이 나에게는 좋은 안내자 역할을 하였다. 서양인으로는 특히 카렌 암스트롱(Karen Armstrong), 존 도미닉 크로산(John Dominic Crossan)의 글들이 많은 가르침을 주었다. 일본인으로는 우치무라 간조(內村鑑三)의 사상에 많은 영향을 받았다.

글쓴이는 최근 카렌 암스트롱의 *The Case for God*(2009)을 읽었다. 너무나 방대하고 깊이 있는 내용의 책이라 온전히 이해하기가 쉽지 않았지만 여러 차례 읽으면서 큰 배움과 감동을 얻었다. 평소의 습관대로 벅찬 감동의 내용들을 최대한 쉬운 필치로 정리하면서 나름의 해석도 해보았다. 그렇게 정리된 내용들이 글쓴이의 철학적 관점과 융합되어 새로운 모습의 글로 다듬어졌다. 그러면서 책의 제목을 『신 앞의 침묵』, 부제로 "비움과 공감의 종교를 향하여"라고 붙였다. 신에 대한 탐구는 하면 할수록 모름, 즉 무지(無知)함을 고백할 수밖에 없어 '침묵(沈默)'해야만 하고, 신에 대한 인식이든 깊은 영성에 이르기 위해서든 '자기 비움'이 선행되어야 하며, 진정한 영성은 다른 사람과 같이 느낄 줄 아는 실천적 공감(compassion)으로 부단히 표현되어야 함을 강조하기 위함이다.

어쨌든 이 글은 카렌 암스트롱의 사유체계를 바탕으로 글쓴이의 철학적 논리와 분석이 보태어져 쓰여졌음을 분명히 밝혀둔다. 이해하기 어려운 용어들이나 개념들은 가능한 주석을 통하여 설명을 하려 했다. 물론 책 전반을 통하여 부족한 부분이 많을 줄 안다. 부족한 부분은 앞으로 독자들의 애정 어린 충고와 조언으로 보완하겠다.

끝으로 부족한 원고를 아름다운 모습의 책으로 만들어주신 밀알서원 사장님과 편집부 여러분에게 고마운 마음 전하고 싶다.

2015년 10월 一道書房에서

조현규 識

신앞의
침묵

·· 목차

추천사 배 원 달/ 전 안동대학교 총장	4
저자 서문	6
제1장 ·· 서설	14
1. '궁극적 실재'의 성격	16
2. 내면적 영성의 문제	20
제2장 ·· 신과 우주	28
1. 야훼의 신과 에덴동산 신화	28
2. 자연철학자들의 우주 이해	33
3. 고대 이성주의 철학자들의 신과 영성	37
1) 소크라테스: 초월적 영성	37
2) 플라톤: 초월적 형상	40
3) 아리스토텔레스: 부동의 동자	43

제3장 ·· 신앙의 태동   47

1. 예수의 등장과 믿음   47
2. 문자 너머의 의미   55

제4장 ·· 침묵의 영성   60

1. 무(無)로부터의 창조   60
2. 막시무스: 침묵과 모름   65
3. 바실리우스: 삼위일체의 신   67
4. 아우구스티누스: 내 안에 있는 신   71
5. 위(僞)디오니시우스: 변증법적 영적 수련   75

제5장 ·· 신앙과 이성의 조화와 갈등   81

1. 안셀무스: 신의 존재론적 증명   81
2. 토마스 아퀴나스: 신의 존재 증명   87
3. 보나벤투라: 마음 속 신의 형상   94
4. 스코투스와 오컴: 이성적 신의 존재 증명   96
5. 신학과 영성 간의 균열   100

제6장 ·· 근대 과학과 종교　　　　　　　　　　106

　1. 교회의 세속화　　　　　　　　　　　106
　2. 르네상스와 종교개혁운동　　　　　　109
　3. 우주에 대한 새로운 자각　　　　　　118
　4. 종교와 과학의 충돌　　　　　　　　　122
　5. 과학적 종교　　　　　　　　　　　　127
　　　1) 데카르트의 지적 통찰: 신은 존재한다　　130
　　　2) 스피노자의 무신론적 사유: 신은 사유의 원리　　135
　　　3) 뉴턴의 과학적 종교: 과학적 신의 존재 증명　　138

제7장 ·· 계몽 시대의 신과 종교　　　　　　　143

　1. 이신론적 신앙　　　　　　　　　　　145
　2. 분열하는 종교　　　　　　　　　　　148
　3. 종교에 대한 상반된 인식　　　　　　153
　4. 자연세계의 계획자 '신'　　　　　　　158
　5. 낭만주의운동: 뉴턴의 신에 맞서다　　161

제8장 ·· 복음주의와 무신론　　　　　　　　167

　1. 미국 복음주의운동　　　　　　　　　167
　2. 새로운 유형의 무신론　　　　　　　　172
　3. 다원주의　　　　　　　　　　　　　177

    4. 성서 고등비평의 딜레마   179

    5. 신앙이라는 망상   182

    6. 신의 죽음   187

제9장 ·· 모름의 영성   193

    1. 불확실성의 세계: 뉴턴 체계를 넘다   193

    2. 근본주의운동의 태동   199

    3. 신이 없는 세상: 악이 판친다   206

    4. 신에 대한 원초적 기다림   210

    5. 모름: 또 다른 인간의 조건   216

제10장 ·· 탈근대 시기의 신과 종교   220

    1. 신이 죽은 시대: 신의 죽음 신학 등장   220

    2. 신과 종교의 극적인 부활   223

    3. 신(新)무신론자들   227

    4. 포스트모던 시대의 신과 종교   233

맺음말   240

제1장 ·· 서설

 2014년 4월 16일 오전 9시경 각 매스컴에서는 세월호 침몰사고를 대대적으로 보도했다. 배가 서서히 기울어져 간다는 것이었다. 그때까지만 해도 우리 국민들은 그다지 큰 걱정은 하지 않았다. 충분히 구조할 수 있을 것이라고 생각했다. 그런데 시간이 갈수록 문제는 심각해져갔다. 선장은 먼저 도망가고 대부분의 탑승객들이 구조되지 못했다. 언론에서는 문제의 중심을 세월호 운영의 부실과 세월호의 실소유자인 구원파[1] 교주의 책임으로 몰고 갔다. 이 사건을 통하여 한국 기독교 교단의 가장 큰 문제라는 사이비종교에 대한 심각성을 부각시키려 부단히 애쓰는 모습이었다. 교주의 도덕성이 결여된 교회운영과 정의와 거리가 먼 기업운영으로 '자본주의 기독교'의 어두운 모습을 그대로 파헤쳤다.

 이런 모습들을 보면서 우리는 그들이 믿는 신은 도대체 무엇인가? 무엇

---

[1] '구원파'라는 용어는 대한민국에서 발생한 기독교계 신흥 종교 중 특정한 구원관을 가지고 있어서 이단으로 지목된 교파들을 통칭하여 일컫는 말이다. 대표적으로 1962년경 권신찬(후에 유병언으로 승계)에 의해 창설된 '기독교복음침례회'가 있다. 그 외에도 이요한(본명 이복칠)이 창설한 '대한예수교침례회', 박옥수가 창설한 '기쁜소식선교회'가 있다. 각 교파 간에는 교류가 없으며, 각 교파는 침례회의 명칭을 사용하고 있으나 침례교(기독교한국침례회)와는 관련이 없다. 또한 구원파라는 용어는 해당 교파에서 스스로 일컫는 칭호가 아니라, 탁명환이 구원에 대한 성서해석의 차이에 대해 구분하여 일컫는 칭호였던 것이 현재는 개신교 주요 교단에서 널리 쓰이는 말이 되었다.

을 신이라 믿으며, 그들이 믿는 신앙의 대상은 과연 무엇인가? 무엇이기에 그토록 합리적이지 못한 신앙인의 모습을 보여주는 것인가? 등의 문제를 생각하게 된다. 그리고 이러한 현상들은 구원파만의 문제일까? 그렇지 않다는 것이 중론이다. 한 정치평론가는 구원파의 행태는 우리 한국 기독교의 모습을 좀 더 강한 톤으로 보여주는 하나의 예에 불과하다고 말했다. 한국 기독교는 이미 맘몬(Mammon)[2]을 숭상하는 물신숭배의 종교 단체로 변한 지가 오래되었다는 것이다. 이러한 지적에 자유로울 수 있는 교회가 과연 얼마나 될까? 글쓴이는 이러한 지적에 전적으로 공감한다. 이러한 문제의식에서 신에 대한 올바른 시야를 확보하고 올바른 종교관을 모색해보는 것은 아주 바람직한 일일 것이다.

따라서 글쓴이는 '신이란 과연 무엇인가?', '신은 존재하는가?', '존재한다면 어떤 모습으로 존재하는가?', '종교란 과연 무엇인가?', '참된 종교는 어떤 모습인가?' 등과 같은 명제에 그 답을 찾아보는 심정으로 이 글을 시작해보고자 한다. 그런데 이러한 질문에 대한 답은 각 시대마다, 신학자나 종교학자들의 견해에 따라 달리 정의 내려지곤 했다. 정의 내려졌다 하더라도 그것이 얼마나 바른 정의인지는 아무도 알 수 없다. 사실 신과 같은 실재는 인간의 언어로서는 도저히 표현할 수 없는 '그 무엇'이기 때문이다.

그렇다면 이러한 신에 대한 궁금증을 조금이나마 해소해보겠다는 인간의 노력은 아무런 의미도 없는 것인가? 꼭 그렇지는 않을 것이다. '신'이라 하든 '궁극적 실재'라 하든 '그 무엇'에 의해서 우리 인간은 이성의 기능을 부여받았고, 그 기능을 최대한 발휘해서 '그 무엇'에 대해 조금이나마 이해하려 노

---

2 맘몬은 물질적인 부요와 탐욕을 뜻한다. 흔히 '재물'을 의미하는 낱말로 쓰이며, 이는 구약성서 (집회 31:8)와 사해문서 및 탈무드에 나오고 있으나, 신약성서(마 6:24, 눅 16:9; 11; 13)에 잘 나타나 있다.

력해보는 것은 당연한 인간의 도리일 수도 있기 때문이다.

1. '궁극적 실재'의 성격

이러한 신에 대한 올바른 이해나 참된 종교에 대한 본격적인 모색에 앞서, 본 글의 전체 내용을 관통하는 핵심 원리를 우선적으로 검토해보고자 한다. 우리가 우선적으로 검토해보아야 할 핵심 원리는 '존재'(Being) 혹은 '궁극적 실재'(ultimate reality)의 성격에 관한 것이다. 이러한 개념은 3대 유일신교인 유대교, 그리스도교, 이슬람교에서는 '신'(神), 힌두교에서는 '브라흐만'(Brahman), 불교에서는 '공'(空), 도가에서는 '도'(道), 유가에서는 '이'(理) 혹은 '무극'(無極)이라고 한다. 이름은 서로 다르지만 진리를 알고 그에 따라 변화를 얻고 자유를 얻으려고 하는 종교적 노력의 핵심이 바로 '궁극적 실재'를 중심으로 하고 있다는 사실은 분명해 보인다.

먼저 '존재'[3]에 대한 개념부터 살펴보자. 현대 교육을 어느 정도 접한 사람

---

3 '존재' 개념은 그 의미가 매우 다양하게 해석된다. 파르메니데스에 따르면 존재는 유일하고 불변하며 영원하다. 우리가 지각하는 대상들은 다수이고 변화하며 일시적이므로 존재의 영역에 속하지 않는다. 존재는 모든 것이 가진 속성일 수도 있고 물리 세계 너머에 또는 그 위나 뒤에 있는 대상이나 영역일 수도 있다. 플라톤은 이데아만이 참된 존재이며 물리적 대상은 이 이데아의 그림자일 뿐이라고 주장했다. 아리스토텔레스에 있어 존재는 모든 것의 밑바탕에 있는 본질 또는 형상이다. 중세 스콜라 철학자들은 보편자의 실재성을 둘러싸고 벌어진 유명론과 실재론의 논쟁에서도 존재 개념은 중요한 역할을 했다.
유명론자에 따르면 실재하는 것은 개별 대상 또는 개체뿐이고 속성은 이 대상들의 집합적 이름일 뿐이며 따라서 '존재'도 이름에 불과하다. 실재론자에 따르면 실재하는 것은 속성이고 개체는 우연한 것이며 존재의 영역은 속성들의 영역이다. 토마스 아퀴나스에서는 존재하는 것들의 위계질서에서 정점에 서 있는 것은 신의 존재이며 신의 존재가 모든 것에 존재를 부여한다. 헤겔에 와서는 존재 개념 자체가 가장 규정이 없는 개념이 된다. 어떤 대상이 있다고 말하는 것은 그 대상에 관해 아무것도 말하지 않은 것이기 때문이다. 그러므로 존재 개념은 그 대립물인 무(無)라는 개념과 만나고 그때부터 점차 규정되어간다.
헤겔의 존재 개념에서 우리가 경험으로 만나는 것을 넘어서면 아무것도 없다. 절대자는 경험을

이라면 20세기 독일의 실존주의 철학자 마르틴 하이데거(Martin Heidegger, 1889-1976)가 특히 강조한 '존재'(sein)라는 말을 들어 알고 있다. 그렇지만 그 뜻을 제대로 아는 사람은 그리 많지 않을 것이다. 하이데거는 아마도 이런 뜻으로 표현한 듯하다. '존재란 존재하는 모든 것을 살아 움직이게 하는 근원적 에너지'이다. 사실 '존재'란 초월적인 것이기 때문에 볼 수도 없고 만질 수도 없으며 들을 수도 없다. 오직 우리 주위의 사람, 물체, 자연의 힘 속에서 작용하는 것만 볼 수 있다. 그리고 존재를 인간의 언어로 정의하거나 설명하는 것은 불가능하다. 존재는 모든 것을 아우르는 개념인데 우리의 마음은 그저 제한적인 특정한 존재들만 다룰 수 있기 때문이다.

그러나 어떤 물체는 존재의 힘을 드러내는 상징이 되었고, 존재는 그런 상징들을 통해 유지되고 생생하게 빛을 발한다. 돌이나 바위는 안정적이고 오래가는 성질로, 달은 끊임없이 회생하는 힘으로, 하늘은 높은 초월성과 보편성을 표현하는 상징이 되었다. 그렇다고 상징물 자체가 숭배되는 것은 아니었다. 사람들이 돌이나 바위 그 자체만을 숭배하거나 거기에 절하지는 않는다는 것이다. 바위는 그저 사람들이 삶의 신비한 본질에 주목하도록 초점 역할만 한다. 존재는 만물을 하나로 묶어준다. 인간과 동식물과 별과 달 모두 신의 생명을 나눠 갖고서 우주 전체를 유지해나간다. 예컨대 B.C. 4500년경부터 이란과 인도 북부 지역에 살았다는 고대 아리아인(Aryan)[4]들은 자기 자신

넘어 그 외부에 있는 어떤 힘이 아니라 경험의 절정이다. 그러므로 존재도 일정한 수준에 있는 우리의 경험 판단 속에서 표현되는 개념이지, 이 판단을 넘어선 영역을 가리키는 개념이 아니다.
한편 포이어바흐는 물질과 관념을 구별하지 않은 존재 개념을 비판했다. 그에 따르면 모든 것이 존재한다는 점에서 일치한다는 이유로 물질적인 것이든 관념적인 것이든 존재라는 개념으로 표현하게 되면, 이 개념은 추상적인 개념이 되어버린다. 마르틴 하이데거에 따르면 존재는 존재자와 엄밀히 구분되며 존재는 개별 존재자들을 존재하게 해주는 것이다.

4   선사 시대에 이란과 인도 북부 지역에 살던 민족을 말한다. 이들의 언어인 아리아어에서 남아시아의 인도유럽어가 비롯되었다. '고귀한'이라는 뜻의 산스크리트 아리아(ārya)에서 유래한 이 말은 19세기까지 '인도유럽'이라는 말과 동의어로 사용되었으며, 더 좁게는 인도이란어족을 의미하

과 모든 자연현상에 내재된 보이지 않는 비인격적인 힘을 숭배했으며 세상만물은 그러한 영(spirit)의 드러남으로 여겼다.

이처럼 고대에는 인격성을 지닌 단일한 지고의 존재에 대한 믿음 같은 것은 없었다. 그 어떤 피조물도 일개의 존재일 뿐이었다. 아무리 크고 우월하다 하더라도 그 역시 유한하고 불완전한 하나의 존재일 뿐이었다. 그런데도 사람들은 종종 자신들보다 더 고귀한 영적 존재들을 자연스럽게 상상하곤 했다. 세상에는 바람, 공기, 열 등과 같은 보이지 않는 수많은 힘들이 작용하고 있었고 그런 것들이 흔히 '신'(神)과 동일시되었다. 그렇지만 이러한 신들은 세상을 좌지우지하는 신이 아니었으며 전지전능하지도 않았다. 따라서 그들은 단지 만물을 존재하게 하고 계절을 순환하게 하는 초월적 질서에 따를 뿐이었다.

인도에서는 일부 아리아인들이 정착한 B.C. 10세기경부터 궁극적 실재에 해당하는 새로운 이름인 '브라흐만'(Brahman)이 등장했다. 브라흐만은 만물이 자라고 번성하게 하는 원리였으며 근본적인 힘이었다. 그러한 힘에게 기도하거나 기도에 응답해주기를 바라는 것은 적절치 못한 일이었다. 그러한 힘은 세상의 모든 것을 통합하고 흩어지지 않게 하는 신성한 기운일 뿐이다. 이러한 브라흐만은 특정한 언어로 정의될 수 없었다. 언어는 개별적인 존재만을 다룰 뿐 브라흐만과 같은 모든 것의 내적 의미를 담고 있는 것을 무엇이라 정의할 수 없기 때문이다. 사실 브라흐만이 무엇인지 인간의 사고로는 짐작할 수 없는 것이지만 아리아인들은 그들의 경전인 리그베다(rig-veda)[5]의 찬

는 말로 사용되었다. 현재는 인도아리아어족을 가리키는 말로만 쓰인다.

5 고대 인도의 브라만교의 근본 성전(聖典)인 네 가지 베다 중 가장 오래된 것. 인드라 등 천지자연의 신들을 찬미하는 시를 모은 것으로 인도 사상의 원천이 되었다. 기원전 1500-1000년경에 성립되었다.

가들을 통해서 브라흐만을 어렴풋이 느낄 수 있었다고 한다.

그들에게 신성의 주요 상징들 중 하나가 '소리'였다. 그들은 소리의 힘과 무형성이야말로 만물에 스며있는 브라흐만을 적절히 구현한 것으로 여겼다. 사제가 리그베다의 찬가를 부르면 그 소리가 신도들의 의식 속으로 신성이 쓰며드는 느낌을 준다고 한다. 듣는 사람들은 찬가의 아름다움에 감동을 받고 경이로움, 두려움, 기쁨에 휩싸이게 된다는 것이다. 옛 현자들에게 계시되었다는 이 찬가들은 신도들에게 믿음의 교리 대신 암묵적이고 수수께끼와 같은 방식으로 옛 신화들을 다루었다.

10세기경에는 브라흐만 사제들이 브라흐모드야(brahmodya) 경연을 발전시켰다. 경연은 참가자들이 숲속에서 단식이나 호흡조절 같은 영적 수련을 통해 정신을 집중하고 의식의 다른 형태를 이끌어내면서 시작되었다. 경연은 브라흐만을 정의하는 언어의 공식을 찾고자 하는 것인데, 결국 한계에 부딪쳐 브라흐만은 말로 표현할 수 없는 것임을 깨달을 때까지 계속되었다. 도전자와 도전 상대자는 서로 수수께끼 같은 질문과 대답을 반복해야만 했다. 그러다 결국 모든 상대를 침묵에 빠뜨리게 하는 사람이 승리자가 되었다. 바로 이 침묵의 순간에 언어의 한계가 드러나고 그 가운데 브라흐만이 존재하게 된다고 믿었다. 다시 말해서 브라흐만의 존재는 말의 무기력함을 통렬히 깨닫는 가운데 있게 되는 것이다.

이와 같이 브라흐만과 같은 궁극적 실재는 인격화된 신이 아니라 결코 풀 수 없는 초월적인 수수께끼였다. 중국인들은 그것을 '도'(道)라고 표현했다. 도는 우주 만물의 근원을 의미한다. 그렇지만 '도가 무엇인지 한마디로 정의하기는 어렵다. 도는 신비하고 초월적인 것이 아니라 현실 전체이므로 아무런 형태도 성질도 없다. 그러한 도를 삶 속에서 체험할 수는 있어도 눈으로 볼 수는 없다. 도는 흔히 말하는 신이 아니다. 도는 하늘과 땅보다 더 오래되었으며 신을 넘어서는 무엇이다. 도는 아득한 옛날부터 있었지만 오래되었다고 할 수 없다. 도는 인간에게 알려진 어떤 형태의 실재와도 거리가 멀기 때문이다. 그것은 존재도 비존재도 아니다. 도는 세상을 바로 그 모습으로 돌아가게 하고 우리 주위의 끊임없는 변화를 이끄는 온갖 양식, 유형, 잠재력을 포함한다. 따라서 도는 평소 우리의 사고방식을 특징짓는 온갖 구분들이 무의미해지는 바로 그 지점에 존재한다.

이러한 논의를 통해 본 '브라흐만'과 '도'의 개념은 분명 전지전능한 신의 개념은 아니다. 오히려 신 이전의 그 무엇이었다. 인간의 언어로서는 도저히 정의할 수 없는 '그 무엇'이며 결국은 침묵하게 만든다.

2. 내면적 영성의 문제

'궁극적 실재'에 대한 검토에 이어서, 다음으로 검토해보아야 할 핵심 원리는 '내면적 영성'의 문제이다. 언제나 종교적 변화의 선봉에 서온 인도의 아리아인들은 생활이 점차 안정되자 좀 더 내적인 영성을 발전시킬 여가를 갖게 되었다. 그들은 존재 자체인 브라흐만 역시 인간의 정신적 영역이라는 획기적인 발견을 했다. 초월성이 인간성 외부에 있는 이질적인 것이 아니라 인간성과 서로 불가분의 관계 속에 있다는 통찰을 하게 된 것이다. 이러한 통찰은 이후 모든 종교적 전통의 핵심이 되었다. B.C. 7세기에 쓰여진 초기 우파니샤드(upanishad)[6]에서도 이러한 성스러운 자아(自我), 즉 아트만(atman)[7]의 탐색이 베다 영성에서 가장 중요한 것이었다. 그렇지만 우파니샤드에 등장하는 현자들은 제자들에게 그것을 단순히 '믿으라'고 요구하지 않고 단지 입문과정을 강조했다. 세상을 달리 보게 만드는 일련의 영성수련 과정을 통해 스스로 발견하게 만들었다. 이렇게 하여 실제로 체득된 지식은 두려움과 불안으로부터 해방되는 기쁨을 가져다주었다.

우파니샤드의 위대한 현자 우달라카 아루니(Uddalaka Aruni)는 아들 쉬베타케투에게 그러한 구원의 통찰을 얻을 때까지 일련의 과제들을 꾸준히 수행케 했다. 그중에서 가장 유명한 일화 하나를 소개한다. 물이 담긴 컵에 소금 한 덩어리를 밤새 넣어두게 했다. 당연히 밤이 지나 소금은 녹아 없어졌지만 물은 여전히 짰다. 우달라카 아루니는 말했다. "아들아, 소금은 눈에 보이지 않지만 계속 거기에 있다"

마찬가지로 브라흐만도 눈에 보이지는 않지만 온 세상의 본질이자 내적 자아로 존재하며 "네가 바로 그것이다"라고 하였다. 이처럼 브라흐만은 소금과 마찬가지로 눈에 보이지는 않지만 살아있는 것 가운데 내재한다. 브라흐만은 장차 거대한 나무로 자라날 조그만 반얀나무 씨앗 속에 든 오묘한 본질이기도 했다. 하지만 아들이 씨앗을 쪼개어 보았을 때는 아무것도 볼 수 없었다. 브라흐만은 나무의 몸 구석구석을 돌며 나무를 살아있게 하는 수액

---

6 가장 오래된 힌두 경전인 베다를 운문과 산문으로 설명한 철학적 문헌들. 현재 108가지 정도 알려져 있는 우파니샤드에는 일찍이 B.C. 1000-600년경에 크게 활약했던 일련의 힌두 스승들과 성현들의 사상들이 기록되어 있다. 후기 인도 철학의 많은 부분이 이 문헌에 기반을 두었다.

7 인도 철학에서 가장 기본적인 개념의 하나. 아트만은 초기 베다 문헌에서는 주로 '자기 자신'으로 나타나지만 후기 우파니샤드에서는 차츰 더 철학적인 주제로 등장한다. 아트만은 다른 신체기관과 기능이 작용하도록 하며, 사실 그것들은 자아를 위해 작용하게 된다. 브라흐만(절대자)이 우주 작용의 근거가 되듯이 아트만은 사람의 모든 행동 저변에 깔려 있다. 아트만을 알면 축복을 받는다. 아트만은 보편적인 브라흐만의 일부인데 서로 통하거나 심지어 하나가 될 수도 있다.

과도 같은 것이었지만 그게 뭔지 규명하고 분석할 수는 없었다.

    세상 만물은 그러한 본질을 공유하고 있지만 대부분의 사람들이 그 사실을 깨닫지 못하고 자신이 유일무이한 특수한 존재라고 생각한다. 그래서 극심한 불안에 시달리거나 헛된 노력을 하면서 그러한 특수성에 연연한다. 그래서 우달라카 아루니는 말한다.

> 모든 개별 존재들은 궁극적 존재에 도달하면 개별성을 잃어버리게 된다. 고양이도 사자도 송아지도 모두 브라흐만 속에서 하나로 어우러진다. 따라서 세속적 자아에 연연하는 것은 고통, 좌절, 혼란으로 이어질 수밖에 없는 망상이며 거기서 벗어나는 길은 브라흐만이 자신의 아트만, 즉 가장 참된 자아임을 깨닫는 것뿐이다.[8]

    우파니샤드의 현자들은 종교의 보편적 원리를 처음으로 구체화한 선구자들이었다. 어쩔 수 없이 우리의 생각과 행동에 깊이 배어버렸지만 수많은 고통의 근원이기도 한 우리의 이기심, 탐욕, 자기 집착을 버릴 각오가 되어야만 비로소 종교적 진리들을 이해할 수 있다고 보았다. 그리스인들은 이 과정을 '케노시스'(kenosis, 자기를 비우거나 자기중심적 사고를 버림)라 일컬었다. 자기 자신을 높이 세우고 남을 깎아내리며 자신만의 이목을 끌고 서열의 맨 앞에 서려고 노심초사 열망하던 것을 온전히 내려놓은 사람만이 크나큰 평화를 경험할 수 있게 되었다.

    현자들은 놀라울 만큼 높은 수준으로 인간 정신의 복잡성을 탐구하기 시작했다. 그들은 프로이드(S. Freud, 1856-1939)보다 한참 전에 무의식을 발

---

8   Chandogya Upanishad(CU), ch 6. 13.

견하기도 했다. 그러나 자아의 가장 깊은 핵심인 아트만은 쉽게 정의할 수 없었다. 엄밀히 말해서 아트만은 브라흐만과 다르지 않은 것이어서 정의하기도 힘들었다. 아트만은 우리의 정상적인 정신상태와도 무관하고 일상적으로 경험하는 그 어떤 것과도 닮은 데가 없어서 오직 부정적인 표현으로만 설명할 수 있었다. 7세기의 현자 야즈나발캬(Yajnavalkya)[9]는 아트만에 관해 할 수 있는 말은 '이것도 아니고 저것도 아니고' 뿐이라고 하였다. 사실 아트만에 대한 논의는 항상 침묵으로 끝이 났다. 아무리 능숙한 언어로도 궁극적 실재를 표현할 수 없음을 인정하는 경외의 침묵인 것이다.

진정한 종교 담화는 명료하고 경험적으로 입증되는 진리를 이끌어 낼 수 없었다. 브라흐만처럼 아트만도 손에 잡히지 않는 것이었다. 무언가를 정의하려면 그것을 우리 자신과 분리해 볼 수 있어야 하는데, 전체(브라흐만)가 한 개인의 자아(아트만)가 되었을 때 누가 어떻게 그것을 볼 수 있으며 누가 어떻게 그것을 생각할 수 있겠는가? 그렇지만 나의 가장 참된 자아가 브라흐만과 다르지 않다는 진리를 깨닫게 되면 그것 역시 모든 것(배고픔과 목마름, 슬픔과 망상, 늙음과 죽음 등)을 초월한다는 것을 알 수 있게 된다. 인간의 이성적 논리로는 이런 통찰의 경지에 이를 수 없다. 일상의 자아를 초월한 사고로 길고 힘들고 헌신적인 수련의 과정을 통하여 도달하게 된다.

당시 이러한 무아에 이르게 해주는 주요 기술의 하나가 '요가'(Yóga)였다.

---

9 야즈나발캬는 우파니샤드 시대의 최고 사상가였다. 그는 자나카 왕의 궁전에서 열린 공개 토론에서 최고의 사상가로 대중들에게 인정을 받았다. 자나카 왕궁의 논쟁에서 그는 열 사람에 가까운 사상가들과 논쟁을 벌였는데, 스승 웃달라카가 "이 세계와 저 세계 및 일체의 생류(生類)를 내면에서 통제하는 내제자란 무엇인가"라고 물었다. 그러자 야즈니발캬는 "결코 보이지 않지만 보는 자이며, 들리지 않지만 듣는 자이며, 생각되지 않지만 생각하는 자이며, 인식되지 않지만 인식하는 자이다"라고 말해 인간 내면의 인식 주체로서 아트만을 말하였다. 이러한 인식주체인 아트만은 우파니샤드 시대에 인간의 감각 및 의식 기능의 주체와 관련된 중요한 논의로 이러한 사상은 후대 불교는 물론 인도철학에 커다란 영향을 끼쳤다.

오늘날 헬스클럽 같은 곳에서 가르치는 것과는 달리 원래 요가는 본능적인 행동과 통상적인 사고방식을 체계적으로 무너뜨리는 훈련이었다. 머릿속을 어지럽히는 생각들을 잠재우고 긴 시간 한 가지에 집중하는 법을 익혔다. 이러한 훈련을 통해 일상의 의식이 해체되고 그 속에서 '나'를 없앨 수 있었다. '나'가 사라지면 지극히 평범했던 것이 전혀 예기치 못한 특성을 드러내게 되는데 그것은 더 이상 이기심과 욕망이 존재하지 않게 된다.

현자들은 이러한 요가 체험을 통해 새로운 창조 신화를 만들어내기도 했다. 줄거리는 대충 다음과 같다. 태초에 오직 한 사람이 있었는데 주위를 둘러보고 자기 혼자인 것을 알았다. 그는 그렇게 스스로를 자각하게 되었고, 그렇게 해서 '나'라는 자아의 원리가 생겨났다. 태초의 인간은 자기 혼자뿐이므로 아무 위협도 없다는 것을 알자 두려움이 사라졌다. 하지만 그는 외로웠다. 그래서 자기 몸을 둘로 나눠서 남자와 여자를 만들었고 이 둘에서 우주의 모든 존재들을 낳았다. 이제 태초의 인간은 두렵지도 외롭지도 않았다. 그가 곧 브라흐만, 즉 우주 전체인 것이다. 그는 자기가 만든 모든 것들과 하나였다. 그 자신부터가 자신의 창조물이었다. 그는 본질적으로 자기 자신의 일부인 신들까지도 창조했다. 결국 요가 수행을 거치지 않고서는 이러한 경험을 기대할 수 없었다.

3대 유일신교(유대교, 그리스도교, 이슬람교)뿐 아니라 불교, 자이나교, 유교, 도교 등 다른 종교적 전통에서도 이러한 근본 원리들이 있다. 각 종교마다 특출한 전망과 나름의 결함도 지니지만 이 핵심 원리들에 대해서만은 모든 종교들이 일치한다. 이처럼 종교는 관념상의 문제가 아니었다. 예를 들어 붓다(buddha; 깨달은 자, '석가모니'라고도 함)는 이론적인 고찰로 시간을 낭비하지 않았다. 한 제자가 요가 수행은 하지 않고 형이상학적인 질문으로 붓다를 성가시게 했다. "정말 신이 있습니까? 이 세상은 때 맞춰 창조된 것입니까?

원래부터 늘 존재했습니까?"라는 질문을 하자 붓다가 말하기를 "신이 이 세상을 창조했는지 알아낸들 뭐가 달라지는가? 고통과 미움과 슬픔은 여전히 존재할 텐데"라고 하였다. 붓다는 그런 주제들과 씨름하는 것은 쓸데없는 짓이라 여겼다. 그러면서 붓다는 그런 것들은 신성함을 탐구하는 데 전혀 도움이 되지 않으며 평화를 가져다주지도 열반에 이르게 하지도 않는다고 하였다.

붓다는 결코 '열반'(涅槃, Nirvana)을 정의하지 않았다. 열반은 관념적으로 이해될 수 없고 명상과 자비를 실천하지 않는 사람에게는 이해 불가능한 것이기 때문이다. 그러나 붓다와 같이 삶에 헌신한 사람이라면 누구나 열반에 이를 수 있었다. 그러나 가끔은 붓다도 유일신교에서 신을 표현할 때와 같이 '진리', '피안'(彼岸), '영원', '저 너머'와 같은 용어들을 사용해서 열반을 말하기도 했다. 열반은 우리의 존재 깊숙한 곳에서 발견하는, 삶에 의미를 주는 고요한 중심이자 평온함을 주는 안식처이자 힘의 원천이었다.

이러한 열반은 무아(無我)라는 붓다의 교리에 따라 살면 자연스럽게 이르는 결과이다. 무아는 단순한 형이상학적 원리가 아니라 행동의 프로그램이었다. 매일 매시간 자기 자신은 존재하지 않는 것처럼 행동하기를 요구한다. 욕심을 버리고 열망이 자취를 감추게 되면 마음의 해방을 경험하게 된다. 무아에 이르는 최고의 길은 자비, 즉 타인과 같이 느낄 줄 아는 능력이었다. 자비는 자신을 세상의 중심에서 끌어내리고 타인을 그 자리에 올려놓을 수 있어야 한다. 이러한 이타심과 신성함이 불가분의 관계임을 분명히 한 또 한 사람의 현자가 있었으니 중국의 공자(孔子)였다.

공자 또한 '신'(神)에 관해 이렇다 저렇다 말하기를 싫어했다. 그에게 신이란 언어를 초월한 곳에 있으며 신에 대한 논의는 무의미하게 여겨졌다. 그는 "나의 도를 하나로 관통하는 것이 있다"고 말하는 정도였다. 그것은 난해한 형이상학이 아니었다. 공자에게 모든 문제는 남을 절대적으로 존중하는 것이 얼마나 중요한 것인가 하는 문제였다. 그의 제자들이 늘 실천했던 황금률인 "자기가 원하지 않는 것을 남에게 시키지 마라"(己所不欲 勿施於人)는 대목에서 이를 잘 알 수 있다. 제자들은 무엇이 자기 마음에 고통을 주는 것인지 잘 살펴보고 남을 고통스럽게 하는 일이라면 그 어떤 상황에서도 거부해야 했다.

그에게 종교는 사유의 문제가 아니라 행동의 문제였다. 중국의 유교적 예법은 개인이 인간성을 갈고닦아 '군자'(君子), 즉 성숙한 인간이 될 수 있게 해주었다. 군자는 타고 나는 것이 아니라 세심하게 만들어지는 것이었다. 군자가 되려면 거친 돌을 아름답게 만들어내는 조각가처럼 자기 자신을 다듬어야 한다. 제자 안회(顏回)가 "어떻게 하면 군자가 될 수 있습니까?"라고 물었을 때, 공자는 "자기를 누르고 예를 따르라"고 하였다. 군자의 삶은 모든 부분에서 남을 배려하고 존중하는 예법을 따라야 한다는 것이다. 이러한 상태를 공자는 '인'(仁)이라 표현하기도 했다. 인은 '사랑'(愛) 내지는 '어짊'(혹은 자비심)으로 설명되지만, 공자는 인을 별도로 정의하려 하지는 않았다.

인도, 중국, 서아시아의 위대한 현자들에게 있어 종교는 관념적 활동이 아니라 실천적 활동이었다. 일련의 교리들을 믿으라고 하기보다는 열심히 수련하라고 요구했다. 실천이 없으면 어떠한 종교적 가르침도 믿기 힘든 헛소리에 불과하다. 궁극의 실재는 지고의 존재가 아니었다. 그런 것은 고대의 종교적 감수성과는 영 거리가 멀었다. 궁극의 실재는 몇 마디 교리로 정리될 수 없는 모든 것을 아우르는 초월적인 실재였다.

그래서 종교적 담화는 신성에 관한 분명한 정보를 전달하려 해서는 안 되며 우리의 언어와 이해력의 한계를 인정하게 만들어야 했다. 궁극의 실재는 인간에게 낯선 그 무엇이 아니라 인간성과 불가분의 관계에 있다. 장황한 이성적인 사고로는 그것에 이를 수 없다. 정성껏 마음을 단련하고 남을 위해 자기를 버릴 줄 알아야 이를 수 있게 된다.

　이러한 원리가 '침묵의 종교'가 아닌 '말의 종교'라 할 수 있는 유대교, 그리스도교, 이슬람교 같은 유일신교에서는 어떻게 적용되었을까? B.C. 8세기경 이스라엘 사람들은 '야훼'(Yahweh)[10]를 유일한 '이스라엘의 거룩한 자'로 여기며 궁극의 초월성을 부여하였다.

10　'야훼'는 구약 시대에 이스라엘인들이 하나님을 부르던 고유 명사로 "나는 있는 나다"라는 뜻이다. 그러나 사람들은 하나님의 이름을 함부로 부를 수 없어 '야훼' 대신 '아도나이'(Adonai, 주님) 또는 '엘로힘'(Elohim)이라는 호칭을 썼고, 이 때문에 '야훼'는 자음자 'YHWH'로 표기하게 되었다. 2008년 교황청은 "거룩한 네 글자(YHWH)로 표현되는 하나님의 이름을 전례에서 사용하거나 발음하지 말고 '아도나이'(주님)로 표현해야 한다"는 지침을 발표했다. 그 이유는 지극히 거룩하신 하나님의 이름을 함부로 부를 수 없다는 것이다. 이 때문에 '여호와'(Jehovah, YeHoWaH)라는 인위적인 이름이 새롭게 등장하였다. 르네상스와 종교개혁 이후의 그리스도교 신학자들은 주로 '여호와'라는 이름을 사용했지만, 19-20세기 성서학자들은 다시 '야훼'라는 이름을 사용했다.

제2장 ·· 신과 우주

1. 야훼의 신과 에덴동산 신화

'야훼'라는 신은 에덴동산 신화에 등장한다. 이는 잃어버린 낙원 신화의 전형이다. 이야기는 이렇게 전개된다. 태초에 에덴동산이라는 낙원에 최초의 인간 '아담'(Adam)이 살았다. 에덴동산은 야훼라는 신이 동쪽 사막에서 샘물을 솟아나게 하여 만든 천국 같은 오아시스이다. 이 성스러운 땅을 중심으로 네 줄기의 강물이 흘러 세상의 생명을 꽃피웠다. 야훼는 진흙(adama)을 빚어 아담의 형상을 만들고 콧구멍으로 생명을 불어넣은 뒤 그에게 에덴동산을 맡겼다. 에덴동산은 그야말로 기쁨의 땅이어서 아담은 더없이 행복한 삶을 살 수 있었다. 야훼는 땅으로부터 온갖 새와 짐승들을 만들어내 아담이 벗으로 삼게 했다.

이곳에는 세상의 중심임을 표시하는 성스러운 나무 두 그루, 즉 '생명의 나무'와 '선악을 알게 하는 나무'가 있었다. 그리고 아담이 이곳의 비밀스런 지식을 접하게 만든 말하는 뱀도 있었다. 하지만 아담은 외로웠다. 그래서 야훼는 아담이 잠든 사이 그의 갈비뼈 하나를 뽑아 여자를 만들었는데, 그 여자가 '생명을 주는 자'라는 뜻의 '하와'(Hawa, 혹은 이브〈Eve〉)이다.

곧장 외로운 인간이 둘로 나뉘어 남자와 여자가 되었다는 우파니샤드의 신화가 연상되지만 분명 서아시아 지역의 이야기로서 전통적 모티브들, 즉 진흙을 빚어 아담을 만들었다는 점, 세상의 네 구역으로 흘러가는 강, 거룩한 나무와 말하는 동물 등으로 가득하다. 야훼는 아담과 이브에게 선악을 알게 하는 나무의 열매를 먹지 말라고 하지만, 그들은 뱀의 꼬임에 넘어가서 이를 어기고 에덴동산에서 영원히 추방당한다. 이후로 그들은 고생스럽게 땅을 일구고 근근이 먹고살았으며 슬픔 속에 아이들을 낳았다. 이 신화도 다른 신화들처럼 인간으로서 겪는 곤경에 대해 생각하게 한다. 왜 인간은 고된 노동과 출산과 죽음이라는 고통 속에 있는 것인가? 왜 인간은 신으로부터 이토록 소외감을 느껴야만 하는가?

일부 서구 기독교인들은 이 이야기를 인류를 영원히 벌 받게 한 원제에 관한 실제 이야기로 받아들인다. 그러나 이는 독특한 기독교적 해석일 뿐이며 후에 많은 논란을 일으켰다. 유대교(Judaism)[1]나 동방정교회(Eastern Orthodoxy)[2]에서는 에덴동산 이야기를 절대 그런 식으로 받아들이지 않는다. 그런데 현대 서구 사회에서는 성서의 내용을 문자 그대로 받아들이는 사람들이 있다. 그들은 성서가 다른 역사적 문헌에서 기대되는 것과 같은 정확한 정보를 주고자 만들어졌으며 과거에도 항상 문자 그대로 이해되어온 것으로 여긴다. 그런데 사실 성서는 하나의 정통해석이 존재하는 것이 아니라

---

1   유대 민족의 종교. 하나님의 임재를 인간행위와 역사에서 경험한다고 주장하는 유일신교이다. 유대교는 광의로는 아브라함·이삭·야곱 등 족장 시대부터 지금에 이르기까지 4,000여 년에 걸친 유대 민족의 종교현상 전부를 뜻하며, 협의로는 B.C. 5세기 유대 민족이 바빌론 유수에서 이스라엘로 돌아와 유대교를 재건한 때부터 지금에 이르기까지 2,400여 년 동안 믿어온 신앙체계를 가리킨다.

2   사도교회를 계승했으며, 독특한 전례, 지역 교회들의 독자성 등을 특색으로 하는 그리스도교의 주요 3분파들 가운데 하나. 동방정교회는 서방(로마가톨릭)교회의 상대적 의미로 사용되기 시작했다. 동방정교회가 로마가톨릭으로부터 갈라진 것은 예부터 이어져온 로마 동·서방의 언어·문화·정치적 차이에서 비롯되었다.

끊임없는 재해석을 요구하는 것이다.

그리고 성서가 우리에게 역할 모델을 제시하고 윤리적 가르침을 주기 위한 것이라는 생각 또한 널리 퍼져있지만 이 역시 성서 기자들의 의도는 아니었다. 에덴동산 이야기는 분명 윤리적인 것이 아니라 다른 낙원 신화들처럼 인류의 유년기에 관한 상상의 이야기일 뿐이다. 아담과 이브와 뱀은 인간성의 서로 다른 측면을 상징한다고 볼 수 있다. 뱀에게서는 인간이 발전하는 데 중요한 반항심과 모든 것을 의심하려는 부단한 충동을 보고, 이브에게서는 지적 갈망과 모험에 대한 욕구와 억압 없는 삶에 대한 열망을 보며, 다소 수동적 인물인 아담에게서는 자신의 행동에 대해 책임지기 싫어하는 인간의 모습을 보게 된다.

이 이야기는 선과 악이 우리의 삶 속에서 불가분하게 뒤얽혀 있음을 보여준다. 또한 우리의 방대한 지식이 혜택을 가져다주는 동시에 엄청난 화도 불러올 수 있음을 말해준다. 탈무드 시대의 랍비(rabbi)[3]들은 이를 완벽하게 이해하고 있었던 듯하다. 그들은 아담의 추방을 대단한 재앙으로 보지 않았고 악한 성향 또한 인간의 본질적인 부분이며 거기서 나온 공격성, 경쟁심, 야망도 인간이 위대한 성취를 이루는 데 일조한다고 보았다.

에덴동산 이야기는 역사적 사실을 기술해놓은 것이 아니라 의례적 경험을 표현한 이야기다. 이 이야기는 흔히 학자들이 말하는 '모순의 통일'(coincidentia oppositorum)[4]을 표현하고 있는 듯하다. 에덴동산에서 신과 인간은 서로 멀지 않고 같은 공간에 있다. 야훼는 산들바람이 불 때 동산을 거닐기

---

3 유대교에서 히브리 성서와 『탈무드』에 대한 학문적 연구를 거쳐 유대인 사회와 회중의 영적 지도자나 종교적 교사가 될 자격을 얻은 사람.

4 속세의 삶에서 서로 모순되어 보이는 것들이 신성과 접하는 고양된 순간에 감춰진 통일성을 드러내며 일치하는 것을 말한다.

까지 했다. 아담은 신의 숨결을 불어넣어 태어난 생명이기에 자연과 초자연 간의 대립은 없다. 아담과 이브는 성의 구분이나 선악의 차이를 모르는 것처럼 보인다. 삶은 본래 이런 식으로 이루어지게 되어 있었다.

B.C. 8세기까지도 이스라엘 사람들은 자신들의 종교를 내면화하지 않고 여전히 외적인 의례에 의존하고 있었다. 당시 그들은 독립된 두 개의 왕국에 살았다. 하나는 지금의 웨스트뱅크 지역인 남부의 유다 왕국으로 예루살렘이 수도였고, 다른 하나는 더 크고 더 부강한 북부의 이스라엘 왕국이었다. 아담과 이브 이야기는 왕들이 서사시 집필을 의뢰해서 왕실 문서보관소에 보관하기 시작하던 이 무렵 남쪽 왕국의 이름 없는 기자에 의해 쓰였음이 거의 분명하다. 학자들은 그가 신을 고유한 이름인 '야훼'로 불렀기에 그를 'J'라 일컫는다. 한편 신의 명칭을 '엘로힘'(Elohim)으로 애칭하던 또 다른 기자는 그와 비슷한 서사시를 짓고 있었다. 그를 'E'라 일컫는다. B.C. 722년 북부 왕국이 아시리아 군대에 멸망한 뒤 이 두 기록은 'JE 서사'로 합쳐져서 성서의 최초 토대가 되었다.

그러므로 애초부터 성서에는 단 하나의 정통 메시지 같은 것은 없었다. J와 E는 이스라엘의 역사를 서로 다르게 해석했고 후대의 편집자들도 그런 차이를 보존해나갔다. JE 서사에 신성불가침한 것은 전혀 없었기에 후대 사람들이 이를 고쳐 쓰고 내용의 상당 부분을 바꾸는 데도 거리낌이 없었을 것이다. JE 서사는 옛 부족 축제에서 낭송되던 이야기들을 모아 기록한 것임이 분명하다. 통틀어 이스라엘로 알려진 부족들의 연합은 B.C. 1200년경부터 가나안 고원지대의 수많은 성지에 모여들어 그들을 하나로 결속하는 조약을 새로 만들었다. 시인들은 족장이었던 아브라함, 이삭, 야곱 그리고 백성들을 이집트의 속박에서 벗어나게 한 모세, 위대한 장수였던 여호수아 등 그 지역 영웅들의 위업을 노래한 시를 낭송했을 것이다. 처음에는 주류 서사라고 할 것도 없었겠지만 J와 E가 각 지역에 전해내려 오면서 이 이야기들을 한데 묶으면서 서구 문명의 창건 신화 중 하나가 된 일관된 서사가 탄생했을 것이다.

이렇게 탄생한 서사의 내용을 대략 살펴보면 B.C. 1850년경 야훼가 아브라함을 불러서 그가 언젠가 가나안 땅을 차지하고 부강한 나라를 세울 것이라고 약속하면서 메소포타미아의 집을 떠나 가나안에 정착하라고 했다. 아브라함과 아들 이삭, 손자 야곱은 약속의 땅으로 가서 이방인으로 살았지만 기근이 닥치자 이스라엘 12부족의 창시자인 야곱의 열두 아들들은 이집트로 이주할 수밖에 없었다. 이들은 처음에는 번성했으나 나중에는 불어난 인구 때문에 위기에 처했다.

이집트인들이 이스라엘인들을 탄압하고 노예로 삼자 결국 야훼가 모세에게 백성들을 이끌고 가나안으로 돌아오라고 명령한다. 야훼가 일으킨 기적의 도움으로 간신히 이집트 땅을 탈출한 이스라엘인들은 40년 동안 시나이 반도 황야를 방랑했다. 야훼는 시나이 산에서 모세에게 자신의 가르침을 전하고 이스라엘 민족을 자신의 백성으로 선택했다. 모세는 약속의 땅으로 가는 문턱인 느보 산에서 죽었지만 B.C. 1200년경 마침내 여호수아가 가나안 땅을 정복하고 거기 살던 이들을 몰아냈다.

이스라엘 고고학자들이 1967년부터 유적 발굴 작업을 해왔지만 이 이야기를 뒷받침할 증거를 찾지는 못했다고 한다. 여호수아서에 나오는 대량 파괴의 흔적도 찾을 수 없었고 중대한 인구변화를 확인시켜줄 자취도 찾지 못했다고 한다. 그러면서 학자들은 성서의 이야기들이 사건이 일어난 시기를 반영하는 것이 아니라 이야기가 기록되기 시작한 B.C. 8-6세기의 상황을 반영한다고 말한다. J와 E는 엄밀한 사실을 기록한 것이 아니었다.

사실 고대 세계에 대한 기록을 남긴 사람들은 실제로 일어난 일보다 그

일의 의미에 더 관심을 두었다. 그래서 J와 E의 기록을 결합하던 모세오경의 마지막 편집자들도 모순된 내용들을 그다지 깔끔하게 처리할 생각이 없었던 것이다. 한 예로, 문헌을 살펴보면 J는 남부 사람인 아브라함을 이스라엘 최고의 영웅으로 묘사하고 모세에게는 별 관심을 기울이지 않은 반면에 E는 북부에서 인기가 많았던 모세를 훨씬 더 중요한 인물로 묘사했다. J와 E 모두 정확한 사실적 기록보다는 당대 여건에 맞추어 묘사하고 있음을 알 수 있다.

따라서 이러한 이야기들이 역사적으로 정확하리라 기대하는 것은 잘못이다. 특히 오늘날의 우리들에게는 이러한 점들을 새롭게 이해할 필요가 요구된다. 그러할 때 성서를 읽는 방식도 그 내용의 이해도 달라질 수 있기 때문이다.

2. 자연철학자들의 우주 이해

성서 기자들에 의해 천지창조 이야기가 쓰여지고 있을 무렵, 그리스의 식민도시인 소아시아 이오니아 지방의 밀레투스(Miletus)[5]에 살던 소수의 철학자들은 우주에 관해 전혀 다른 방식으로 생각하기 시작했다. 후대인들이 그들을 '자연철학자들'이라고 불렀는데 그들의 사고방식이 전적으로 물질세계에 기반을 두고 있었기 때문이다. 무역업으로 부를 축적한 밀레투스의 사람들은 사색할 수 있는 여가를 즐겼고 그 결과 놀라운 결론에 도달했다. 이 세상이 변화무쌍하게 돌아가는 것처럼 보여도 그 속에는 숨은 질서가 있고 세상은 이해 가능한 법칙들에 따라 움직인다는 확신에 이른 것이다. 그들은 모

---

5 아나톨리아 서부에 있는 그리스의 고대 도시.

든 것이 설명가능하며 엄격한 합리적 탐구를 통해 그런 설명을 찾아낼 수 있다고 믿음으로써 서구의 과학적 전통이 시작되었다.

물론 그들의 생각을 이해할 만한 사람들이 드물었기 때문에 추종자들도 그리 많지 않았지만 당대에는 불가능하게 여겨진 수준까지 자연계를 탐구했다. 왜 세계는 이런 식으로 이루어져 있을까? 그들은 '아르케'(arche, 우주의 원물질)를 연구함으로써 그 답을 찾고자 했다. 만일 우주가 생겨나기 전부터 존재했던 원물질을 밝혀낼 수 있다면 우주의 실체를 이해할 수 있게 되고, 그러면 나머지도 다 밝혀질 것으로 믿었다. 그리고 그들은 우주를 구성하는 물질들이 제왕적인 조물주와 상관없이 본래 내재한 자연 원칙에 따라 진화한다고 믿었다.

자연철학자 중 탈레스(Thales of Miletus)[6]는 원시 바다의 신화에 영향을 받았던 것 같다. 그가 남긴 유일한 문장인 "만물은 물이요. 세상은 신들로 가득 차 있다"라는 데서 알 수 있다. 물론 탈레스는 시인이나 신화창조자들과는 달리 왜 물이 원시물질이었는지 밝혀내야 한다고 느꼈지만, 과학적 자연주의가 종교를 버리게 하지는 않았음으로 여전히 세상이 신들로 가득 차 있다고 보았던 것 같다. 비슷한 논리로 아낙시메네스(Anaximenes, B.C. 560-496)는 살아가는 데 물보다는 더 필수적인 것이 공기라고 보아 공기야말로 아르케라고 믿었다. 공기가 응고 작용에 의해 바람, 구름, 물, 흙, 암석으로 점차 변화했다고 본 것이다.

비슷한 시기 아낙시만드로스(Anaximandros, B.C. 610-556)는 좀 더 다

---

6 '물'이 모든 물질의 본질이라는 데 기초한 우주론과 많은 연구자들이 B.C. 585년 5월 28일에 일어난 것으로 추정하는 일식을 예언한 것으로 유명하다. 그리스의 사상가 아폴로도로스에 따르면 탈레스는 B.C. 624년에 태어났다. 그리스의 역사학자 디오게네스 라에르티오스는 제58회 올림픽대회(B.C. 548-545) 때를 그가 죽은 나이(78세)로 잡았다. 탈레스의 글은 하나도 남아 있지 않고 당시의 자료도 없다. 그러므로 그의 업적을 평가하기는 어렵다.

른 생각을 했다. 그는 우주가 모든 존재의 씨앗을 품은 더 큰 실체로부터 생겨났음이 분명하다고 보고, 그것을 '정해지지 않은' 이라는 의미의 '아페이론'(apeiron)이라고 불렀다. 그 자체의 성질이 없어서 뭐라고 정의할 수 없었기 때문이다. 아페이론은 무한하고 신성하며 모든 생명의 근원이었다. 아페이론으로부터 어떤 과정을 거쳐 개별적 존재들이 갈라져 나왔다고 본 것이다.

B.C. 6세기 말 밀레투스가 페르시아에 정복당하면서 과학의 중심은 이탈리아 남부 식민지인 엘레아(Elea)[7]로 옮겨졌다. 이곳에서 파르메니데스(Parmenides, B.C. 515경- ?)는 근본적인 회의론을 전개했다. 즉 우리가 우주를 분석하는 방법이 과연 실재 자체와 관계가 있는가? 또는 우리가 관찰한 법칙과 현상들은 과연 객관적인 실재인가? 단지 우리 눈에 보이는 세계의 일부분만을 설명하는 것은 아닌가? 등의 문제에 고민했다.

그러면서 그는 진리에 도달하려면 인간의 이성이 일반 통념과 입증되지 않은 견해를 뛰어넘어야 한다고 생각했다. 그리고 그는 실재는 단일하고 통합되고 완전하고 영원한 것이어서 겉으로는 생물들이 태어났다 죽는 것처럼 보여도 실제로 실재는 시간의 영향을 받지 않는다고 여겼다. 따라서 무언가가 죽었다, 움직인다, 변한다는 말은 하지 말아야 한다고 했다. 하지만 그의 이론은 동시대인들에게 그다지 설득력을 지니지 못했다.

데모크리토스(Democritos, B.C. 446-370)는 파르메니데스와는 좀 더 다른 관점에서 그의 원자론을 제시했다. 그는 세계가 변하지 않는 통합된 실체라는 것에는 동의했지만 파르메니데스와는 달리 그것이 단일한 존재가 아니라 눈에 보이지 않고 더 이상 쪼개지지 않는 무수한 입자들의 형태를 띤다고 주장했다. 그 입자들이 무한히 펼쳐진 빈 공간에서 끊임없이 움직인다는 것

---

[7] 이탈리아 루카니아 지방에 있던 고대 도시.

이다. 감독하는 조물주 없이 각각의 원자들은 우연에 따라 이리저리 떠밀려 다닌다. 그러다가 주기적으로 부딪치고 뭉쳐져서 우리 눈에 보이는 물질현상 들을 이룬다고 보았다. 그러나 이 역시 일시적인 형체일 뿐 형체를 이루던 원 자들은 다시 해체되어 또 다른 형체를 이룰 때까지 빈 공간을 떠돌아다닌다 고 여겼다.

자신들의 이론을 명확히 입증하는 수준은 아니었지만 자연철학자들의 통찰력은 놀라웠다. 우주를 설명할 최초의 단순한 원리를 찾아내려는 시도 속에서 탈레스나 아낙시메네스는 이미 과학자처럼 생각하기 시작했다. 파르 메니데스는 달이 태양빛을 반사한다는 사실을 알아차렸고, 데모크리토스의 원자론은 17세기 과학혁명기에 다시 부활해서 엄청난 영향을 미치기도 했다. 그러나 일부 동시대인들은 이러한 새로운 철학에 회의적이었다. 그들은 우주 의 비밀을 파헤치려는 자연철학자들이 인간의 한계를 무시하고 신의 영역에 도전하는 오만함을 보인다고 우려하기도 했다.

후대에 수학자로 더 많이 알려진 피타고라스(Pythagoras, B.C. 570-500)는 다른 자연철학자들과는 좀 더 다른 성향을 지녔다. 그는 이오니아 해안에서 태어나 그곳에서 교육을 받았는데 그곳에는 금욕주의와 신비주의가 유행했 었다. 신비주의적 영향을 받은 그는 이탈리아에 정착한 후 아폴로(Apollon)[8] 와 뮤즈(Muse)[9]를 숭배하는 종교공동체를 세우기도 했다. 그곳에서 수학, 천 문학, 기하학, 음악 등을 연구했는데 그러한 연구는 물질세계 탐구를 위한 수 단이기도 했지만 그 자체 영성수련을 하는 것이기도 했다.

그들(피타고라스학파)에게 있어 철학은 차가운 이성의 학문이 아니라 탐구

---

8 그리스 종교에서 다양한 기능과 의미를 지니는 신으로, 그리스의 모든 신들 중 가장 널리 숭상되고 영향력 있는 신.

9 그리스 신화에서 보이오티아의 피에리아와 헬리콘 산에 관련된 자매 여신들.

자 자신을 완전히 뒤바꿔놓을 만큼 열렬한 영적 탐구였다. B.C. 4세기 아테네에서 발전한 철학이 바로 그런 것이었다. 즉 고대 그리스의 이성주의는 관념적인 사색 그 자체를 목적으로 한 것이 아니라 초월성에 대한 탐구와 헌신적인 생활 방식에 그 뿌리를 두고 있음을 알 수 있다.

3. 고대 이성주의 철학자들의 신과 영성

1) 소크라테스: 초월적 영성

고대 그리스 이성주의 철학의 선구자로 흔히 소크라테스(Socrates, B.C. 469-399)를 꼽는다. 소크라테스는 석공과 산파의 아들로 태어났으며 튀어나온 입 납작한 들창코에 배까지 나온 볼품없는 외모였으나 높은 덕을 지녀 많은 사람으로부터 존숭을 받아 수많은 제자들이 몰려들었다. 그는 무엇보다도 일반적인 통념을 해체하고 덕의 진정한 의미를 탐구하는 데 전념했다. 그리고 그는 가난한 자, 부유한 자를 가리지 않고 그들과 대화함으로써 스스로 참된 진리를 깨우치도록 했다.

B.C. 399년 소크라테스는 폴리스가 인정하는 신을 믿지 않고 새로운 신들을 들여왔으며 젊은이들을 선동 타락시켰다는 죄목으로 사형선고를 받았다. 그는 선(善)을 가르치는 것이 어째서 청년들을 타락시키는 일이냐며 항변했지만 받아들여지지 않았다. 그는 친구의 도움에 의해 충분히 탈옥할 수도 있었지만 아무리 판결이 부당하다 해도 자신이 아테네 사람인 이상 그 법을 지키는 쪽을 택했다. 그는 허위가 득세하는 현실의 참 증인으로서 통렬히 죽었다. 그는 자신의 가르침을 글로 남기지 않았으며 글로 쓴 담화를 좋아하지

도 않았다. 많은 것을 읽었다 하는 사람은 자기가 무척 많이 안다고 생각하겠지만 사실은 읽은 것을 마음속 깊이 새겨두지 않기 때문에 결국 아무것도 모른다는 것이었다. 글로 적힌 말은 그림 속 인물과 같아서 살아 있는 듯이 보이지만 질문을 던지면 '침묵'만이 있을 뿐이다. 활발한 토론 없이 글로만 전달된 지식은 변함이 없고 고정되는 경향이 있다. 결국 문자주의에 빠지게 된다.

그래서 소크라테스는 대화 상대의 마음속에 무언가를 전하려고만 하지 않고 상대의 마음 자체를 변화시키고자 했다. 지혜는 지식을 쌓는 문제가 아니라 통찰의 문제였다. 그래서 그는 죽는 날까지 누구에게도 그 무엇을 가르칠 생각이 없었다. 그 자신 아무것도 아는 것이 없다고 말했다. 자신의 사상을 독단적으로 내세우지 않고 결연히 불가지론(不可知論, agnosticism)[10]을 고수하며 다른 사람들에게 사실은 그들이 얼마나 아는 것이 없는지 알려주려 애썼다. 그의 대화는 한마디로 영성수련이었다. 영성수련을 통한 절제된 생활을 하는 가운데 통찰을 이끌어냈다. 이러한 점이 소크라테스가 자연철학자들과 다른 점이다.

자연철학자들과는 달리 소크라테스의 주된 관심사는 '선'(善)이었는데, 그도 공자처럼 선을 정의하려 하지는 않았다. 그는 선의 개념을 분석하는 대신 선한 삶을 살고자 했다. 제자 한 사람이 '정의'에 대해 말해달라고 했을 때 "정의란 입으로 말하는 것이 아니라 행동으로 실천하는 것이다"라고 하였다. 정의롭게 행동하는 것만이 정의의 실재를 제대로 이해할 수 있다는 것이다. 결국 소크라테스는 쉽게 이해되거나 표현될 수 없는 영적인 수련에 의해 직관해야만 하는 절대선과 같은 초월적 관념을 지향했다.

---

10 경험현상을 넘어서는 어떤 것의 존재도 알 수 없다고 주장하는 학설을 말한다. 다시 말해서 사물의 본질이나 실재의 참모습을 사람의 경험으로는 인식할 수 없다는 것이다. 좀 더 간추려 표현하자면 '인간은 신을 인식할 수 없다'는 종교적 인식론을 말한다.

소크라테스식 대화의 경험은 신비종교의 입문식과도 비유된다. 제자 플라톤은 이러한 대화가 사람들에게 미친 영향을 설명하기 위해 신비종교의 표현들을 사용하기도 했다. 소크라테스는 자신이 자기 어머니처럼 대화자들이 새로운 자아로 태어나도록 돕는 산파라고도 말했다. 제대로 된 입문식이 그렇듯이 성공적인 대화도 엑스타시스(ekstasis, 자기 자신을 벗어나거나 일상적 경험을 초월함)를 가져다준다. 즉 대화자들은 상대방의 관점에 서는 법을 배움으로써 스스로를 초월할 수 있었다. 즉 유한한 존재를 초월하는 아름다움이 뭔지 알게 되는 것이다. 그것은 브라흐만이나 열반이나 신처럼 그의 절대적이고 순수하고 유일무이하고 연원한 것이 된다. 이러한 지혜야말로 철학자들에게 어느 정도의 신성을 누리게 해주었다.

사실 소크라테스는 너무나도 인간적이었음에도 불구하고 소크라테스만의 이러한 특별함은 그 자신을 뛰어넘어 초월성을 향하고 있었기 때문이다. 그가 죽음을 선택하고 죽어간 방식이야말로 이 점을 더욱 명백히 해준다. 그는 독배를 마시기 전에 시중드는 여자들의 수고를 들어주기 위해 직접 몸을 씻고, 자신을 감시하던 사람들의 친절에 정중히 감사를 표했으며, 자신의 처지에 관해 가벼운 농담까지 건넸다. 마지막을 함께한 친구들에게 자신의 죽음을 슬퍼하지 말라고 하면서 조용히 죽음을 맞이하는 그의 얼굴에는 분노 대신 고요한 평온이 가득했다.

거룩한 그의 죽음은 추종자들에게 육화한 신의 지복(至福), 즉 그가 전 생애를 바쳐 추구한 지혜의 상징이 되었다. 그 뒤로 그리스 철학 학파들은 그를 학파를 창시한 현자(賢者)로 여겼으며, 인간으로서 당연히 추구하지만 도달하기에는 너무나 어려운 어떤 초월적 화신으로 그를 존숭했다.

2) 플라톤: 초월적 형상

소크라테스의 죽음은 제자 플라톤(Platon, B.C. 429-347)에게는 오랫동안 너무나 큰 상처로 남았다. 불합리하기만 한 세상에 크게 환멸을 느낀 플라톤은 정치가로서의 꿈을 접고 동부 지중해로 여행을 떠나 그곳에서 피타고라스학파의 영성을 접했다. 아테네로 돌아온 그는 외곽 한 숲에 철학과 수학을 가르치는 학교(아카데미아)를 세웠다. 아카데미아는 현재 대학의 철학과와는 많이 달랐다. 그것은 오히려 종교적인 단체로서 날마다 학생 중 한 명이 주관하는 희생제의에 전원 참석했다.

거룩한 스승의 죽음을 목격한 플라톤은 철학을 죽음의 견습과정으로 여겼고 스승 역시 같은 목표를 가졌다고 주장했다. 철학을 제대로 행하는 사람은 죽음을 연습함으로써 누구보다 죽음을 두려워하지 않게 된다는 것이다. 죽는 순간 영혼이 육체를 벗어나게 되므로 플라톤의 제자들은 매 순간이 마지막인 것처럼 자신의 행동을 세심하게 살피며 날마다 매 시간마다 그러한 벗어남을 행하며 살아야 했다. 또 사소하고 하찮은 것들을 끊임없이 경계함으로써 언젠가는 남겨두고 떠날 개별 인격을 초월하는 대신 '신과 인간을 하나의 전체'로서 볼 줄 아는 시각을 얻고자 노력했다. 또한 먹고 마시는 것을 절제하는 대신 좋은 논쟁과 사색으로 이성의 힘을 살찌워야 했다. 이런 삶을 사는 사람은 죽음 앞에서 초연할 수 있게 된다.

플라톤도 피타고라스처럼 수학을 철학자들이 감각적 인식을 버리고 추상의 단계에 이르러 세상을 다르게 볼 수 있게 돕는 영성수련으로 여겼다. 그에게 기하학은 우주의 숨은 원리였다. 실제세계에서 완전한 원이나 삼각형을 찾아볼 수 없지만 모든 물질은 그러한 이상적 형상들로 이루어져 있었다. 지상의 물체 하나하나가 완벽한 관념의 세계에 존재하는 천상의 원형을 모방해서 만들어진 것이었다.

　여기서 플라톤은 한 가지 중요한 점에서 소크라테스와 입장을 달리했다. 그는 일상에서 도덕적인 행동을 쌓아나감으로써 덕의 관념에 이르는 것은 아니라고 생각했다. 덕도 다른 것들처럼 독립적으로 존재하는 객관적 실재였다. 다만 물질세계보다 더 높은 차원에 존재할 뿐이었다. 플라톤은 형상들이 별도의 세계에 존재한다고 보았다. 신성하고 영원한 형상들은 불완전한 이 세계의 현실들 속에 구현되지만 이 세계의 끝없는 변화와는 무관했다. 철학자의 임무는 이성의 힘을 길러 이러한 더 높은 차원의 실재를 똑똑히 인식하는 것이었다.

　이러한 초월적 형상들에 대한 플라톤의 비전은 아마도 피타고라스학파의 신비종교 체험에서 영향을 받았을 것이다. 그의 제자들은 의무적으로 형상의 존재를 믿을 필요는 없었지만 이러한 비전을 경험하게 해주는 철학적 입문식을 치러야만 했다. 그렇다고 그가 오늘날의 교수처럼 자신의 견해를 제자들에게 강요하거나 체계적으로 설명하려 하지는 않았고 다른 시각들을 내놓을 수 있는 대화를 즐겼다.

　플라톤은 철학적 입문과정을 그 유명한 동굴의 비유로 설명해주고 있다. 그는 동굴 안에 묶인 채 살아가는 한 무리의 사람들을 상상했다. 햇빛을 등진 채 동굴 벽에 비치는 바깥 세계의 그림자만을 보며 살아가는 사람들 말이다. 이는 깨이지 않은 인간의 상태에 대한 비유였다. 우리는 동굴에 갇힌 자들처럼 비전을 잃은 삶에 너무나 길들여져 눈에 보이는 덧없는 그림자가 참된 실재라고 생각한다. 그런데 동굴에 갇힌 자들이 갑자기 밖으로 나오면 밝고 강렬한 빛에 눈이 부시고 혼란에 빠진다. 현실을 감당하기 힘들어서 다시 예전의 어슴푸레한 삶으로 돌아가고 싶어 할지도 모른다. 따라서 새로운 비전을 접하는 일은 서서히 점진적으로 이루어져야 했다. 햇빛은 앎과 존재의 근원이자 형상 중에서도 최고의 형상인 선의 상징이었다. 선은 우리가 절대 일상적으로 경험할 수 없는 것이지만 오랜 수련을 통해 깨친 사람들은 그 볕을 쬘 수 있었다.

플라톤의 신학은 후기에 들어 좀 더 구체화되어 훗날 서구 종교의 많은 부분을 특징짓는 물질적 우주에 대한 종교적 집착의 토대를 마련했다. 그는 『티마이오스』(Timaeos)에서 영원하고 선하지만 전지전능하지는 않는 신성한 장인(匠人) 데미우르고스(demiourgos)가 이 세계를 빚었다는 창조 신화를 제시했다. 그가 말하는 신성한 장인은 지고의 신은 아니었다. 사실 누군지 알 수 없는 더 높은 신이 존재하지만 이는 인간과 너무 동떨어져서 인간과는 전혀 상관없는 신이라 보았다.

그의 창조 신화는 무로부터의 창조가 아니었다. 신성한 장인은 이미 존재하던 물질들을 가지고 영원한 형상들을 본떠서 세상을 창조했을 뿐이다. 단지 이 신화는 형상들을 근거로 만들어진 이 우주가 이해 가능한 것임을 보여주는 데 의미가 있었다. 이 우주는 수학적 균형과 천체들의 주기적 회전을 통해 알 수 있는 합리적 정신과 영혼을 지닌 살아 있는 유기체였다. 원형적 형상들의 신성에 동참하는 별들은 눈에 보이는 생성되는 신들이었고, 신화 속 가이아(Gaea)[11]인 지구는 주요한 신이었다. 각 인간의 정신 또는 신이 일으킨 불꽃이어서 올바르게만 키우면 우리와 닮은 것들이 있는 천상을 향해 우리를 끌어올려줄 수 있었다. 이러한 플라톤의 견해는 후대 서구 사회에서 우주의 탐구가 곧 영적 수련이라는 믿음에 초석을 놓았다고 평가받는다.

또한 플라톤은 변화하는 것은 가짜고 불변하는 초월적 존재만이 진짜 존

---

11 땅을 여신으로 인격화하여 부른 그리스어. 가이아는 고대 그리스인들이 제우스숭배를 시작하기 전 그리스에서 숭배하던 모신(母神)이었을 것으로 추정된다. 역사 시대에는 이전만큼 숭배 받지는 못했지만 꿈을 꾸게 하고 식물과 어린아이들을 양육하는 신으로 여겨졌다.

재(실재)하는 것이라는 입장을 고수했는데, 이것이 중세 신학의 기본 틀이 되었다. 중세 초기 기독교 신학은 플라톤의 철학에 많은 영향을 받았다. 때문에 플라톤적 형이상학과 유대교적 유일신 사상의 융합이 신학의 시초라 해도 크게 틀린 말이 아닐 것이다.

3) 아리스토텔레스: 부동의 동자

철학적 이상을 추구했던 플라톤과는 달리 그의 제자 아리스토텔레스(Aristoteles, B.C. 384-322)는 철학적 합리주의를 다시 지상으로 끌어내렸다. 수학자라기보다는 생철학자에 가까웠던 그는 생명의 쇠퇴와 성장 과정에 흥미를 느꼈다. 그는 소아시아 지역에서 수년간 동식물을 해부하고 연구 내용을 상세히 기록하며 지냈다. 그는 플라톤이 말한 동굴에서 벗어나는 데는 아무런 관심도 없었고 물질세계 도처에 보이는 흥미로운 설계에서 아름다움을 발견했다. 아리스토텔레스의 형상은 영원한 원형이 아니라 모든 물질 하나하나의 성장을 결정하는 내재된 구조였다. 그의 철학에는 '텔로스'(telos)라는 아주 중요한 개념이 있었다. 즉 인간이 어떤 목적의식에 따라 만든 물건들처럼 우주 만물도 특유의 '목적', 혹은 '목적인'(目的因)을 지닌다는 것이다. 그래서 도토리가 오크나무로 자라듯이 존재 전체가 그 잠재된 가능성을 실현해가게 된다. 그것은 곧 역동적이고 보편적인 노력을 의미하기도 한다.

플라톤과 마찬가지로 아리스토텔레스의 주된 관심도 무언가를 전하는 데 있지 않고 철학적 삶의 방식을 장려하는 데 있었다. 그의 철학 연구도 연구 자체가 목적이 아니라 인간을 지고한 행복으로 인도하는 '관상적(觀想的) 삶'을 사는 한 방법이었다. 사람이 다른 동물들과 다른 점은 합리적으로 생각할 줄 안다는 것이다. 이것이 그들의 '형상', 즉 그들이 설계한 목적이므로 행복을 얻으려면 분명히 사고하고, 계산하고, 공부하고, 이해하고자 노력해야 했다. 그래서 그는 "이성을 따르는 삶이 가장 좋고 가장 즐겁다. 무엇보다 이성이 곧 인간이기 때문이다"라고 하였던 것이다.

아리스토텔레스도 플라톤처럼 인간의 지성이 신성하고 불멸한다고 믿었다. 인간을 신과 연결해주고 인간이 궁극적 진리를 이해할 수 있게 해주는 것이 바로 지성이었다. 감각적 쾌락이나 실용적인 활동과는 달리 '테오리아'(theoria, 진리를 그 자체로 관상함)의 기쁨은 변덕스럽지 않고 지속적이며 최고의 삶의 특징인 자족감을 안겨주는 것이었다. 따라서 그는 우리가 할 수 있는 전력을 다해 우리 안의 최고의 것에 따라 살아야 한다고 역설했다. 테오리아는 신성한 활동이므로 자기 안에 신성한 무언가가 현존하는 한 행해질 수 있었다. 즉 그의 연구는 바로 영성수련이었다. 철학에 이끌리고 인과법칙의 고리들을 따라갈 줄 아는 사람은 그로 인해 큰 기쁨을 얻을 수 있었다. 이성을 단련함으로써 감춰진 신적인 삶에 참여할 수 있기 때문이다.

아리스토텔레스는 이 우주가 영원하다고 생각했다. 따라서 그의 신은 제1원인인 창조주가 아니라 우주를 처음 돌아가게 만든 '부동의 동자'(Unmoved Mover)였다. 이러한 그의 우주론은 16세기까지 지구가 우주의 중심이며 각각의 권역을 지닌 다른 천체들이 지구를 중심으로 돈다는 서구의 우주관을 결정지었다. 무엇이 별과 행성들을 그토록 변함없이 회전하게 할까? 그는 지상의 사물들이 언제나 그 사물 외부의 무언가에 의해 활성화되어 움직인다는 것에 주목했다. 그러나 천체를 움직이는 힘 그 자체는 움직이지 않는 것(부동의 동자)이어야 했다. 끝없이 이어지는 인과관계의 사슬에도 출발점은 있어야 하기 때문이다.

아리스토텔레스에게는 최상의 존재를 다루는 일인 '테올로기아'(theologia, 신에 관한 담화)가 제1철학이었다. 그러나 그가 말하는 신은 전혀 인간적이지 않았고 야훼나 올림포스 신들과도 닮은 데가 없어서 보통 사람들의 흥미를 끌지는 못했다. 그렇지만 추론능력을 최대한 발휘할 수 있는 철학자는 그처럼 멀리 있는 신도 체험할 수 있을 것이라 믿었다.

이상주의적 철학자로 알려진 플라톤이야 그렇다 하더라도, 아주 현실적 철학을 전개했던 아리스토텔레스조차 철학을 단지 지식체계로만 보지 않고 신을 체험하며 영적 변화를 수반하는 활동으로 보았음은 또 다른 지적 놀라움이다. 다음의 글은 이를 잘 알 수 있게 한다.

> 테오리아는 무엇보다 즐거운 최고의 행위이다. 그런데 만일 우리가 가끔씩 누리는 그 좋은 상태를 신이 항상 누리고 있다면 이는 굉장한 일이요, 신이 우리보다 더 좋은 상태에 있다면 더욱 굉장한 일이다. 하지만 실제로 그러하다. 그리고 삶 또한 신에게 속하는데, 사유의 현실태가 삶이고 신이 곧 그 현실태이기 때문이다. 신의 현실태는 바로 가장 좋은 영원한 삶이다. 따라서 우리는 신이 영원하고 가장 좋은 생명체이며, 그래서 끊임없이 지속되는 영원한 삶이 신에게 속한다고 말한다. 신은 정말 그러하기에.[12]

한편 플라톤과 아리스토텔레스의 시대를 지나면서 B.C. 3세기가 시작될 무렵에는 다양한 철학학파들이 생겨났다. 플라톤학파, 아리스토텔레스학파, 회의주의학파, 퀴니코스학파, 에피쿠로스학파, 스토아학파 등이 그것이다. 이러한 학파들은 하나같이 이론은 부차적인 것이며 실천을 강조했다. 이들에게 철학이란 순수한 이론체계라기보다는 삶을 변화시키는 한 방법이었다. 학파

---

12   Aristotle, *Metaphysics* (New York: Richard McKeon, 2001), 20.

마다 방대한 저술로써 각자의 학풍을 구축해나갔지만 이러한 저술들도 구전되는 전통보다는 덜 중요했다. 예컨대 플라톤이나 아리스토텔레스 사상을 해설하려는 철학자는 그 제자들의 영성을 형성하는 데 주된 목적을 두었다.

특히 알렉산드로스 대왕의 제국건설과 붕괴 이후의 헬레니즘 시대는 정치사회적으로 격변기였기 때문에 헬레니즘 철학은 주로 내면의 평화를 함양하는 일에 주된 관심을 두었다. 대표적으로 에피쿠로스(Epicouros, B.C. 341-270)는 아테네 외곽 아카데미아 근처에 공동체를 설립해 그곳에서 제자들이 내면의 동요를 겪지 않고 검소한 은둔생활을 할 수 있게 했다. 같은 시기 스토아학파의 제논(Zenon, B.C. 342-270)도 고통으로부터의 자유를 뜻하는 아타락시아(고통으로부터의 자유)의 철학을 역설하였다.

즉 절제되고 냉철한 생활과 명상을 통해 완전한 평정심에 이르고자 했다. 플라톤과 아리스토텔레스가 그랬듯이 스토아학파나 에피쿠로스학파 모두 기본적으로 영성수련을 통해 아타락시아의 평화와 지적인 깨우침을 얻으리라는 희망 속에서 진정한 철학적 삶을 살았다. 그들의 철학적 삶은 곧 영적인 삶이었으며 신성성과 연결되는 고귀한 삶이었다.

여기서 우리는 고대 그리스의 합리주의는 결코 종교와 배치되는 것이 아니었음을 알 수 있다. 오히려 그 자체가 대다수 종교 전통의 원리들을 나름대로 독특하게 발전시킨 또 다른 믿음의 전통이었다.

제3장·· 신앙의 태동

1. 예수의 등장과 믿음

로마제국 이전에 알렉산드로스(Alexandros, B.C. 356-323) 대왕은 광대한 땅을 정복하고 정복지에 그리스 말과 철학사상을 전파했다. 알렉산드로스 대왕이 정복한 땅을 상당 부분 이어받은 로마제국은 새로 등장한 단일 정치 권력이었을 뿐 아니라 어느 정도 단일 문화권을 형성했다. 이런 정치 및 문화적 배경은 그리스도교의 발생과 초기 역사에 중요한 의미를 지닌다. 로마제국의 통일 권력 아래 각 민족 간의 교류가 자유로워지자 서로 다른 종교를 접할 수 있는 기회가 많아졌고, 그에 따라 종교 간 영향을 주고받는 경우도 많아졌다.

당시 로마제국의 영향 하에 있던 나라들 사이에서는 '밀의종교'(mystery religion)[1]가 크게 유행했다. 이 종교들은 죽음과 부활에 대한 믿음을 강조하고 영생을 위한 수단이라 생각하며 일정 형태의 침례식이나 성찬식 같은 의식을 행했다. 이런 종교들은 인종이나 계급, 성별에 구애받지 않고 모든 사람

---

1 공식 대중종교가 주지 못하는 종교체험을 개인 입교자에게 제공해주던 그리스·로마의 여러 비밀종파. 3세기까지 최고의 인기를 누렸던 이 밀의종교 단체의 공통적인 특징은 함께 먹고 춤추며 죽음과 부활이 상징적으로 나타난 입교의식을 같이 행하는 데 있었다.

을 새로운 신자로 받아들이는 평등주의 성향을 띄고 있었다. 물론 그리스도교도 이런 밀의종교의 영향을 크게 받으며 생성 발전했다.

한편 유대인들 사이에서는 그들이 오랫동안 기다리던 메시아(messiah)가 출현해서 로마제국을 뒤집어엎고 새로운 세상을 열 것이라는 이른바 '메시아 대망'의 믿음이 팽배해 있었다. 유대인들 중에서도 이러한 믿음을 가장 열렬하게 실천에 옮긴 이들이 바로 사해 서북쪽에 있던 쿰란공동체의 '에세네파'(Essene)[2] 사람들이었다. 이들은 독신생활, 금욕주의, 채식, 고립주의 등을 실천하며 메시아의 임박한 도래를 고대하고 있었다. 이들이 보관했던 문서들이 1947년 사해 서북부에서 발견되었는데, 이것이 그 유명한 '사해 두루마리'(Dead Sea Scrolls)[3]이다. 이러한 배경과 환경에서 예수가 등장하게 된다.

그런데 예수에 관한 역사적 사실은 거의 알려진 것이 없다. 우리가 예수에 관해 아는 정보는 사실 관계를 크게 따지지 않으며 쓰여진 신약성서에 의존하기 때문이다. 예수는 능력의 치유자였으며 추종자들에게 적까지도 사랑하라고 말한 '아힘사'(불살생)의 실천적 인간이었다. 이 시기 다른 예언자들처럼 예수도 '하나님의 나라'가 곧 도래할 것이라고 설교했다. 하나님의 나라는 힘센 자들이 추락하고 비천한 자들이 격상되며 죽은 줄 알았던 이가 살아나서 무덤에서 돌아오고 온 세상이 이스라엘의 신을 섬기는 새로운 세계 질서

---

2   B.C. 2세기경부터 A.D. 1세기 말까지 팔레스타인에서 활동한 종파 또는 형제단. 에세네파는 바리새파나 사두개파와 같은 파당이라기보다는 금욕적인 분파였다. 1947년 사해 두루마리가 발견되기까지는 피로. 요세푸스. 폴리니우스 등이 이 공동수도회에 대한 사실을 제공하는 유일한 출처였다. 사해북동 해안 쿰란에서 동일하지는 않으나 유사한 집단의 그 본부를 발굴하게 됨으로써 지금은 그들에 대해 더욱 잘 알게 되었다. 그들의 규율과 의식이 기록된 책을 발견하게 되어 고대 자료들에 대한 확증과 B.C. 200-A.D. 70년 사이의 유대교 분파에 대한 지식을 더해 주었다.

3   유대 광야의 사막 동굴과 고대 유적지에서 발견된 필사본. 가죽과 파피루스에 손으로 직접 쓴 이 필사본의 발굴은 근대 고고학 역사에서 가장 중요한 발견으로 꼽힌다. 이 사본을 복원한 결과, 학자들은 히브리어 성서가 확립된 시기를 A.D. 70년 이전으로 앞당길 수 있었고, B.C. 4세기부터 A.D. 135년까지 팔레스타인의 역사를 재구성할 수 있었으며, 초기 그리스도교와 유대인의 종교 전통이 어떤 관계를 갖고 있었는지 명확히 밝힐 수 있었다.

였다. 예수는 살아생전에는 많은 추종자들을 끌어 모으지 못했다. 겨우 12제자와 몇몇 동조자들 정도였다. 그러나 30년경 로마인들에 의해 십자가형에 처해지면서 상황은 달라져 추종자들이 점점 불어났다. 예수의 제자들은 최후의 심판이 오기 전에 하나님이 예수를 부활시키리라는 확신을 심어주는 환영을 체험했다고 한다.

예수는 '기름부음을 받은 자'라는 뜻의 메시아로서, 곧 영예롭게 다시 돌아와 하나님의 나라를 세울 것이었다. 최초의 기독교인들은 헌신적인 유대인의 삶을 살면서도 모든 재산을 공동으로 소유하고 가난한 사람들에게 베풀면서 이 위대한 사건을 준비했다. 그들은 새로운 종교를 창시하겠다는 생각은 전혀 없이 그저 토라(Torah)[4]를 따르고 성전에서 예배를 드리고 음식계율을 지키며 살았을 뿐이다. 그들 역시 바리세인들처럼 황금률(타인에게 고통을 주지마라)이 유대교의 핵심이라고 여겼다. 신에 관해서도 여전히 전통 유대교식으로 생각했고, 내재하는 성령을 체험할 때도 랍비들처럼 권능을 부여하고 전율을 느끼게 하는 생생한 힘으로서 체험했다.

기독교의 과업은 사마리아(Samaria)나 가자(Gaza) 같은 팔레스타인 변방 지역에 복음을 전하고 디아스포라(Diaspora, 팔레스타인 외곽에 흩어져 살던 유대인 또는 그들의 거주지)에서도 신도들을 모아 전 유대인들, 심지어 죄인들조차도 하나님의 나라를 준비하게 하는 일이었다. 또한 그들은 이방인들까지도 받아들이는 대단히 이례적인 행보를 보였다. 이미 유대교에 호의적이던 많은 이방인들이 그리스도교로 몰려들기 시작했을 때 기독교인들은 옛 질서가 정말로 무너지고 있다는 확신을 갖게 되었다.

---

4 넓은 의미에서 하나님이 이스라엘, 즉 유대 백성에게 내린 계시의 본질이며, 하나님이 인류를 위해 계시한 가르침 또는 지침이다. 토라는 종종 『구약성서』 처음 5권을 가리키는 데 국한되며, 율법 또는 오경(Pentateuch)이라고도 한다. 토라는 전통적으로 시나이 산에서 하나님으로부터 계시를 받은 모세가 썼다고 인정된다.

이런 전망을 가장 강력하게 대변한 이가 바로 사도 바울(The Apostle Paul)[5]이었다. 실리시아(Cilicia) 타르수스(Tarsus) 지역 출신으로 그리스어를 쓰는 유대인이었던 바울은 예수가 죽은 지 3년쯤 지나 기독교운동에 뛰어들었다. 50년대와 60년대에 바울이 개종자들에게 쓴 서신들은 현존하는 기독교 문헌으로서 기독교인들이 예수가 유대 역사의 정점임을 증명하기 위해 이미 토라와 예언서들을 독창적으로 해석하기 시작했음을 보여준다. 유대인과 이방인들이 뒤섞인 자신의 신도들이야말로 새로운 이스라엘이 낳은 첫 결실이라고 여겼다.

바울의 주장은 놀라웠다. 성서에는 미래에 어느 구원자가 십자가형에 처해졌다가 부활할 것이라는 암시가 전혀 없으며 그런 일은 말도 안 된다는 견해가 지배적이었다. 그러나 70년에 일어난 재난(성전파괴) 이후 기독교인들은 성전의 붕괴를 무서운 진실의 계시로 여겼다. 과거의 이스라엘은 죽었다. 재난은 다니엘(Danial)이 예언한 것이었고, 예언자 예레미아(Jeremiah)와 이사야(Isaiah)는 성전예배를 비판하면서 신은 모든 인간이 기도할 수 있는 장소를 원한다고 주장했다. 이제 새로운 이스라엘의 유대인들은 예전에 지성소에 거하던 셰키나(Shechina, 신의 현존)를 예수의 모습으로 바꾸어놓았다.

2세기 중반에 완성된 신약성서 27권은 산산조각 난 전통을 재건하려는 대담한 노력을 보여준다. 마태, 마가, 누가, 요한으로 알려진 4복음서의 기자들은 서아시아의 헬레니즘 도시들에 살면서 그리스어로 글을 쓰고 그리스어 번역으로 성서를 읽은 유대인들이었다. 마가복음은 70년경에, 마태복음과 누가복음은 80년경에 요한복음은 90년대 후반에 각각 쓰여졌다. 그런데 이러

---

[5] 기독교 최초의 전도자. 학문이 깊은 유대교 신자로서 처음에는 기독교를 박해하였으나, 예수 그리스도를 만나 기독교 복음을 전하는 일에 일생을 바쳤다. 네로 황제의 박해로 로마에서 순교하였고, 그는 로마서, 고린도서, 갈라디아서 등을 저술했다.

한 복음서들은 예수의 생애를 기록한 것이 아니라 히브리 성서에 대한 해설이며 그들의 신앙고백이다. 유대인들은 종교적 담화가 본래 해석적이라는 사실을 일찌감치 깨닫고는 위기의 시대를 맞아 오래된 성서에서 새로운 의미를 고대해온 지 오래였다. 그리고 기독교의 페쉐르(pesher, 해독함)라는 기본적인 성서 해석방법은 쿰란 종파들의 방식이기도 했고, 그리스의 브리콜라주(Bricolage)[6]나 랍비들의 미드라시(Midrash)[7]와도 다르지 않았다. 무엇보다 그것은 영성수련의 방법이었다.

기독교인들도 랍비들처럼 두세 명이 함께 성서를 해석했다. 그들이 함께 모여 대화하며 새로운 통찰을 맛보았다. 서로 모순되어 보이던 것들이 '전일성'(全一性) 속에서 하나로 맞물렸다. 이방인들의 역할도 중요했다. 누가복음서에 나오는 유대인과 이방인 신도들은 아브라함처럼 '타인'에게 관심을 보일 때 신성을 체험할 수 있다는 사실을 알았다. 이는 초기 기독교인들이 예수의 부활을 어떻게 이해했는지 보여준다. 그들은 그저 죽은 예수가 무덤 밖으로 걸어 나왔다는 식으로 단순하게 생각하지 않았다. 바울이 분명히 밝혔듯이 이제부터 그들은 예수를 실물로 여기지 않고 서로에게서, 성서 속에서, 함께하는 식사 의례 속에서 발견했다.

기독교인들은 아주 일찍부터 예수의 삶을 '겸허한 자기 비움'으로 여겼다. 그래서 그들은 자기 삶의 사소한 부분까지 예수의 비움을 본받지 않고서는 주 예수의 신비를 이해할 수 없었다. 모든 위대한 종교적 가르침이 그렇듯이 기독교 교리도 언제나 의례적, 명상적, 도덕적 실행으로 옮겨져야만 비로소 의미가 통하는 것이다.

---

6 손에 닿는 대로 아무것이나 이용하는 예술 기법.

7 유대교에서 구전 전승으로 성서 본문을 해석하고 설명하는 성서 연구 방법.

바울이 예수에게 '주'(Lord, 왕, 하나님, 주인 등의 의미)라는 이름을 붙였을 때는 예수가 신이라는 뜻으로 붙인 것이 아니었다. 바울과 복음서 기자들 모두 예수를 '신(하나님)의 아들'로 부르고는 있지만 예수를 신이라고 주장하지는 않았다. 그들은 예수가 신이라는 말에 아마 펄쩍 뛰었을 것이다. 유대인들에게 '신의 아들'이란 신과 특별히 가까운 위치에 올라 신의 권한을 위임받은 지극히 평범한 인간을 의미했다. 당시 예언자, 왕, 사제들도 신의 아들로 불렀다. 그런 의미에서 보면 사실 성서에서는 모든 이스라엘인들을 신의 아들들로 여겼다. 복음서에는 예수는 신을 '아버지'라고 부르지만 신이 자기 제자들의 아버지이기도 하다고 분명히 말한다.

오늘날 예수의 처녀 잉태에 대해서 이야기할 때 예수가 어찌된 일인지 신에 의해 자기 어머니의 자궁 속에 잉태되었고, 인간 여성에게서 태어난 제우스(Zeus)의 아들 디오니소스(Dionysos)와 같은 신의 아들이라는 것이 복음서의 주장이라고 흔히 생각한다. 그러나 당시 유대인들은 그렇게 생각하지 않았다. 최초의 기독교인들이 주로 예수의 특이한 잉태와 탄생을 통해 그가 신의 아들이라는 느낌을 표현한 것은 결코 아니었다. 바울은 예수가 부활함으로써 하나님의 아들로 지명되었다고 믿었다. 마가는 대관식에서 야훼의 선택을 받은 고대 이스라엘 왕들처럼 예수도 세례를 통해 권한을 위임받았다고 생각했다.

하지만 예수는 추종자들에게 자신의 신적 지위를 인정하라고 끊임없이 요구하지 않았던가? 복음서들을 보면 예수가 제자들의 믿음이 부족함을 꾸짖고 같은 유대인들보다 예수를 더 잘 이해하는 것처럼 보이는 이방인들의 믿음을 칭찬하는 대목이 나온다. 예수에게 치유를 구하는 사람들은 예수가 기적을 행하기 전에 믿음을 갖도록 요구받았다. 다른 종교 전통에서는 이런 믿음에 대한 집착을 찾아볼 수 없는데 예수는 왜 그토록 믿음을 중요시했을

까? 답은 간단하다. 예수는 그러지 않았다는 것이다. 예수는 사람들에게 자신의 신성함을 믿으라고 요구하지 않았다. 예수 자신이 그런 주장을 한 적도 없기 때문이다. 다만 예수는 헌신할 것을 요구했다.

예수는 자신의 사명을 함께하려는 제자들이 가난한 자들에게 가진 것을 모두 주고, 배고픈 자들을 먹여주고, 혈연에 구속되기를 거부하고, 자만심과 특권의식을 버리고, 하늘을 나는 새나 들판에 핀 백합처럼 살면서 아버지 하나님을 믿기를 바랐다. 그들은 이스라엘의 모든 이들에게, 심지어 매춘부나 세리들에게도 하나님 나라의 복음을 전하며 자비로운 삶을 살아야 했다. 자비의 대상은 통념상 고결하고 존경할 만한 사람들에게만 국한되지 않았다. 이러한 충실함은 산도 움직일 수 있었고 예상치 못한 인간의 잠재력을 이끌어낼 수 있었다.

예수의 기적 문제도 같은 맥락에서 논의해보아야 한다. 어떤 믿음을 입증하는 데 경험적 실증이 중요해진 계몽주의 시대 이후 기독교인이든 무신론자든 가릴 것 없이 많은 사람이 예수가 자신의 신성을 증명하기 위해 그런 기적들을 실제로 행했다고 여겼다. 그러나 고대 사회에서 기적이란 지극히 흔한 일이었으며, 기적이 아무리 놀랍고 중요해도 기적을 행한 자가 초인적인 존재임을 말해주는 것은 아니었다.

그리스인들은 의사보다 신을 찾아가 상담하는 것이 보통이었는데, 사실 근대 이전의 의학 수준을 감안하면 그쪽이 더 안전하고 신중한 선택이었을 것이다. 특히 유대인들이 유능한 치유자들로 알려져 있는데, B.C. 9세기의 예언자 엘리야(Elijah)나 엘리사(Elisha) 둘 다 기적과 유사한 것을 행했지만 그들을 신이라 말한 사람은 없었다. 예수도 아마 그런 전통 속에서 능력을 발휘했을 것이고, 특히나 유능한 치유자였을 것으로 보인다. 예수도 자신이 신의 능력을 빌렸을 뿐이고, 신을 믿으면 누구든 그보다 더 위대한 일들을 충분히 해낼 수 있다고 역설했다.

사실 복음서 기자들도 예수의 기적을 복음서에서 중요하게 다룰 생각이 전혀 없었고, 오히려 양면적인 태도를 취한 것으로 보인다. 마가복음을 보면 예수가 경이로운 일들로 명성을 떨치기는 했으나 예수 자신은 사람들을 치유한 뒤 그 사실을 비밀로 해달라고 부탁하곤 했다. 마태복음서에도 그저 예수가 과거의 예언을 얼마나 충족시키는지를 입증하는 데 기적을 활용함으로써 기적을 가볍게 다루었다. 누가복음서는 기적을 단지 예수가 엘리야 같은 위대한 예언자임을 말해주는 증거로 보았을 뿐이다.

복음서 기자들은 예수가 그 모든 징조나 기적에도 불구하고 생전에 많은 추종자들을 끌어 모으지 못한 것을 알고 있었다. 기적이 신앙심을 불러일으킨 것은 아니었다. 예수의 기적을 목격한 사람들은 예수가 신의 아들이라는 데 동의했지만 자기 삶을 바꿔가면서까지 예수의 사명에 전적으로 헌신할 용의는 없었다.

심지어 열두 제자들조차 믿음이 부족했다. 심지어 예수가 얼마 안 되는 빵과 생선으로 5000명의 군중을 먹였을 때도 그들은 아무 말이 없었다. 예수는 그 즉시 제자들의 믿음이 부족함을 꾸짖을 수밖에 없었다. 예수의 기적담에는 아마도 제자들이 예수 부활의 환영을 체험한 이후의 기적에 대한 이해가 반영되었을 것으로 보인다. 뒤늦게야 제자들은 하나님이 이미 예수를 통해 고통과 질병과 죽음을 야기하는 마귀들과 혼돈의 세력을 굴복시키고 하나님의 나라로 인도하고 계셨음을 깨달았을 것이다. 그들은 예수를 신이라고 생각하지도 않았고 기적들이 예수의 신성을 증명한다고 주장하지도 않았지만 예수의 부활 이후에는 믿음을 갖게 되었고, 예수가 폭풍을 잠재우고 풍랑이 이는 바다 위를 걸으면서 신의 능력을 발휘했다고 믿었다. 이러한 믿음이 바탕이 되어 오늘날 우리가 흔히 '기독교'라 말하는 새로운 형태의 믿음의 공동체가 생성되게 되었다.

2. 문자 너머의 의미

기독교가 헬레니즘 세계에 퍼지면서 그리스식 교육에 따른 통찰력과 기대를 지닌 좀 더 교육받은 개종자들이 생겨났다. 그들은 일찍부터 기독교를 그리스 학파들과 공통점이 많은 철학체계 정도로 여겼다. 당시 교회들은 로마 정부로부터 극심한 박해에 시달리고 있었기 때문에 그들이 기독교인이 되는 데는 많은 용기가 필요했다. 예수가 돌아오지 않자 유대인들의 기독교는 점차 위축되었고 2세기 초반 랍비들의 유대교와 기독교는 결별하게 되었다. 기독교인들은 자신들은 더 이상 유대교 예배당의 구성원이 아니라고 천명한 뒤, 로마는 기독교인들이 조상의 신앙(유대교)을 버리는 심각한 죄를 저지른 불경한 광신자들이라고 여기게 되었다. 심지어 기독교인들은 로마제국의 수호신을 경배하는 것도 거부한다고 하여 무신론자로 몰렸다.

그래서 기독교가 미신이 아니라 새로운 철학 학파임을 입증하려고 노력한 사람들도 있었다. 그러한 초기 호교론자(護敎論者)들 가운데 한 사람인 유스티누스(Justinus, 100-160)는 사마리아 출신의 이방인 개종자였는데, 그는 스토아학파와 피타고라스적 영성에 잠시 빠지기도 했으나 유대교 및 그리스 철학의 정점으로 보이는 기독교야말로 자신이 찾던 것임을 알게 되었다. 철학자들도 소크라테스, 플라톤, 제논, 에피쿠로스 같은 위대한 성현들을 신의 아들로 여겼고, 기독교인들이 쓰는 로고스(logos)[8], 성령, 신 같은 용어들은

---

8 기독교인들은 로고스를 만물을 존재하게 하고 인간에게 신을 암시해준 신의 지혜와 동일시했다.

스토아학파의 용어들과 다르지 않았기 때문이다. 유스티누스는 특별히 뛰어난 지식인은 아니었지만 그리스도를 영원한 로고스로 본 그의 생각은 이후 중세 교부(敎父)들에게 중대한 영향을 미쳤다.

초기 성서 해석자들 중에서 가장 뛰어난 영향력을 지녔던 사람은 아마도 오리게네스(Oregenes, 185-254)였을 것이다. 그는 성서의 깊은 의미를 탐구하기 위해 원전을 중심으로 성서에 적힌 그대로의 의미를 진지하게 받아들였다. 그는 히브리어를 배우고, 유대교의 구전 전승에 관해 랍비들의 의견을 구하고, 성지(聖地)의 동식물을 연구하는 등 최선의 노력을 다하여 성서의 5가지 그리스어 번역본과 히브리어 본문을 대조하는 작업을 했다.

그러나 그는 그리스식으로 교육받은 신식 기독교인들이 성서를 문자 그대로 읽고 이해하는 것은 불가능해보였다. 신이 어떻게 에덴동산을 실제로 거닐었다고 상상할 수 있으며, 시나이 황야의 성막 건설을 위한 장황한 지침이 기독교인들에게 무슨 의미가 있는지, 아브라함이 파라오에게 자기 아내를 판 미심쩍기 그지없는 이야기를 어떻게 이해해야 한단 말인가? 그 답은 의외로 간단하다. 이처럼 어렵고 심오한 성서 내용은 알레고리로, 즉 '어떤 것을 다른 어떤 것으로 표현하는 문학 형식'으로 이해할 수밖에 없다는 것이다.

실제로 오리게네스는 성서의 모순적인 부분들이 너무 명백해서 '문자 너머의 의미'를 생각하지 않을 수 없다고 주장했다. 우리가 더 깊이 생각하도록 신이 일부러 그런 역사적 이해의 장애물들을 심어놓았다고 여겼다. 그는 성서 해석이 힘든 일이며 철학적 훈련과 마찬가지로 절제와 헌신을 요하는 일이라고 생각했다. 성서 해석자도 철학자처럼 기도, 순결, 덕을 지키며 살아야 하고, 연구에 밤을 새울 각오가 되어야 한다고 했다. 가망 없어 보이든 글들을 끈기 있게 부지런히 읽고 연구하는 바로 그 행위 속에서 신의 영과 접촉하게 된다는 것이다. 이런 노력이야말로 곧 입문자들에게 신의 현존과 만나게 해주는 입문식이 되었다.

오리게네스는 성서도 인간처럼 몸과 정신과 영혼으로 이루어져 있다고 생각했다. 이 세 가지는 성서를 이해하는 3단계의 의미 차원과 상응한다. 입문자는 더 높은 단계로 가기 전에 우선 성서의 '문자 그대로의 의미'에 통달해야 했다. 그 다음은 윤리적 의미, 즉 우리 마음의 자연스러운 능력인 정신에 해당하는 의미를 이해해야 한다. 마지막으로 영적, 알레고리적 의미와 접하는 단계이다. 즉 성서의 세속적 육체 속에 숨겨진 '말씀'을 접하는 것이다. 이러한 오리게네스의 성서 해석방법은 이후 전 기독교계의 표준이 되다시피 했다.

개혁적인 수도자 카시아누스(J. Cassianus, 360-435)는 이 해석방법을 서유럽에 전하면서 네 번째로 상승적 해석(anagogical), 즉 종말론적 차원의 해석을 덧붙였다. 이 네 번째 해석방법은 종교개혁 전까지 남아있었다. 이 해석방법은 교단의 설교자들에 의해 평신도들에게도 전해졌고 수도사들이 성서를 묵상할 때도 사용되었다. 근대 이전까지만 해도 성서를 문자 그대로 이해한다는 것은 상상할 수도 없는 일이었다. 19세기 후반에 들어서야 성서의 한마디 한마디가 그대로 사실이라고 주장하기에 이른다.

교부들에게 성서는 신비였다. 이해하기 힘든 수많은 교리들 때문이 아니라 그 숨겨진 진실에 관심을 갖게 만들어서였다. 또한 성서 해석이 입문식처럼 마지막 깨달음의 순간까지 한 단계 한 단계 밟아나가는 영적 과정이었기 때문이다. 마음을 다해 엄격한 수행을 그치지 않고는 성서를 제대로 이해할 수 없었다. 성서는 텍스트일 뿐만 아니라 활동이었다. 그냥 읽는 것이 아니라 행해야 했으며 헌신하는 실제 삶의 문제였다.

이러한 관점은 이슬람교에도 그대로 적용된다. 무함마드 이븐 압둘라(M. I. Abdullah, 560-632)는 610년 자신이 유대교와 기독교의 신이라고 생각한 존재로부터 계시를 받았다고 한다. 그가 받은 신의 메시지들은 결국 '암송'을 의미하는 '꾸란'(Quran)이라는 경전으로 묶이게 되며, 꾸란은 무함마드가 죽은 지 20년 후쯤에 완성되었다. 꾸란의 종교는 신에 대한 복종을 의미하는 '이슬람'(Islam)[9]으로 알려지게 되었고, 다른 두 유일신 전통(유대교, 그리스도교)과 같은 기본 원리들에 바탕을 두었다. 꾸란은 믿음에는 관심이 없었다. 이슬람교에서 그런 믿음은 매우 낯선 개념이다. 난해한 교리들을 공식화하는 신학적 사변들은 '잔나'(zannah)라 하여 무시되었다. 잔나란 그 누구도 입증할 길이 없는 문제들을 제멋대로 추측해서 괜히 사람들이 종파를 갈라 싸우게 하는 일을 의미했다. 이슬람교도 여느 종교나 철학처럼 삶의 방식이었다. 꾸란의 기본 메시지는 어떤 교리가 아니라 공감을 실천하려는 도덕적 요구였다. 개인적인 부를 쌓는 것은 악이고, 부를 공정하게 나누며 가난하고 힘없는 사람들이 존중받는 정의로운 사회를 만드는 일은 선이었다.

그들은 '알라'(Allah) 외에 다른 신은 없으며 무함마드가 알라의 예언자임을 주장했다. 무슬림(이슬람에 복종한 자)들은 이 세상의 경이로운 것들을 창조하고 자애롭게 유지해나가는 알라의 너그러움을 모방하려 한다. 즉 조물주의 행동을 모방함으로써 영혼을 개선할 수 있었던 것이다. 초창기의 무슬림들은 이슬람을 새로운 배타적 종교로 여기지 않고 '성서의 민족', 즉 유대인과 기독교인들의 원시 신앙이 이어진 것으로 여겼다.

꾸란에는 신이 무슬림들에게 신의 모든 사자들(아브라함, 이삭, 이스마엘, 야곱, 모세, 예수, 그 밖의 예언자들)의 계시를 가리지 말고 받아들이라고 하는 놀라운 구절도 있다. 꾸란은 간단히 말해 앞선 경전들의 확인이었다. 계시전통들마다 고유한 삶의 방식이 있기에 누구에게도 이슬람을 받아들이라고 강요할 수는 없었다. 모든 인간들이 같은 신앙공동체에 속하는 것이 신의 뜻은

---

9 이슬람교를 국교로 삼은 나라 또는 이슬람 문화권을 나타내는 말.

아니었다. 신은 어느 한 전통의 배타적 소유물이 아니었다. 신성한 빛은 어느 한 램프에서만 타오르지 않았고 동방의 것도 서방의 것도 아니었으며 전 인류를 깨우치는 것이었다. 무슬림들은 성서의 민족과 공손히 이야기하고 지극히 친절한 태도로 토론하고 같은 신을 모신다는 사실을 명심해야 했으며 공격적이며 무의미한 분쟁은 피해야 했다.

이 모든 것이 끊임없는 지하드(jihad, 노력이나 분투)를 필요로 했다. 모순 투성이의 세상에서 신의 뜻을 실행에 옮긴다는 것은 너무 힘든 일이기 때문이다. 무슬림들은 모든 분야에서 각고의 노력을 기울여야만 했다. 때로는 싸워야 할 때도 있었지만 공격적인 전쟁은 피하고 오직 방어적이어야만 했다. 무함마드는 전투가 끝나고 집으로 돌아가면서 "우리는 작은 지하드(전투)로부터 큰 지하드로 돌아가는 중"이라고 말했다고 한다. 여기서 큰 지하드는 곧 '자기 마음과 자기 사회를 개선하려는 노력'을 의미한다.

그들은 피레네산맥에서 히말라야산맥에 이르는 대제국을 세우기도 했지만 꾸란의 원칙을 충실히 지켜 누구에게도 무슬림이 되라고 강요하지 않았다. 유대교가 아브라함의 아들 이삭의 후손들이 신봉하는 종교이고, 기독교가 복음을 따르는 자들의 신앙이듯이 이슬람교 역시 아브라함의 장자 이스마엘의 후손들인 아랍인들의 신앙이기 때문이다. 오늘날 기독교가 무슬림들에게 적극적으로 전도하려는 움직임과는 사뭇 다른 모습이다.

제4장 ·· 침묵의 영성

1. 무(無)로부터의 창조

　　312년에 황제에 즉위한 콘스탄티누스(Constantinus, 280-339)는 자신의 승리가 기독교의 신 덕분이라고 생각했다. 이듬해 그는 기독교를 로마제국의 공인된 종교로 선포했다. 이는 극적이고 운명적인 반전이었다. 당시 전통 유대교도로부터 이단으로 평가받으며 금지된 종파의 신도로 박해받던 기독교인들은 이제 재산권을 행사하고 교회를 짓고 자유롭게 예배드릴 수 있게 되었다. 콘스탄티누스는 죽음을 앞두고서야 세례를 받았지만 그가 기독교를 선호한 것은 분명했다. 그는 합법화된 교회가 자신의 광대한 제국을 하나로 통합하는 세력이 되기를 바랐지만 이러한 황제의 지지가 마냥 축복만은 아니었다. 콘스탄티누스는 기독교 신학을 거의 이해하지 못하면서도 통합되어야 할 교회가 교리 논쟁으로 분열되자 교리 문제에까지 간섭했다.

　　기독교인들은 바뀐 환경에 적응해야 했으며 세례를 받기 위해 몰려드는 새로운 개종자들을 지도할 방법을 찾아야만 했다. 한 예로, 이제 기독교는 이방인이 대부분인 종교가 되었기에 유대기독교에서 쓰던 히브리어 용어들을 그리스-로마식으로 번역해야만 했다. 그리고 유일신교를 주장하는 기독교에서 육화된 로고스인 예수가 차지하는 지위도 문제였다. 예수는 제2의 신인가? 기독교인들은 무슨 의미로 그를 '하나님의 아들'이라고 부르는가? 또 성령은 누구를 말하는가? 등의 문제들이 있었다.

그리스 사람들은 물질세계와 인간 본성 양쪽 모두에 확신을 갖지 못하고 아주 혼란스러워했다. 그 전까지는 그리스인들도 다른 민족들처럼 신과 인간 사이에 넘을 수 없는 간극이 있다고는 생각하지 않았다. 그리스 철학자들도 합리적 동물인 인간이 내면에 신성의 불꽃을 품고 있다는 데 동의했다. 지혜라는 초월적 관념의 화신이었던 소크라테스 같은 현자는 신의 아들이자 신성의 화신이었다. 사람들은 타고난 스스로의 능력으로 선에 이를 수 있음을 의심하지 않았다.

플라톤주의자 오리게네스는 우주를 관상함으로써 신을 알 수 있다고 믿었고, 기독교인의 삶을 사후에도 영혼이 신성과 완전히 동화될 때까지 지속되는 플라톤적 상승으로 여겼다. 신플라톤주의자 플로티노스(Plotinos, 205-270)는 빛이 태양으로부터 오듯이 우주는 신으로부터 영원히 유출되는 것이므로 물질세계란 신의 존재가 흘러넘친 것이라고 생각했다. 따라서 우주를 명상하는 것은 곧 신에 관해 명상하는 것이었다. 그런데 4세기에 이르자 사람들은 우주와 신 사이에 공통점이 하나도 없는 거대한 틈이 생겼다고 느끼기 시작했다. '무의 가능성'이 인간 존재의 시작과 끝 양쪽에 위협적으로 도사리고 있었다.

일부 기독교인들은 고대에 전혀 알려지지 않았던 '무로부터의 창조'라는 새로운 교리를 이미 널리 펼쳐나가기 시작했다. 오늘날은 무로부터의 창조라는 교리는 기독교의 핵심이자 유신론의 존립 자체를 좌우하는 진리로 여겨진다. 따라서 무로부터 창조라는 개념이 얼마나 확신 없이 서서히 생겨났는지를 알게 된다면 무척 흥미로울 것이다. 그리스 철학에서 그것은 완전히 생소한 개념이었다. 자기 자신에 대한 끊임없는 관상에 빠진 영원불멸의 신이 느닷없이 우주를 창조하겠다고 나서는 것은 아리스토텔레스에게는 터무니없는 생각이었을 것이다.

무로부터의 창조는 신과 세계에 대한 기독교의 이해가 근본적으로 변했음을 보여준다. 더 이상 신으로부터 우주로 영원히 퍼져나가는 존재의 연쇄도 없었고, 신의 기운을 지상에 전달하는 영적 존재의 중간 지대도 없었다. 그 대신 신은 상상하기 힘든 까마득한 무로부터 모든 피조물들을 하나하나 불러냈고 그것들을 지탱하던 손을 언제라도 거둬들일 수도 있었다. 무로부터의 창조는 우주를 신으로부터 갈라놓았다. 이제 우주는 신성에 대해 아무것도 말해줄 수 없었다. 우주는 철학자들이 상상한 것처럼 신으로부터 자연스럽게 유출되는 것이 아니라 무에서 만들어진 것이기 때문이다.

따라서 우주의 본질은 살아 있는 신의 본질과 존재론적으로 다른 것이었다. 세계에 대한 이성적 관찰을 통해 신을 논하던 자연철학은 더 이상 가능하지 않았다. 새로운 교리는 자연을 통해서는 신에 관해 아무것도 알 수 없음을 분명히 했기 때문이다.

그럼에도 기독교인들은 신을 완전히 알 수 없다고 느끼지 않았다. 인간 예수는 신의 모상이었고 완전히 초월적인 신이 무엇인지 어렴풋이 느끼게 해주었다. 또한 그들은 어떤 의미에서 그들을 신적인 삶에 동참하게 해주는 인간성의 미개척 차원을 발견했다고 확신했다. 그들은 그러한 기독교적 체험을 '신화'(神化)라고 하였다. 바울이 말했듯이 그들도 육화된 로고스와 같이 신의 아들이 되는 것이었다. 그러나 신과 우주 사이에는 거대한 틈이 존재했기에 스스로의 노력만으로는 그렇게 될 수 없었다. 그것은 오직 신의 주도로만 일어날 수 있었다.

만물을 존재하게 한 신은 거대한 틈에 다리를 놓아 말씀이 사람이 되어 우리와 함께 계시게 했다. 그렇다면 예수는 누구인가? 모든 것은 말씀을 통하여 생겨났다면 말씀은 거대한 틈의 양쪽 어디에 속할까? 일부 기독교인들은 요한이 말한 대로 말씀이 애초부터 하나님과 함께하셨으므로 실은 하나님과 똑같다고 주장했다. 육화된 말씀인 예수는 신의 영역에 속했다. 한편 예수가 인간이 되어 고통스럽게 죽음으로써 물질의 유약함과 우발성을 공유하게 되었다고 보는 이들도 있었다.

그렇다면 말씀도 다른 것들처럼 무로부터 창조된 것일까? 4세기 초 알렉산드리아는 이런 문제들로 뜨거운 논쟁이 벌어졌다. 주교였던 아리우스(Arius, 250-336)[1]는 성부의 말씀과 지혜가 최초이자 가장 특별한 신의 창조물이라고 주장했다. 결국 말씀 역시 무로부터 창조되었음을 분명히 했다. 또한 아리우스는 유일무이한 신은 유일하게 시작을 갖지 아니하고 유일하게 참되고 불멸하며 지혜롭고 선하다고 하였다. 이러한 전지전능한 신은 도저히 인간 예수 안에 있을 수 없었다. 그가 보기에 그것은 작은 상자 속에 산을 밀어 넣는 것과 같았다.

반면 당시 보조 주교 역할을 하던 아타나시우스(S. Athanasius, 293-373)는 통상 예수를 신으로 지칭하는 교회의 예배 관행을 지키고 싶어 했다. 그는 아리우스파가 정말로 그리스도(예수)를 한낱 피조물로 여긴다면 그에게 예배드리는 것은 우상숭배의 죄를 짓는 것이라고 주장했다. 그 역시 무로부터의 창조라는 새로운 교리를 받아들이기는 했지만 아리우스는 그 함의를 제대로 이해하지 못했다고 여겼다. 무로부터의 창조는 존재 자체와 무에서 만들어진 피조물이 결코 양립할 수 없음을 보여주는 교리였다.

---

1 그의 가르침 때문에 아리우스주의라고 알려진 신학사상이 생겼는데, 아리우스주의란 그리스도가 피조되고 유한한 본성을 지녔다고 주장하는 사상으로 초기 교회의 정통교리에 도전하는 주요 이단으로 비난을 받았다.

인간이 아무 도움 없이 타고난 이성으로 알 수 있는 것은 신에 관해 아무 것도 말해주지 않는 물질세계의 대상들뿐이었다. 인간의 머리는 무로부터 창조된 유한한 실재들만을 인식하도록 설계되어 있어서 창조되지 않은 신의 본질이 어떤 것인지 알 수 없었다.

그런데 이런 문제들을 전혀 이해하지 못한 콘스탄티누스 황제가 개입하여 325년 5월 20일 소아시아의 니케아에 모든 주교들을 소집했다. 결국 아타나시우스는 자신의 입장을 관철했고, 니케아공의회는 말씀이신 그리스도가 창조되지 않고 성부의 실체로부터 말로는 표현 불가능한 방식으로 태어나셨다고 공포하게 된다. 예수가 다른 모든 피조물과는 전혀 다른 방식으로 신으로부터 나왔다는 것이다. 니케아신조(그리스도교 신앙 선언서)의 역설적인 표현은 '말로는 표현 불가능한' 신의 절대적 불가지성을 새롭게 강조한 것이다. 그러나 이러한 권위 있는 판결로도 논쟁은 전혀 해결되지 않았다.

황제의 압력으로 아리우스와 동료 두 사람을 제외한 모든 주교들이 성명서에 서명했지만 각각의 교구로 돌아와서는 다시 종전의 입장을 고수했다. 교리의 정통성이 정치적 문제가 되면서 니케아공의회는 이후 50년 동안 싸움, 분열, 폭력으로 얼룩졌다. 아타나시우스의 공식이 기독교인들이 기꺼이 받아들일 만한 형태로 다시 진술되기까지는 오랜 세월이 더 필요했다. 최소한 막시무스가 성육신(成肉身)[2]에 대한 입장을 표방한 7세기까지 기다려야만 했다.

---

2 하나님의 아들 예수가 인간을 구원하기 위하여 인간의 몸으로 세상에 태어남.

2. 막시무스: 침묵과 모름

서방과 동방의 기독교인들은 성육신을 매우 다르게 이해했다. 스콜라 철학의 창시자로 평가받는 영국의 대주교였던 안셀무스(Anselmus, 1033-1109)는 아담이 지은 죗값을 치르기 위해 신이 인간이 되었다는, 서구의 규범이 된 속죄의 교리를 규정했다. 그러나 정통 기독교인들은 이 교리를 받아들인 적이 없다. 예수에 대한 정통한 견해는 '아담이 죄를 짓지 않았어도 말씀이 육화했을 것'이라고 믿은 막시무스(Maximus, 580-662)[3]에 의해 규정되었다.

막시무스에 의하면 예수는 완전히 신화하여 신성이 완전히 스며든 최초의 인간이었으며, 우리 모두는 지금 이 생에서라도 예수와 같이 될 수 있었다. 말씀이 육화한 것은 인간과 똑같은 몸과 영혼으로 당신을 낮춘 신의 은총을 통해 전 인류를 신과 같은 존재로 만들기 위함이었다. 이러한 신의 결단으로 신과 인간성은 불가분의 관계가 되었다. 인간 예수는 우리에게 신이 무엇인지 알 수 있는 유일한 힌트를 주었고, 인간이 설명하기 힘든 어떤 방식으로 이해 불가능한 신의 존재에 참여할 수 있음을 보여주었다. 우리는 더 이상 '인간'을 빼고 '신'을 생각하거나 '신'을 빼고 '인간'을 생각할 수 없게 되었다.

막시무스는 신의 절대적 초월성을 제대로 인식한 아타나시우스의 입장을 전적으로 받아들였다. 육화된 로고스의 계시로 신의 절대적 불가지성이 명백해졌다는 생각을 받아들인 것이다. 우리가 경험하는 존재란 동시에 양립 불가능한 둘일 수 없으므로 인간의 육신이 연약하다고 가정하면서도 동시에 신이 전지전능하다고 말할 수 있으려면 신을 어마어마한 존재로 여기지

---

3 가장 뛰어난 7세기 비잔틴의 신학자. 6세기초의 그리스도교 신플라톤주의자 위(僞)디오니시우스 아레오파기타와 그리스 교부(教父)들에 대한 그의 주석은 중세 시대의 신학과 신비주의에 커다란 영향을 미쳤다. 613년경 비티니아에 있는 크리소폴리스 근처 수도원의 수사가 되었다. 약 90편의 저서를 남겼는데, 이를 통해 그리스도 중심의 신학과 신비주의를 발전시켰다.

않아야만 했다. 인간이 어떤 식으로 신의 본질을 공유할 수 있다고 말하려면 신이 뭔지 몰라야만 했다. 인간 그리스도를 관상할 때조차도 신 그 자체는 이해하지 못할 불분명한 대상으로 남아 있었다. 계시는 신에 관한 명확한 정보를 주는 대신 신이 우리가 신에 대해 아무것도 모름을 알려주려는 것이었다. 육화한 로고스라는 최고의 계시는 그 어느 때보다 이 점을 더 분명히 알려주었다.

결국 우리는 우리가 모르는 혹은 앞으로도 전혀 모를 무언가에 관한 알림을 받아야 했다. 이런 문제들을 교리로 정확히 표현할 수는 없었다. 우리가 '신'이라 부르는 실재를 표현하기에는 인간의 언어가 불충분하기 때문이다. '생명'이나 '빛' 같은 말조차 신과 관련해 사용할 때는 전혀 다른 의미를 지니기에 신을 이해하는 유일한 수단은 오직 '침묵'뿐이다.

이런 불가해한 진리를 단순히 모조건 믿어야 했다는 얘기가 아니다. 그와 반대로 사람들은 '모름'의 체험을 그들 삶의 신성한 현실로 만들어주는 내적 평온을 얻기 위해 열심히 노력해야 했다. 당시에도 장황한 논쟁과 그리스도를 규정하는 일에 매달린 사람들이 있는가 하면, 침묵의 영성을 택한 사람들도 있었다. 수도사들이 대체로 그런 사람들이었다. 그들은 영성수련을 하며 고립된 삶을 살았다. 죽음을 준비하며 침묵의 영성을 개척했다.

수도사들은 합리적, 인간적 범주들로 신을 국한하는 대신 집중하고 경청하는 침묵을 수련했다. 그들에게 기도는 신과 대화하거나 신성에 관해 복잡한 명상에 잠기는 것이 아니라 '생각을 떨쳐버리는' 일이었다. 신은 그 어떤 말과 개념도 초월하는 것이기에 머리를 텅 비워야만 했다. 기도할 때는 내면에 신의 어떤 상도 만들지 말아야 했다. 명상자들은 색다른 느낌이나 환영, 하늘의 소리 같은 것을 기대해서는 안 되었다. 그런 것들은 신에게서 온 것이 아니라 그 자신의 과도한 생각에 기인하여 그가 진짜 목표에 집중하지 못하게 방해할 뿐이었다.

　모든 위대한 전통의 스승들은 환영이나 소리, 헌신의 감정이 영적 탐구에 중요하기는커녕 방해만 된다고 끊임없이 밝혀왔다. 신, 브라흐만, 열반, 도 등의 이해는 감정과 무관했다. 기독교인들은 애초부터 그 점을 자각하고 있었다. 흔히 예배는 시끄럽고 무절제하게 이루어지곤 했다. 성령이 영감을 불어넣는 가운데 방언을 말하고 무아지경에 빠지고 즉흥적인 예언들을 쏟아냈다. 그러나 바울은 이러한 도취는 적정 한도를 넘지 말아야 하고 무엇보다 중요한 성령의 선물은 '사랑'이라고 강조했다. 모든 주요 전통들에서 종교적 체험은 일상생활과 성공적으로 결합되어야 한다. 수련자들을 몽상에 빠지게 하는 통제 불능의 어수선한 영성은 전혀 바람직하지 못한 것이다.

3. 바실리우스: 삼위일체의 신

　니케아신조(Nicene Creed)[4]로 많은 기독교인들이 혼란스러워했다. 어떻

4　로마가톨릭교회, 동방정교회, 성공회, 주요 개신교 교파들 모두가 권위 있는 것으로 받아들이는 신조. 신조의 내용은 다음과 같다. "우리는 전능하신 아버지 하나님 한 분을 믿는다. 그는 하늘과 땅을 창조하신 이요, 보이는 것이나 보이지 않는 모든 것을 창조하신 자다. 우리는 한 주 예수 그리스도를 믿는다. 그는 하나님의 독생자이시며, 모든 세상이 있기 전에 하나님으로부터 나셨으며, 하나님으로부터 나온 하나님이시요, 빛으로부터 나온 빛이시요, 참 하나님으로부터 나온 하나님이시다. 그는 피조되신 것이 아니라 하나님으로부터 태어나셨다. 그는 모든 것을 지으신 아버지와 동일 본질을 가지신다. 그는 우리 인간을 위해 무엇보다 우리의 구원을 위해 하늘에서 내려오셨고, 성령에 의하여 동정녀 마리아로부터 몸을 입으시고 사람이 되사, 우리를 위하여 본디오 빌라도에 의하여 십자가에 달리셨다. 그는 고난을 당하시고 매장되셨다가 3일 만에 성서의 말씀대로 부활하셨다. 그는 하늘에 오르사 아버지 오른편에 앉아 계시다가 영광 중에 다시 오셔서 산 자들과 죽은 자들을 심판하실 것이다. 그의 나라는 영원무궁할 것이다. 그리고 우리는 주님이시며 생명을 주시는 분이신 성령을 믿는다. 그는 아버지와 아들로부터 나오셨고, 아버지와 아들과 함께 예배와 영광을 받으신다. 이 성령은 예언자들을 통하여 말씀하셨다. 우리는 또한 하나요, 거룩하고 보편적이며 사도적인 교회를 믿는다. 우리는 사죄를 위한 한 번의 세례만을 인정한다. 우리는 죽은 자들의 부활과 장차 임할 하나님의 나라에서의 삶을 바라본다."

게 성자가 제2의 신이 되지 않고서 성부와 같은 본질을 가질 수 있단 말인가? 성령(우리 안에 내재하는 신의 현존)의 정체성에 대해서도 헷갈려 했다. 이에 주교 바실리우스(Basilius, 330-379)는 그 해결책을 제시했다. 기독교인들은 신을 자기들보다 더 크고 더 강력한 '일개' 존재로 여기는 일을 그만두어야 한다고 주장했다. 그것은 신의 본질이 아니라고 생각했기 때문이었다. 창조에 관한 새 교리는 신의 불가지성을 분명히 했다. 즉 인간의 정신은 우주 내의 존재들에 관해서만 생각할 수 있었다.

인간은 일종의 공간적 성질을 지닌 것만 생각할 수 있기에 이 세계가 창조되어 나온 '무'(無)가 어떤 것인지 상상도 할 수 없었다. 또한 인간은 시간의 관점에서만 생각할 수 있기에 이 세계가 창조되기 이전에 무슨 일이 있었는지 이해하는 것은 불가능했다.

우주 넘어 혹은 뒤에 있는 것을 우리는 상상할 수 없다. '창조주'에 관해 생각하려 하면 우리 머리가 멈춰버리는 것이다. 그러나 우리는 이 세계 속에서 신의 흔적과 자취를 볼 수 있다. 바실리우스는 알 수 없는 신의 실체와 신의 활동을 구분하며, 신의 본질인 실체를 결코 알 수 없다고 하였다. 심지어 실체에 관해 말해서도 안 된다고 주장했다. 말을 초월한 것에는 오로지 '침묵'만이 어울렸다.

바실리우스는 성부와 성자와 성령[5]이 서로 다른 세 '신들'이 아님을 기독교인들에게 알리기 위해 삼위일체의 교리를 공식화했다. 처음에 기독교인들

---

5 콘스탄티노플공의회(381)에서 '성령'은 성부와 성자에게 종속되지 않고 동등한 본질을 지닌 특별한 신적 인격이라고 정의 내렸다. 그 후 성령의 신성에 대한 도전이 있었는데, 로마가톨릭교회와 동방정교회는 성령을 성부와 성자를 잇는 끈이나 유대 혹은 상호간의 사랑으로 보았다. 성부와 성자는 성령을 통해서 완전히 연합한다고 보았던 것이다. 성령과 삼위일체의 다른 2위격의 관계에 대해서 로마가톨릭교회는 성령이 성부와 성자에게서 나왔다고 표현해온 반면, 동방정교회는 성자를 통해 성부에게서 나왔다고 표현해왔다. 그러나 로마가톨릭과 동방정교회 교인들은 대부분 이와 같은 사변보다는 교회의 성사생활에서 성령을 더 깊이 체험해왔다.

은 육화된 말씀인 예수와 성령을 서로 다른 신적 존재들로 여겼다. 그러나 바울은 '주님은 곧 성령'이라는 말로 이 둘이 같음을 설명한 바 있듯이, 로고스와 성령이 동일한 신적 힘을 가리킨다는 것을 깨닫게 되었다.

신은 숫자나 외연(外延)으로 규정되는 존재가 아니므로 성부와 성자와 성령도 서로 다른 세 신들이 아니었다. 성부와 성자와 성령이 한 하나님이라는 말은 1+1+1=3이라는 의미가 아니라 '미지의 무한대+미지의 무한대+미지의 무한대=미지의 무한대'와 같다는 의미이다. 우리는 우리가 아는 존재들을 단일한 항목 아니면 서로 다른 항목들의 집합으로 생각한다. 그러나 신은 그렇게 생각할 수 없다. 다시 말해서 신의 형언 불가능함이 삼위일체를 이해하는 열쇠였다. 삼위일체가 논리상으로나 숫자상으로 터무니없는 주장이 아닌 이유는 신이 숫자 같은 인간적 범주로 한정되는 존재가 아니기 때문이다.

삼위일체는 서방 기독교인들에게는 매우 난해한 교리였지만 동방정교회에서는 영성의 핵심이 되어왔다. 서구에서 신과 세계에 대해 완전히 합리적인 사고방식을 발전시키던 근대 초기에 철학자들과 과학자들은 삼위일체의 비합리성에 경악을 금치 못했다. 그러나 바실리우스나 삼위일체를 옹호하던 일부 교부들은 삼위일체야말로 기독교인들이 더 이상 합리적 관점에서 생각해서는 안 된다는 것이었다. 합리적 사고로는 어떻게 해도 신을 일개 존재로밖에 생각할 수 없기 때문이다.

기독교인들에게 삼위일체는 믿어야만 하는 신비가 아니라 특정한 방식으로 관상해야 하는 하나의 이미지였다. 기독교인들은 셋이자 하나인 신에 관해 곰곰이 생각하면서 신이 자신들이 경험하는 어떤 존재와도 무관함을 깨달을 수 있었다. 삼위일체는 기독교인들에게 신을 단순한 인격으로 생각해서는 안 되고 합리적 분석으로는 우리가 신이라 부르는 것에 접근할 수 없음을 일깨워주었다. 그것은 신을 일개 존재로 본 아리우스 같은 사람들의 우상숭배적 경향에 맞서는 명상적 방책이었다.

삼위일체는 불교에서 말하는 '만다라'(Mandala)[6]와 다르지 않았다. 만다라는 불교도들이 명상할 때 뿔뿔이 흩어진 자기 존재의 여러 측면들을 화합시켜주는 형언할 수 없는 '중심'을 찾기 위해 마음속에 그렸다는 동심원적 도상을 말한다. 삼위일체는 추상적, 형이상학적 교리라기보다는 활동이었다. 아마도 서구인들이 삼위일체를 의미 없고, 이해할 수 없고, 터무니없는 것으로 생각한 이유는 대부분의 서구인들이 이런 수련 활동을 배우지 못했기 때문일 것이다.

삼위일체에 '자기 본위'란 있을 수 없다. '침묵'과 '비움'만이 있을 뿐이다. 존재의 바탕인 성부는 스스로를 비워내 그것을 성자에게 전하고는 모든 것을 포기한다. 심지어 스스로를 또 다른 말씀으로 표현할 가능성조차 포기한다. 일단 말씀이 생겨나자 성부는 더 이상 '나'(我)가 아니라 영원히 침묵하는 알 수 없는 대상이 된다. 우리가 아는 신은 오로지 성자뿐이기에 성부에 관해서는 아무것도 말할 수 없다. 존재의 근원에는 브라흐만, 도, 열반의 말없는 '무'(無)가 있을 뿐이다. 성부는 또 다른 전재가 아니며 속에서 경험되는 그 어떤 것과도 닮지 않았기 때문이다. 성부는 우리가 생각하는 모든 인격을 뒤엎으며 신약성서에서 말하듯 성부가 기독교적 탐구의 목적이라면 그 탐구의 여정은 그 어떤 장소, 사물, 사람에게도 이르지 않는다.

마찬가지로 우리가 접할 수 있는 유일한 신성인 성자도 우파니샤드의 주장처럼 '잡히지 않는' 궁극적 실재의 모상일 뿐이다. 성자가 다른 상징들처럼 자기 너머의 성부를 가리키는 반면, 성령은 그저 성부의 아트만이자 성부와

---

6 힌두교와 탄트라 불교에서 종교의례를 거행할 때나 명상할 때 사용하는 상징적인 그림. 만다라는 기본적으로 우주를 상징한다. 즉 신들이 거할 수 있는 신성한 장소이며, 우주의 힘이 응집되는 장소이다. 인간(소우주)은 정신적으로 만다라에 들어가 그 중심을 향하여 전진하며 유추에 의해 흩어지고 다시 결합하는 우주 과정으로 인도된다.

성자 사이의 '우리'일 뿐이다. 따라서 우리가 성령에게 기도할 수 없다. 그 이유는 성령이 우리 자신을 포함한 모든 존재의 궁극적 내면성이기 때문이다.

4. 아우구스티누스: 내 안에 있는 신

서방의 기독인들은 로마령 아프리카 도시 히포의 주교였던 아우구스티누스(A. Augustinus, 354-386)[7]의 견해(심리학적 경로)에 힘입어 삼위일체에 대한 진일보한 이해에 도달했다. 아우구스티누스는 처음에는 기독교를 꺼렸다. 성육신 개념을 불쾌해했고 성서의 문자주의적 특성에 실망했다. 그러나 바울의 글을 읽고 한결같은 신뢰의 빛이 내 가슴에 쏟아지고 망설임의 모든 그림자가 사라지는 극적인 회심을 경험했다고 한다. 바울을 제외하고 아우구스티누스만큼 개신교와 가톨릭 모두에 큰 영향을 미친 신학자는 없을 것이다. 그의 『고백록』(Confessiones, 401)[8] 때문에 고대 후기의 어느 사상가보다도 우리에게 더 친근한 존재가 되었다.

아우구스티누스는 신을 알 수 없는 대상으로 만든 새로운 창조 교리의 함의를 제대로 이해했다. 그는 『고백록』을 통하여 자연계를 아무리 연구해도 신에 관해서는 아무것도 알 수 없음을 강조했다.

---

7 당시 서방교회의 지도자이자 고대 그리스도교의 가장 위대한 사상가로 일컬어진다. 신약성서에 나타난 종교성과 그리스 철학의 플라톤 전통이 그에게서 완벽하게 융합되었다. 그런 그의 사상은 중세 로마가톨릭 세계로 이어졌고 르네상스 시대의 프로테스탄트를 낳았다.

8 아우렐리우스 아우구스티누스의 수많은 저서 가운데 가장 많이 알려지고, 가장 많이 읽히는 기독교의 중요 고전 중의 하나다. 모두 13권으로 구성되어 있는데 그 가운데 제1권부터 제8권까지는 자신의 회심의 길을 기술하였고, 제9권부터 제13권까지는 회심한 자로서의 자신의 모습과 생각을 기술하고 있다.

그토록 오래되었으면서도 그토록 새로운 아름다움에 빛나는 당신
을 이제야 사랑하게 되었습니다. 그동안 당신은 내 안에 있었으나 나
는 밖에서만 당신을 찾으며 당신이 창조한 아름다운 것들 속에 빠져
있었습니다. 당신은 내 곁에 있었으나 나는 당신을 떠나 있었습니다.
당신이 아니었다면 존재조차 할 수 없었을 것들이 나를 당신에게서
멀어지게 했습니다(『고백록』 10).

사실 신은 내 안에 있었으나 그동안 그는 밖에서만 찾았기에 신을 찾을 수 없었음을 고백하고 있다. 외적 세계의 탐구에만 매달리는 동안 그는 우주의 무상함에 계속 곤혹스러워할 수밖에 없었다. 그가 물질세계를 향해 신에 관해 물었을 때 땅과 바다와 하늘과 천체들은 하나같이 '나는 신이 아니다. 그러나 신이 나를 창조하셨다'라고 대답했을 것이다. 그렇다면 내가 신을 사랑한다고 할 때 과연 무엇을 사랑하는 것인가? 라고 자문한 아우구스티누스는 우파니샤드의 현자들처럼 오직 '…도 아니고 …도 아니다'라는 대답밖에 할 수 없었을지 모른다.

그러나 그의 영혼에는 신이 이 모든 것이었다.

내 영혼에는 어느 공간에도 담기지 않는 빛이 비치고, 아무리 시간
이 흘러도 사라지지 않는 소리가 들리고, 어떤 바람도 흩어놓을 수
없는 향기가 감돌고, 먹어도 줄지 않는 풍미가 있으니…이것이 내가
신을 사랑한다고 할 때 사랑하는 것이다(『고백록』 27).

성서에 의하면 우리는 신의 형상대로 만들어졌으므로 플라톤적 원형을 갈망하는 모상을 우리 안에서 찾는 것은 가능했다. 그렇게 찾다보면 마

음속에서 신의 삼위일체적인 삶을 통찰하게 해주는 세 가지 기능, 즉 기억(memoria), 지성(intellectus), 사랑(voluntas)을 발견하게 된다. 아우구스티누스는 특히 기억에 매료되었다. 기억은 단순한 회상 능력보다 훨씬 더 큰 기능으로 우리의 마음과 의식과 무의식 전반을 포괄하는 것이었으며 성부가 존재의 근원이듯이 우리의 정신적 삶의 근원이었다. 기억을 관상할 때면 아우구스티누스는 경외심으로 가득 찼다. 기억이 무한하다고는 해도 신성과 접하면서 기억의 차원을 넘어서 영혼이 가장 깊숙한 친밀함으로 신과 접하는 지점인 지성에 도달하게 된다.

이때의 지성은 오늘날 지적인 것과는 달랐다. 지성은 단순한 논리, 계산, 논쟁의 기능이 아니었다. 지성은 이성보다 더 높은 곳에 있지만 그것 없이는 이성적인 사고가 불가능한 그런 것이었다. 인간의 정신 그 자체로는 이 세계의 변덕스러운 존재들을 냉철하게 바라볼 수도, 그에 대해 타당한 판단을 내릴 수도 없었다. 아우구스티누스도 이 세계의 변덕스러움과 무상함만을 인식하며 괴로워했지만 우리 안에 타고난 안전성의 기준, 즉 변덕스러운 마음 위에 변치 않는 참된 빛이 존재한다는 플라톤주의자들의 말이 전환점이 되었다. 즉 우리 안에는 정신이 스스로를 뛰어넘어 도달할 수 있는 영역이 있었는데 그것이 바로 지성이었다.

자기 마음속 깊은 곳을 탐구하던 아우구스티누스는 인간의 정신도 모든 존재의 원형인 삼위일체를 이루고 있음을 알았다. 성부가 말씀을 낳고 말씀이 성부의 본질을 표현하듯이 인간의 정신에서는 기억이 지성을 낳는다. 기억이 지성 안에 압축된 자기 인식을 추구하고 사랑하듯이 지성은 그것을 낳은 기억의 동굴들에서 찾아낸 자아를 추구하고 사랑한다. 우리 마음속의 이러한 활동은 성부와 성자를 사랑으로 이어주는 성령의 희미한 반영이다. 삼위일체와 마찬가지로 기억, 지성, 사랑이라는 세 가지 기능도 우리 안에서 하나의 삶, 하나의 정신, 하나의 본질을 이룬다. 그의 삼위일체론에서 우리는 신에 대한 지식은 신에 대한 사랑과 불가분의 관계였음을 알 수 있다.

좀 더 진일보한 삼위일체를 얘기한 아우구스티누스는 원죄 교리도 주장했다(이 교리는 서구 신학에 그리 긍정적으로 기여하지는 못했다). 그는 창세기 2장과 3장을 완전히 새로운 방식으로 해석해서 '아담의 죄로 인해 모든 후손들이 영원한 저주를 받게 되었다'고 주장했다. 유대교의 성서 해석은 아담의 죄를 절대 이런 파국적 관점에서 보지 않았고 야만족의 재앙에 영향을 받지 않았던 그리스 기독교인들도 원죄 교리를 받아들인 적이 없다. 슬픔과 두려움 속에서 태어난 원죄 교리는 성(sex)과 죄를 불가분의 관계로 만들고 남녀를 그들의 인간성으로부터 소외시킨 유산을 서구 기독교인들에게 남겼다.

그리스인들이 보기에는 아담과 이브 이야기에 나오는 아우구스티누스의 해석이 지나치게 문자주의적이었겠지만, 아우구스티누스는 사실 보수적인 성서 문자주의는 아니었다. 그는 과학을 존중했고, 그의 '적응의 원리'는 근대 초기까지도 서구의 성서 해석을 지배했다. 이 원리는 신이 처음 계시를 받는 사람의 문화적 규범에 맞춰 계시를 했다고 보는 것이다. 예를 들어, 신은 그저 이스라엘 사람들이 이해할 수 있도록 계시를 내렸다는 것이다. 아우구스티누스는 성서의 문자 그대로의 의미가 믿을 만한 과학적 정보와 충돌할 때마다 해석자는 과학적 진실성을 존중해야 하며, 그러지 않으면 성서에 대한 불신을 초래할 것이라고 주장했다.

또 그는 성서에 대한 부적절한 싸움도 있어서는 안 된다고 보았다. 종교적 진리에 대해 험악하게 논쟁하는 사람들은 자기주장만 사랑할 뿐, '신과 이웃을 사랑하라'는 성서의 기본 가르침은 망각한 사람들이었다. 성서 해석자는 모든 성서 구절들을 '사랑의 다스림을 확고히 하는' 것으로 해석해야 하며, 만약 문자 그대로 이해했을 때 증오를 가르치는 것처럼 보이는 구절이 있으면 알레고리적[9] 해석을 통하여 사랑의 의미를 강조해야만 했다.

아우구스티누스는 기독교 신학은 물론 서양 철학사에도 지대한 영향을 미쳐 어거스틴주의(Augustinism)라는 말이 생길 정도로 그 중요성이 인정되었다. 그의 신학이 기독교 발전에 끼친 영향은 구원에 대한 교리를 정리한 사도 바울에 버금가는 것으로 평가된다. 그는 신앙과 지식의 관계에 대해 신앙이란 '이해를 추구하는 신앙'(fides quaerens intellectum〈피데스 쾌렌스 인텔렉툼〉)이라는 입장을 취하였다. 이러한 그의 입장은 신학과 철학, 그리고 신학과 일반 학문을 함께 연구하는 중세의 스콜라 학풍에 지대한 영향을 미쳤다.

5. 위(僞)디오니시우스: 변증법적 영적 수련

5세기경 기독교적 플라톤주의자였던 익명의 저술가가 있었다. 이 저술가는 바울에 의해 개종한 최초의 아테네 사람인 디오니시우스(Dionysius the Areopagite)[10]의 이름을 필명으로 썼다. 그래서 보통 위(僞)디오니시우스(Pseudo-Dionysius the Areopagite)[11]라고 불려진다. 그의 저술들은 기독교

---

9 추상적인 내용을 구체적인 대상을 이용하여 표현하는 비유법.

10 디오니시우스 아레오파지트는 5세기 말에서 6세기 초엽에 시리아 지방을 중심으로 활동한 영성의 대가이다. 그의 출생이나 활동한 정확한 시기에 관해서는 알려진 바가 거의 없다. 그는 희랍철학적 신비주의, 유대교적 신비주의, 그리고 교부들과 성서적 신비주의를 결합시켜 기독교 신비신학이란 큰 물줄기를 이룩해 놓음으로써 기독교의 전 영성사에 지대한 영향을 미쳤다. 특히 그의 영성신학은 '하나님의 실재'에 대한 가장 깊은 통찰을 보여주고 있다.

11 500년경에 활동한 시리아의 수사로 추측되는 인물. 가명으로만 알려져 있으며, 신플라톤 철학을 그리스도교 신학 및 신비주의 체험과 통일시킬 목적으로 여러 편의 그리스어 논문과 편지를 썼다. 이 저서들은 중세 그리스도교, 특히 서방 라틴 교회의 교리와 영성 분야에 결정적으로 신플라톤적인 경향을 심었다. 이 신플라톤 철학은 오늘날까지도 그리스도교의 종교적 특성이나 예배 특성에 영향을 끼쳐왔다. '디오니시우스'라는 가명을 지닌 이 저자는 5세기 아테네 사람 프로클로스의 신플라톤 철학체계를 잘 알고 있었던 여러 그리스도교 저자들 가운데 한 사람이

사상과 신플라톤주의 철학이 독특하게 융합되어 있었다. 그의 사상은 사변적 신비체계의 근원이 되었으며, 그를 두고 '신비 신학'이란 용어를 만든 장본인이라고 부르기도 한다. 사실 그는 서구의 주요 신학자들 거의 모두에게 지대한 영향을 미쳤다. 그럼에도 불구하고 오늘날 위디오니시우스에 관해 제대로 아는 사람이 많지 않다. 이는 분명 현재의 종교적 문제들을 드러내는 징후일 것이다.

위디오니시우스는 유스티니아누스(Justinian) 황제가 아카데미아를 폐쇄하고 철학자들을 지하로 내몰고 엘레우시스(Eleusis) 신비종교마저 폐지한 529년에 글을 썼음이 거의 분명한데도 신플라톤주의적 철학과 기독교 간에 상충하는 요소가 전혀 없다고 보았다. 플로티노스(Plotinos, 205-270)[12]가 모든 존재는 일자(一者)로부터 유출되었다고 보았고, 그러한 유출은 태초의 단일성으로 돌아가려는 모든 존재의 갈망과 균형을 이루었다. 그와 비슷하게 위디오니시우스도 창조를 신의 선(善)이 에로스적으로 흘러넘친 것으로 상상했다. 말하자면 신이 만물에 대한 애정 속에서 자기 자신을 벗어난다는 것이었다. 창조는 먼 옛날 한 번 발생한 일이 아이라 끝없이 계속되는 과정으로 보았다. 그 과정 속에서 신은 역설적이게도 영원히 그의 초월적 거주지로부터 떨어져 나와 만물 속에 깃들면서도 여전히 그 자신으로 남아있는 능력을 지녔다.

종교인들은 늘 신에 관해 말하고 그리고 신에 관해 말하는 것은 매우 중

었을 가능성이 높다. 이렇게 디오니시우스 이름을 사칭한 저자를 '위디오니시우스'라고 불렀으며, 이러한 작품들은 동방정교회와 서방 가톨릭교회의 신학과 영성에 결정적인 영향을 끼쳤다.

12 이집트 태생의 고대 로마 철학자이다. 자신의 철학을 플라톤 철학의 조술(祖述)로 간주하였으므로, 당대에는 플라톤주의자라 하였고, 후대에는 '신플라톤주의'자라 불렸다. 신플라톤주의는 중세 스콜라 철학과 헤겔 철학에 큰 영향을 끼쳤다. 그의 저술은 9편씩으로 나눈 6군(群)의 논고로 이루어졌으므로 『에네아데스』(Enneades)라 불린다.

요하다. 하지만 침묵해야 할 때를 아는 것은 더욱 중요하다. 위디오니시우스의 신학적 방법은 그가 가르치던 모든 기독인들(성직자, 수사, 평신도 모두)이 언어의 한계를 자각함으로써 이 점을 깨닫게 하려는 의도적인 시도였다. 그것은 우리가 신에 관해 어떻게 말하는지를 주의 깊게 들어보면 가능해진다. 위디오니시우스가 지적했듯이 성서 속의 신은 다양한 명칭으로 불린다.

신은 바위로도 불리고, 하늘, 바다, 전사에도 비유되는데 어느 정도까지는 모두 상관없다. 신은 늘 피조물들 속으로 흘러 들어오고 있으므로 하나의 피조물, 심지어 바위조차 신성에 관해 말해줄 수 있다. 바위는 신의 영속성과 안정성에 대한 좋은 상징일 수 있지만, 바위는 무생물이라서 생명 그 자체인 신과는 매우 동떨어진 것임에 분명하므로 우리가 신을 바위라고 말하지는 않는다. 그러나 형언 불가능함, 단일성, 선과 같은 좀 더 복잡한 신의 속성들을 말할 때는 위험해진다. 이런 속성들은 신은 선하고 지혜로우며 똑똑하다거나, 신은 일자(一者)라거나, 신은 삼위일체라고 말할 때처럼 우리가 신이 어떤지 정확히 안다는 잘못된 인상을 주기 때문이다.

신이 '일자'임은 사실이지만 일자라는 용어는 수량에 의해 규정되는 존재에만 적용된다. 신은 삼위일체이지만 우리에게 친숙한 3인1조 같은 것을 의미하지는 않는다. 신은 이름붙일 수 없지만 다양한 이름들을 지녔다. 신은 알 수 있으면서 알 수 없는 대상이다. 신이 '좋은' 사람이나 '좋은' 식사처럼 '좋은' 무엇은 분명 아니다. 이런 식으로 그는 우리가 신에게 붙이는 가장 고귀한 것들조차 오해를 살 수밖에 없음을 자각하게 한다.

그리고 그는 물질세계 속에 내재한 신이 성서에서 물질적이고 명백히 부적절한 형상들로 그려졌다고 여겼다. 그는 성서의 이런 부분들을 문자 그대로 이해하지 않았다. '믿기 힘든 꾸며낸 이야기들'로 가득했기 때문이다. 창세기 1장부터 신을 마치 일개 '장인'(匠人)이라도 되는 것처럼 창조자라고 부르더니 계속해서 훨씬 더 터무니없는 것들을 이야기한다. 즉 신을 말과 마차와 왕좌, 세심하게 차려진 연회를 제공하고, 마시고 취하고 졸리고 숙취에 시달리는 신의 모습으로 묘사한다. 그런가 하면 발끈하고 슬퍼하고 온갖 맹세를 하고 후회하고 저주하고 노여워하는 신으로 묘사한다. 이러한 그의 시각은 일면 무례해보이기도 하지만 우리에게 충격을 줌으로써 모든 신학적 언어의 한계를 인식케 하는 가치 또한 지닌다. 신에 관해 말할 때 이처럼 비판적 시각으로 따져보면 우리가 얼마나 말도 안 되는 소리를 하고 있는지 깨닫고 오히려 침묵에 빠지게 된다.

예배 중에 성서를 낭독할 때도 이러한 방법을 적용해보면 행여 신이 그러한 이름들을 계시했다 해도 우리는 그 이름들이 무엇을 뜻하는지 알 수 없음을 깨닫게 될 것이다. 따라서 우리는 그 이름들을 차례로 부정해 나가야 한다. 그것이야 말로 세속적 인식으로부터 신에게로 이르는 상징적인 상승의 과정이다. 물질적인 이름을 부정하기는 쉽다. 신은 분명 바위도, 부드러운 바람도, 전사나 창조자도 아니다. 그러나 신에 관한 좀 더 관념적인 표현들조차 우리는 부정해야만 한다. 신은 우리가 이해가능한 정신이 아니다. 신은 위대함도 권능도 빛도 생명도 진리도 선도 아니며 심지어 신성도 아니다. 그리고 우리는 신이 존재한다고 말할 수도 없다. 우리가 경험하는 존재란 존재 자체와 무관한 개별적이고 유한한 존재일 뿐이다.

그의 신학은 사람들을 당황하고 좌절하게 하는 딱딱한 논리적 난제가 아니었다. 그것은 제대로 행하기만 하면 사람들에게 놀라운 통찰을 가져다주는 영성수련이었다. 그의 영성수련은 세 단계로 이루어진 변증법적 형태를 취한다.

첫 번째는 신이 무엇인지 확언하는 단계이다. 신은 바위다. 신은 일자다. 신은 존재한다 등등. 그러나 주의 깊게 따져보면 신에 관한 이런 말들이 얼마나 터무니없는가를 깨닫고 우리는 침묵하게 된다.

두 번째는 이런 특성들을 하나하나 부정하는 단계이다. 그러나 부정의 방법은 확언의 방법만큼 오류를 지닌다. 우리는 신이 무엇인지 모르고 신이 무엇이 아닌지도 알 수 없으므로 결국 부정을 부정해야 하는 셋째 단계에 이를 수밖에 없다.

세 번째는 신은 비공간적, 비정신적, 비생명적, 비존재적이지 '않다'는 식이다. 이러한 수련을 통해 우리는 신이 인간의 언어 능력을 초월하며 모든 주장을 뛰어넘고 모든 부정을 뛰어넘는 것을 깨닫게 된다. 신이 '어둠'이라는 말은 신이 '빛'이라는 말만큼이나 부정확하며, 신이 '존재한다'는 말은 신이 '존재하지 않는다'는 말만큼이나 부정확한 것이다. 우리가 신이라고 부르는 대상은 존재에도 비존재에도 포함되지 않기 때문이다.

그렇다면 위디오니시우스의 수련이 의도하는 바는 무엇인가? 우리가 이런 수련을 통하여 우리가 신이라 부르는 대상의 절대 불가지성 앞에서 언어가 무너지고 와해되는 침묵에 이르기 때문이다. 언어가 아무런 도움도 되지 못할 때 우리는 지적인 황홀경을 체험한다. 그러면 더 이상 신의 형언 불가능함을 말로만 떠들지 않게 된다. 그리고 '신과 같은 어떤 것도 없다'는 사실을 통해 우리는 스스로 통찰에 이르고 우리 자신으로부터 벗어나는 '비움'에 이르게 된다. 생각의 우상들을 버리면 우리는 더 이상 우리 자신의 생각과 욕망이 투사된 환영을 숭배하지 않게 된다. 형언할 길 없는 진리에 이르는 것을 가로 막는 그릇된 생각들이 없어지면서 우리는 자기를 잊은 모세처럼 드러나지 않은 신의 임재 속에 고요히 머물 수 있게 된다. 이러한 위디오니시우스의 변증법적 수련방법이야말로 일상적인 지각을 뛰어넘어 다른 시각을 갖게 해주는 지적 환희로 우리를 인도한다.

그렇다 하더라도 위디오니시우스가 말하는 영성수련을 몸소 꾸준히 실천하지 않고서는 이해할 수 없는 얘기다. 그가 말하는 황홀은 색다른 절정의 체험이 아니다. 예배 중 성서를 읽을 때면 이 세 단계의 변증법적 방법을 적용해야 한다. 확언하고, 부정하고, 부정을 부정하는 과정을 거치면서 모든 신학적 언어의 부적절함을 점점 더 자각해나가야 한다. 그러면 결정적인 순간에 말의 한계를 초월하는 형언할 길이 없는 타자의 침묵을 알게 된다. 단순히 할 말이 부족함을 깨닫는 것이 아니라 실제로 아무 말도 할 수 없고 아무것도 알지 못함을 깨닫게 된다는 것이다.

이러한 신비적 신학관을 지녔던 위디오니시우스는 사실 동방에서는 그리스정교의 주요 선각자인 카파도키아 지역의 신학자들과 막시무스의 제자 정도로 여겨졌지만 서방에서는 큰 명성과 권위를 누렸다. 그러나 서구 신학자들은 그의 방법을 전례에 잘 적용하지는 못했다. 그들의 예배 형식이 알렉산드리아의 예배 형식과는 많이 달랐기 때문이다. 그러나 침묵의 방법은 그들 자신이 종교적 진리를 이해할 때나 신도들에게 신에 관해 생각하도록 가르칠 때에 핵심적인 역할을 했다. 그리고 이는 중세 서방 기독교인들의 의식 속에 깊숙이 뿌리를 내렸다.

그의 저서들은 아일랜드 신학자 요하네스 스코투스 에리우게나(Johannes Scotus Eriugena, 810-877)에 의해 라틴어로 번역되었고, 후대의 많은 신학자들은 그의 저서들에 주석을 달았으며, 수많은 신비주의자들이 그의 신비신학에 영향을 받았다. 이미 플라톤의 사상에 공감하고 있던 그리스와 동방교회들의 저자들도 위디오니시우스의 저서들을 플라톤학파의 다른 저서들과 더불어 그들의 신학에 그대로 받아들였다.

제5장 ·· 신앙과 이성의 조화와 갈등

1. 안셀무스: 신의 존재론적 증명

　모마제국의 몰락 이후 지속된 암흑기에서 막 벗어나기 시작할 무렵인 11세기 말 서방의 철학자와 신학자들은 완전히 새로운 작업에 착수했다. 신앙의 진리에 자신의 이성적 능력을 체계적으로 적용하기 시작한 것이다. 신도들 사이에 헌신적인 분위기가 고조되면서 유럽인들은 서방 기독교만의 새로운 정체성을 만들어가기 시작했다. 그들은 좀 더 수준 높은 이웃인 그리스 비잔틴 세계와 이슬람 세계의 지적 유산들을 접하게 되면서 유럽의 수사들은 좀 더 합리적인 방식으로 생각하고 기도하기 시작했다. 이러한 새로운 영성을 주도한 사람들 중 가장 두드러진 인물이 안셀무스(Anselmus, 1033-1109)였다. 그는 이탈리아 태생의 잉글랜드 국교회(The Church of England) 신학자였으며 켄터베리 대주교를 지내기도 했는데 후일 스콜라 철학의 창시자로 평가되기도 했다.
　새로 유행하는 이성주의에 자극받은 그는 기독교의 전통적인 가르침을 합리적으로 일관되게 만들려고 했다. 그렇다고 신을 믿는 일까지 합리적 근거에 의존하지는 않았다. 그래서 그는 "이해를 통해 믿음에 이르는 것이 아니라 믿음을 통해 이해에 이른다"는 유명한 말을 남겼다. 신에 다가가려는 사람은 자신의 모든 기능을 사용해야 했다. 안셀무스는 진리가 직관적으로 파악되기를 바랐기 때문에 정신을 총동원해서 신을 관상했다. 그는 "주님께 기도하나니 당신이 저를 당신의 형상대로 만드신 것에 감사드립니다. 그래서 저는 당신을 기억하고 생각하고 사랑할 수 있습니다"[1]라고 기도했다. 이는 모든 이성적 존재의 존재 이유이므로 사람들은 지고의 신을 기억하고 이해하고 사랑하는 데 최선의 노력을 다해야 했다.

그러나 신에 관해 제대로 관상하기는 극히 어려운 일이다. 안셀무스는 기도를 그렇게 어렵게 만드는 무기력감을 절실히 자각했다. 『프로슬로기온』(proslogion) 서두에서 안셀무스는 신성으로부터의 소외감을 한탄하였다. 자기 안에 있는 신의 형상이 자신의 불완전함에 가려져 잘 보이지 않아서 아무리 애를 쓰도 자신에게 주어진 과업을 수행할 수 없다는 것이었다. 따라서 그는 자신의 지적 능력, 이성, 상상, 감정으로써 정신을 자극하고 각성시켜 나태함을 떨쳐내야만 했다. 특히 그가 새로 발견한 이성적 능력은 정신을 흔들어 깨우고 불을 지피기 위한 신이 주신 도구였다. 신이 왜 인간에게 이성을 부여했을까? 이성의 능력으로 자신을 자각하게 하기 위함인가? 이러한 질문은 사실 평소에 글쓴이가 가지고 있던 문제의식이기도 하다.

그런데 안셀무스는 착각에 빠지지 않았고 인간의 이성으로도 불가지한 신을 이해할 수 없다는 것을 알았다. 그래서 그는 "주님 저는 당신이 계신 높은 곳에 이르려 하지 않습니다. 제 이해력이 조금도 거기에 미치지 못하기에"라고 고백했다. 그리고 그는 자신이 마음을 바치고 사랑하는 당신의 진리를 조금이나마 이해하기를 바란다면서, 헌신하기 위해 이해하려는 것이 아니라

---

1 Anselmus, *Proslogion*, 1. 143.

이해하기 위해 헌신한다고 했다. 그리고 헌신하지 않고서는 절대 이해하지 못하리라는 것을 확신한다고 했다. 종교적 진리는 실제로 헌신하지 않고는 이해될 수 없는 것이다.

안셀무스는 그의 신학적 견해 중에 가장 두드러지는 이론인 신의 존재에 대한 '존재론적 증명'이라는 것을 도입했다. 『프로슬로기온』 2장에서 그는 그동안 자신이 배워온 대로 '당신이 존재한다'는 것을 이해하게 해달라고 신에게 간청하고 있다. 위디오니시우스라면 이런 식의 증명에 동의하지 않았을 것이다. 신은 인간이 이해할 수 있는 그 어떤 방식으로도 존재한다고 말할 수 없었기 때문이다. 그러나 안셀무스는 당시 독자들이 흥미로워할 만한 방식으로 형이상학적 용어들을 사용해서 그와 유사한 통찰을 표현하고자 했다. 그는 신을 '그보다 더 완벽한 것을 생각할 수 없는 어떤 것'이라고 정의했다. 그는 독자들이 상상할 수 있는 가장 위대한 것을 생각한 뒤 신은 그보다 훨씬 더 위대하고 더 완벽하다는 사실을 강조하고 싶어 했다. 신은 인간 정신이 상상할 수 있는 그 어떤 것도 초월함이 분명했다.

플라톤주의자였던 안셀무스는 신의 존재론적 본성이 곧 신 존재의 필연성을 내포한다고 생각한 것은 당연한 일이었다. 그는 "주여 당신은 너무나도 틀림없이 계시기에 당신이 존재하지 않는다고 생각하는 것은 불가능합니다"라고 고백했다. 안셀무스는 신이 존재한다는 것을 조금도 의심치 않았기에 회의론자들을 납득시키려는 노력조차 하지 않았다. 그는 신의 관념이 선천적이라고 믿었다. 무신론자들조차 신의 관념은 갖고 있다고 보았는데, 그렇지 않으면 신을 부정할 수도 없기 때문이다. 우리가 비록 불완전한 세계에 살고 있지만 절대적인 완전함의 관념을 갖고 있다는 것이다. 그러나 그것이 생각으로만 존재한다면 모순이 생긴다. 실제로 존재하는 것이 관념으로만 존재하는 것보다 더 위대하고 더 완전하기 때문이다. 따라서 안셀무스는 위대한 무언가가 머릿속에도 실제로도 존재한다는 데 의심의 여지가 없었다.

그런데 오늘날 전혀 다른 지적 세계에 살고 있는 현대인들은 예컨대 내게 일만 달러가 있다고 생각한다고 해서 실제로 그 돈이 주머니 속에도 있다고 가정할 수 있느냐고 반문할지 모른다. 그런데 안셀무스는 과학적 혹은 논리적 증명을 시도한 것이 아니었다. 그의 증명은 자신의 이성적 능력으로써 무기력한 정신을 자극해 내재하는 신적 실재에 '몰입'하게 만드는 것이었다. 또한 인간이 신에 관해 아무리 상상해 봐도 진실에 미칠 수 없다는 신념을 증명한 것이기도 했다.

안셀무스의 증명은 엄격한 합리적, 논리적 과정을 따르는 것이 아니었다. 그는 믿음의 의미에 관한 명상록을 써달라는 수사들의 요청을 받고 신의 실재에 대한 단일하고 자명한 논거를 찾기 위해 오랜 시간 고민했다. 그가 거의 자포기하려 할 무렵 어떤 생각이 절박하게 그를 압박해왔고, 그 압박감에 못 이겨 녹초가 되자 체념했던 그것이 마침내 떠올랐다고 고백한다. 안셀무스의 전기를 쓴 에드머(Edmer, 1060-1128)에 의하면 그의 증명은 머리와 가슴 모두를 포함하는 황홀경의 순간에 이루어졌다고 한다. 어느 날 아침 기도를 드리던 중 갑자기 하나님의 은총이 그의 가슴을 비추드니 머릿속에서 모든 문제가 분명해지고 엄청난 희열이 그를 온통 휘감았다고 한다.

후대의 저자들은 그의 이러한 체험에만 시시콜콜 매달렸지만 안셀무스나 에드머는 관심이 다른 데 있었던 것으로 보인다. 안셀무스의 관심은 그저 어떻게 하면 이 체험을 이용해 다른 이들을 도울까에 있었다. 그리고 내게 그토록 기쁨을 안겨준 그것을 글로 써낸다면 그 글을 읽는 누구에게나 큰 기쁨을 줄 것이라고 생각했다.

물론 안셀무스가 최초로 신의 존재를 증명하려 한 것은 아니었다. 8세기와 9세기 동안 아비스 제국의 무슬림들은 당시 아랍어로 번역된 고대 그리스, 시리아, 산스크리트의 문헌들에 영향을 받아 문화적 번성기를 누렸다. 그들은 플라톤, 아리스토텔레스, 플로티노스의 형이상학적 업적들을 접하게 되었다. 거기서 배운 것들을 종교에 적용하려 했는데, 특히 아리스토텔레스의 원동자설, 플로티노스의 유출설 등을 기반으로 신 존재에 대한 자신들만의 증거를 고안하기 시작했다.

주요 파일라수프(faylasuf, 철학자)들은 안셀무스처럼 신의 존재를 조금도 의심하지 않았지만 자신들의 과학적 지식과 꾸란의 가르침을 결합하고자 했다. 많은 파일라수프들이 이슬람 신비주의자인 수피들의 영성수련을 행하면서 요가의 기술과 만트라(mantra, 眞言) 암송이 자신들의 연구에 새로운 차원을 더해준다는 사실을 알았다. 좀 더 급진적인 파일라수프들은 '무로부터의 창조'라는 개념이 철학적으로 용인될 수 없다는 것을 알았지만 다양한 사람들의 요구에 부응한다는 이유로 팔사파(falsafah, 철학)와 경전 모두 신을 추구하는 타당한 방법이라 여겼다.

본 절의 내용과는 다소 동떨어지지만 기독교 역사상 빼놓을 수 없는 사건을 여기서 짚고 가자. 안셀무스의 생애 말년 쯤 서유럽에서는 참으로 놀라운 일이 벌어졌다. 최초의 십자군이 이슬람 세계를 향해 출발했던 것이다. 1096년 십자군 일부가 라인(Rhine) 계곡의 유대인 공동체들을 공격했고, 1099년 7월 마침내 예루살렘을 정복한 십자군은 3만 명에 달하는 유대인과 이슬람을 학살해서 그 피가 말의 무릎까지 차올랐다고 한다.

십자군 원정은 국제무대에 복귀하려던 새로운 유럽이 공동으로 취한 최초의 행동이었다. 십자군 원정은 전쟁을 업으로 하며 공격적인 종교를 원하던 기사들에게 호소력을 지녔고 그 열정은 13세기까지 이어졌다. 물론 이는 우상숭배적인 대재앙이자 서구 기독교 역사상 가장 부끄러운 악행 중 하나였다. 그들은 자기들과 닮은 신을 만들어서 경쟁 신앙들에 대한 두려움과 증오를 그 신에게 떠넘기고 신의 절대적인 승인을 받은 것처럼 행동했다. 이러한 십자군 원정은 반유대주의를 유럽의 불치병으로 만들었고 이슬람 세계와 서구의 관계에 지울 수 없는 상처를 남겼다.

기독교인들이 무슬림들을 무차별 살육하고 있을 때 일부 기독교인들은 무슬림 학자들 밑에서 배우기 위해 스페인으로 떠나기도 했다. 그들은 그곳에서 로마제국 몰락 이후 자취를 감췄던 아리스토텔레스를 비롯한 그리스 철학자들의 저술과 유대교 이슬람교 철학자들의 저술도 접하게 되었다. 이러한 새로운 지식의 유입은 지적인 르네상스를 촉발시켰다. 이러 점에서 우리는 어느 시대에나 종교적 삶은 각양각색이고 모순적이라는 사실을 깨닫게 된다. 그것은 한 개인의 경우에도 마찬가지로 보인다.

프란체스코(Francesco, 1181-1226)는 당대 가장 유명한 신학자 중의 한 사람이었다. 그는 안셀무스보다 훨씬 더 문자주의자였다. 그러나 그의 문자주의는 지적이거나 교리적인 것이 아니라 실천적이었다. 그는 그리스도의 삶을 사소한 것까지 있는 그대로 모방하는 삶을 살고자 했다. 그는 그리스도의 절대적 가난한 삶을 모방했다. 그와 프란체스코회 수사들은 음식을 구걸하고 맨발로 다녔으며 아무런 재산도 소유하지 않았고 아무 데서나 잠을 잤다. 이러한 삶은 디오게네스를 생각나게 하며 불교에서의 무소유를 연상케 한다. 그런데 이 온화한 거지 성자는 십자군 원정에 찬성했고 비록 직접 전투에는 참여하지 않고 설교만 했다지만 이집트로의 제5차 십자군 원정길에는 동참했다고 한다. 종교적 삶이란 것이 얼마나 모순되고 각양각색인지를 너무나 적나라하게 보여준다.

2. 토마스 아퀴나스: 신의 존재 증명

안셀무스의 뒤를 이어 신의 존재에 대해 좀 더 이성적 차원의 증명을 시도하려 했던 사람이 토마스 아퀴나스(Saint Thomas Aquinas, 1224-1274)이다. 그는 중세 후기 기독교의 대표적 신학자이자 스콜라 철학자이다. 또한 그는 자연 신학의 으뜸가는 선구자이며 로마가톨릭교회에서 오랫동안 주요 철학적 전통으로 자리 잡고 있는 토마스학파의 아버지로 통한다.

아퀴나스는 열심히 아리스토텔레스의 이성주의를 받아들였다. 그는 열네 살의 어린 나이에 나폴리대학에서 만난 도미니크회 수사들에게 마음이 끌렸다고 한다. 나폴리대학은 당시 기독교계에서 아리스토텔레스의 논리학과 철학을 가르치던 유일한 학교였다. 도미니크회 역시 프란체스코회처럼 당대의 대표적인 수도회였고, 도미니크회 수사들은 수도원에 은거하지 않고 세상에 나가 사람들에게 봉사하며 복음에 따른 가난한 삶을 살았다.

아퀴나스는 가족들의 반대에도 불구하고 도미니크회 수사가 되고자 파리로 갔다. 그곳에서 그는 아리스토텔레스에 관한 권위 있는 해설서를 완성 중이던 알베르투스 마그누스(Albertus Magnus, 1193-1280)[2]에게 배웠다. 그는 변화와 새로운 사상을 폭넓게 수용했다. 대부분의 동시대인들이 여전히

---

2 독일의 신학자, 연금술사, 스콜라 철학자. 그의 철학은 제자 토마스 아퀴나스가 아리스토텔레스의 철학을 충분하게 수용하기까지의 과도기적 단계의 성격을 띠고 있다. 그는 처음부터 신앙은 이성에 의해 밑받침되어야 한다고 생각하고 신학의 기초로서 철학의 중요성을 간파하여 아리스토텔레스의 철학을 연구한 결과 아리스토텔레스적인 요소를 수용하고 그것을 자기의 철학 속에 구체화시켰다. 그는 우선 철학과 신학을 분명하게 구별했다. 형이상학 또는 제일 철학이 하나님을 제일 존재자로서 다루는 반면 신학은 하나님을 신앙에 의해 알아진 것으로서 다룬다. 그리고 철학자는 모든 인간에게 주어진 이성의 일반적인 빛의 작용 하에서 연구하고 이 빛에 의하여 제일 원리를 보지만 신학자는 초자연적인 신앙의 빛에 의해서 연구하고 이 빛을 통해서 계시된 교의를 받아들인다. 알베르투스 마그누스의 중요성은 아리스토텔레스의 체계와 아랍 철학자들의 저작 가운데에 얼마나 중요한 것이 포함되어 있었는가를 알고 그것을 자신의 철학 체계에 수용하여 그의 제자 아퀴나스에게 커다란 영향을 미쳤다는 사실에 있다.

십자군원정에 몰두했지만 그는 아랍 철학자들의 사상을 수용했고, 아리스토텔레스를 둘러싼 논란이 여전하던 시기에 전통적 신앙에 새로운 학문을 접목한 저술을 남겼다.

아퀴나스는 신에 관해 아주 적극적으로 단정했다. 그는 신에 관해 '무엇이 아니다'라는 부정적 표현만이 가능하다고 본 마이모니데스(M. Maimonides, 1135-1204)의 주장이 틀렸다고 생각했다. 아퀴나스는 자신이 추앙했던 위디오니시우스와 마찬가지로 신학에서는 적극적인 말과 부정의 침묵 모두 중요하다고 여겼다. 스스로 존재하는 존재자체의 신은 존재하는 만물의 근원이었기에 신의 형상대로 만들어진 모든 존재가 신에 관해 말해줄 수 있었다. 또 신을 말하는 데 논리와 추론이라는 흥미로운 신기술을 활용할 수도 있었다.

그러나 여기에는 한 가지 중요한 전제 조건이 있다. 신학자는 신에 관해 말할 때마다 그 말이 필연적으로 부적절하다는 것을 자각하는 것이었다. 신을 관상할 때 우리는 생각을 초월하는 어떤 것에 대해 생각하는 셈이며, 신에 관해 말할 때 우리는 말로써 담아낼 수 없는 어떤 것에 대해 말하는 셈이었다. 신학은 말과 관념이 본래 지닌 한계를 드러냄으로써 말하는 사람이나 듣는 사람 모두를 말없는 경외감 속에 빠뜨려야 했다. 신앙에 이성을 적용했다면 우리가 '신'이라 부르는 것이 인간 정신으로 파악될 수 없음을 보여주어야 했다. 그렇게 하지 못하면 신에 관한 말들은 우상숭배적인 것에 불과하다.

계시조차 신에 관해 말해줄 수 없었다. 사실 계시의 목적은 신의 불가지성을 깨닫게 하려는 것이다. 그래서 아퀴나스는 인간의 최고의 지식은 우리가 신을 알지 못한다는 것을 아는 것이라고 말한다. 그리고 그는 신은 인간이 그에 관해 생각할 수 있는 모든 것을 훨씬 뛰어넘는다는 사실을 믿을 때만 우리는 신을 진정 아는 것이라고 강조한다. 그에게는 그리스도조차 우리의 관념적 이해를 초월하는 불가지한 대상이었다. 승천한 그리스도는 그를 맞이하는 구름에 가려져 우리의 지성이 미치지 못하는 영역으로 들어갔다. 바울이 말했듯이 그리스도는 어떤 이름도 붙일 수 없는 저 높은 곳으로 올라갔다. 따라서 승천은 우리의 앎의 한계를 드러냈다.

그의 방대한 업적은 신의 초월성을 강조하는 경향에 맞선 노력이었다고도 볼 수 있다. 이런 면에서 그는 위디오니시우스와 흡사하다. 다만 위디오니시우스의 신학이 전례를 기반으로 했다면 아퀴나스의 신학은 새로운 형이상학적 이성주의를 기반으로 했다. 아퀴나스가 가톨릭사상에 미친 영향은 대단하지만 최근 그는 일부 신학자들에게도 골칫거리가 되었지만 특히 무신론자들에게 웃음거리가 되었다. 명백히 부적절해보이는 신에 대한 다섯 가지 '증명' 때문이었다.

그의 가장 유명한 저작인 『신학대전』(Summa Theologiae)³ 서두에서 그는 다섯 가지 길을 제시하면서 신을 증명하려 했다. 이 책은 '신은 있는가?'라는 가장 근본적인 질문에서 시작한다. 그는 신에 관한 지식은 타고나는 것이라고 여기면서도 그 지식이 막연할 때가 많아 이를 입증할 필요성이 있다고 보았다. 그러나 아퀴나스는 자신의 증명이 안셀무스의 '존재론적 증명'과 무관하다는 것을 분명히 했다. '신이 존재한다'는 명제는 결코 자명한 것이 아니라 '좀 더 분명히 드러내는 것, 즉 신의 결과물에 의해 증명되어야 하는 것'이었다. 따라서 눈에 보이는 결과들로부터 숨은 원인들을 유추해가는 것이었다.

아리스토텔레스도 분명히 밝혔듯이 모든 결과에는 원인이 있기에 신의 결과물로써 신이 존재함을 충분히 증명할 수 있다는 것이다. 그러나 그는 무

---

3 『철학대전』이라고도 불리는 『이교도에 대한 반론』(Summa contra gentiles)과 함께 중세 스콜라 철학의 최고봉을 이룬다. 신학을 철학의 완성으로 본 토마스 아퀴나스는 『신학대전』의 저술을 통해 유명한 신존재 증명을 시도한다. 합리적인 추론으로도 신의 존재를 알아낼 수 있음을 보여 지성과 신앙의 조화를 꾀했다. 결국 『신학대전』의 두 기둥은 신론(神論)과 인식론이다. 이 두 기둥을 중심으로 인간론과 윤리, 성례전 문제 등이 설명된다. 『신학대전』은 이른바 유신론(theism)의 바탕을 이루었을 뿐 아니라 서구 사상의 모든 분야에 걸쳐 큰 영향을 끼쳤다.

로부터의 창조 교리는 피조물들을 통해 신이 무엇인지 이해하기다 어렵다고 보았다. 따라서 그는 증명을 시작하기에 앞서 신의 절대적 불가지성 때문에 우리가 증명하려는 것이 무엇인지 정의할 수 없다고 했다.

아퀴나스는 이처럼 중대한 전제 조건을 붙인 다음 피조물로부터 사람들이 신이라 부르는 것을 입증하는 다섯 가지 길을 간략하게 제시했다. 그의 제시는 사실 독창적인 것은 아니었다.

첫 번째 증명은 아리스토텔레스의 원동자 증명에 입각한 것이다. 즉 우리 주변의 만물은 변화한다. 모든 변화는 다른 무언가에 기인하여 이렇게 이어지는 인과관계의 사슬은 어딘가에 그 끝이 있어야 한다. 그렇게 우리는 그 자체는 무엇에 의해서도 변하지 않는 제1원인에 이르게 된다.

두 번째 증명은 첫 번째 증명과 밀접하게 관련된 것으로 인과관계의 본질에 관한 것이다. 즉 우리는 스스로 자기 자신의 원인인 것을 본 적이 없기에 모두가 신이라는 이름을 부여하는 최초의 원인이 있음이 분명하다.

세 번째 증명은 이븐 시나(Ibn Sina, 980-1037)[4]의 '필연적 존재론'에 입각한 것이다. '필연적 존재'란 외적인 다른 어떤 것에도 기인하지 않고 그것 자체로 존재하며 다른 것들을 존재하게 하는 원인이다.

네 번째 증명은 아리스토텔레스로부터 나온 윤리적 논거다. 즉 어떤 것은 다른 것보다 더 좋고 더 참되고 더 높은데 이러한 우수함의 위계를 통해 그 최고점에 있는 보이지 않는 완전함을 상정할 수 있다.

다섯 번째 증명은 우주 만물이 그 존재의 형상인 '목적인'(目的因)을 갖는다는 아리스토텔레스의 믿음에서 나왔다. 우주 만물은 저마다의 합당한 목

---

[4] 이슬람에서 가장 유명하고 많은 영향을 끼친 철학자이자 과학자이며 의학과 아리스토텔레스 철학의 연구에 기여한 업적으로 유명하다. 토마스 아퀴나스에게도 영향을 끼쳤다. 철학과 과학의 방대한 백과사전인 『치료의 서(書)』와 의학사에서 가장 저명한 저작 중 하나인 『의학 정전(正典)』을 저술했다.

적을 달성하기 위해 자연법칙을 따르는데 이 불변의 법칙들은 우연한 것일 수 없다. 날아가는 화살을 보고 활을 쏜 사람을 상정하듯이 이러한 법칙들도 '의식과 이해를 지닌 누군가'에 의한 것임이 분명하며 그 '누군가'는 우리가 신이라 부르는 것'이라는 것이다.

아퀴나스는 이러한 주장을 통하여 신의 존재에 회의적인 사람들을 설득하려 한 것이 아니라 '왜 무(無)가 아니라 존재인가?'라는 원초적 질문에 대해 이성적인 답을 구하려 했다. 각 증명의 결론은 '모두가 신이라 부르는 것'이라는 구절의 변주, 즉 원동자, 작용인, 필연적 존재, 최고의 우수함, 지적인 감독자로 마무리 된다. 그러나 아퀴나스는 문제를 다 해결한 것처럼 해놓고 갑자기 판을 뒤집는다.

아퀴나스는 비록 '우리가 신이라 부르는 것이 존재한다'는 것을 증명할 수 있다 해도, 여기서 '존재한다'는 말이 무엇을 의미하는지 모른다고 말한다. 우리가 신에 관해 존재니 뭐니 말할 수는 있어도 그것이 정말로 무엇을 의미하는지는 모른다는 것이다. 신의 특성에 관해서도 유사한 논리로 말한다. 즉 우리가 경험하는 모든 존재들과 달리 신은 부분들로 이루어져 있지 않다.

예를 들어 인간은 육체와 정신, 살과 뼈 같은 부분들이 합쳐진 존재다. 또 인간은 선하고 친절하고 키가 크고 작고 등의 특성을 갖지만 신의 특성은 신의 본질과 동일하므로 신은 별다른 특성을 지니지 않는다. 즉 신은 '선한 것'이 아니라 '선 그 자체'다. 이처럼 우리는 신을 정의할 수 없는 것처럼 신의 존재도 알 수 없다. 신은 이런저런 종류로 분류되지 않기 때문이다. 신은 하나의 실체, 즉 어떤 종의 개별 사례로서 독립적으로 존재할 수 있는 것이 아니다.

그의 증명은 신이 무엇을 의미하는지 우리의 경험으로는 알 수 없음을 입증했을 뿐이다. 그저 신비의 존재를 증명하려 했을 뿐이다. 그러나 아퀴나스가 보기에는 바로 이런 점 때문에 '다섯 가지의 증명'이 바람직한 신학일 수 있었다. 왜 무가 아니라 존재인가? 라는 질문은 바람직한 물음이다. 그러나 그 답은 우리가 모르는, 실은 알 수 없는 무엇이다. 아퀴나스는 '지성'에 관해서도 아우구스티누스와 같은 생각을 가졌다. 그의 증명들을 통해 우리는 대답할 수 없는 질문을 던지고 신의 불꽃이 튀는 극단에 이르기 위해 안간힘을 쓰지만 더 이상 나아갈 수 없는 이성의 한계를 깨닫게 된다. 이성이 전복되고 말이 무의미해지면 우리는 침묵에 빠진다. 결국 아퀴나스의 글은 지성을 한계 너머로 밀고 나가 바로 그러한 불가지한 실재와 직면하기를 요구한다.

아퀴나스는 우리의 언어가 끊기고 도움이 안 될 때 비로소 우리가 신에 관해 말하고 있음을 안다고 주장한다. 현대적 용어로 표현하면 말에서 침묵으로의 환원인 것이다. 모름이 곧 좌절은 아니었다. 아퀴나스는 사람들이 자신의 이성적 능력이 전복되는 데서 기쁨을 얻을 수 있다고 말한다. 그는 누구에게도 신을 믿으라고 요구하지는 않았다. 그러나 그는 신앙(faith)이란 초월성이 진짜임을 인정하는 능력, 삶의 이면에 실재하는, 우리가 경험하는 그 어떤 것보다 더 실재하는 성스러운 차원을 이해하는 능력이라고 정의했다. 이러한 인정이 곧 지성의 굴복을 의미하는 것은 아니었다. 따라서 신앙은 우리가 세상 속에서 어렴풋이 느끼는 비경험적인 실재들을 인정하고 기뻐하는 능력이었다.

그리고 그는 근대 이전 다른 훌륭한 신학자들이 그랬듯이 신에 관한 모든 언어가 어림짐작에 불과하다는 점을 분명히 했다. 우리의 언어는 유한한 범주들만을 다룰 수 있기 때문이었다. 우리가 좋은 책, 좋은 사람 등으로 표현하며 그 뜻을 대강 알지만, 신이 선할 뿐 아니라 선함 자체라고 말할 때는 그 말이 무슨 뜻인지 갈피를 잡지 못한다.

아퀴나스는 신에 관한 교리들도 인간이 만들어낸 것에 불과하다고 말한다. '신이 선하다'거나 '신이 존재한다'는 말은 사실에 입각한 진술일 수 없다. 어느 한 분야에 적절한 언어를 전혀 다른 것에 적용했기에 유추적 진술일 뿐이다. '신이 세상의 창조자'라는 진술 역시 유추적일 수밖에 없다. 창조자라는 말이 인간적 맥락을 벗어나 사용되었기 때문이다. 그리고 우주가 무로부터 창조되었는지 혹은 창조되지 않았는지를 증명하는 것은 불가능하다. 즉 인간과 하늘과 바위가 언제나 존재한 것은 아님을 증명할 수 없기 때문이다. 따라서 이 점을 명심해서 증명할 수 없는 것을 증명함으로써 믿지 않는 사람들이 조롱할 근거를 주지 말아야 하고, 우리가 제시하는 이유가 우리가 믿는 이유로 오인되지 않도록 해야 한다고 주장했다.

사실 아퀴나스는 아리스토텔레스와 플라톤주의자들, 아우구스티누스와 교부들의 사상을 활용했지만 그 나름대로의 독창성을 보인다. 예를 들어, 그는 실재를 하나님뿐만 아니라 피조물에도 있는 존재의 최고행위 또는 존재의 완전성으로 보았다. 그러면서도 그는 하나님만이 창조 행위를 할 수 있다고 보았으며 천사들에게는 질료가 없다고 주장했다. 그리고 실재와 본질의 구성에 따라 하나님과 피조물을 구별했다. 또한 인간 영혼은 질료와 결합하여 인간 본성을 구성하는 독특한 실재 형식이라고 보았다. 그리고 인간 영혼의 불멸성이 엄밀하게 증명될 수 있으며, 영혼과 영혼의 인식 능력 및 의지 능력은 사실상 원리적으로 구별된다고 주장했다.

인간의 인식은 감성적 경험에 근거하며 이 감성적 경험이 반성작용으로 이끈다는 것이다. 그는 인간과 저급한 피조물 모두 원래 하나님을 향하는 마음, 곧 사랑을 지니고 있으며, 초자연적인 은혜는 인간의 자연적 경향을 완전하게 만들고 고양시킨다고 생각했다. 또한 그는 축복이란 하나님 자신을 인식하는 것이며, 이 하나님 인식은 하나님에 대한 우리의 전폭적인 사랑을 동반한다고 생각했다.

3. 보나벤투라: 마음 속 신의 형상

13세기에 이르자 위디오니시우스의 수련방법은 서구인들이 신을 이해하는 핵심적인 방법으로 자리 잡았다. 신학자들, 영적 지도자들마다 표현 방식은 다소 달랐지만 그 핵심은 동일했다. 이탈리아 프란체스코회 수사로서 아퀴나스와 같은 시기에 파리대학에서 강의하고 훗날 수도회 회장이 된 보나벤투라(San Bonaventura, 1221-1274)의 경우도 그렇다. 그의 신학은 언뜻 보면 완전히 다른 종류로 보인다. 프란체스코회는 새로운 형이상학에 주목하는 대신, 그리스도의 삶을 바탕으로 특히 그가 겪은 수난에 역점을 둔 영성을 추구했다. 이러한 영성의 살아 있는 화신이 바로 수도회 창시자인 아시시의 프란체스코였다. 그는 삶의 모든 면에서 그리스도의 가난과 겸손과 고통을 재현하고자 했다.

보나벤투라는 프란체스코를 신성의 현현이자 안셀무스의 존재론적 증명이 육화한 존재로 보았다. 프란체스코가 도달한 신성함은 너무나 대단해서 그의 제자들은 그의 생애를 통해 '더 이상 나은 것을 상상조차 할 수 없게 하는 최선의 것'이 무엇인지 깨닫고 이해할 수 있었다. 보나벤투라의 신학은 이러한 종교적 체험에 확고한 기반을 두었다.

이러한 접근은 분명 완전한 긍정의 방식으로 보인다. 보나벤투라도 대부분의 동시대인들처럼 세계 전체가 창조주의 살아있는 상징이라 여겼다. 그러나 보나벤투라는 아우구스티누스처럼 외적 세계에만 계속 집중해서는 안 된다는 사실을 알았다. 결국 우리는 우리 마음속으로 들어가서 우리 안에 영원히 존재하는 영적인 신의 형상을 찾아야 한다고 생각했다. 그렇게 함으로써 선입관을 깨고 판에 박힌 사고방식을 뒤집는 신의 비전을 찾을 수 있다고 본 것이다.

그리고 보나벤투라는 위디오니시우스와 아퀴나스처럼 신이 일개 존재와 같은 방식으로 존재하지 않으므로 신이 존재한다는 말이 부정확함을 분명히 했다. 그러나 존재 자체는 오직 신에게만 적용되는 특성이기도 했다. 우리는 존재가 무엇인지 모른다. 그것은 생각의 대상이 아니고 생각의 대상일 수도 없다. 우리는 존재를, 그것을 통해 개별 존재들을 알게 되는 매개체로서만 경험할 뿐이다. 그래서 신이 어떻게 실재하는지를 이해하기 매우 어렵다. 그래서 보나벤투라는 신에 관한 모순적인 말들을 함으로써 관념의 장애물을 뛰어넘어야 한다고 주장한다.

그는 '처음이면서 마지막이고 영원하면서 지극히 현재에 있으며 가장 단순하면서 가장 위대하고 지극히 유일하면서 다채롭다'고 설명했다. 이는 언뜻 보면 각각의 특성이 앞에 나온 특성을 상쇄하는 것처럼 보이지만 자세히 보면 서로 모순되어 보이는 특성들이 상호의존적임을 알 수 있다. 즉 존재는 영원하기에 만물에 현존할 수 있고 유일자이기에 다채로울 수 있는 것이다. 이처럼 '모순의 통일' 속에서 일상적인 사고와 언어의 범주들은 무의미해진다.

삼위일체를 관상할 때도 마찬가지이다. 보나벤투라는 마음속으로 유일자와 삼위 사이를 오가며 그 속에 내재된 모순을 없애려 하지 말라고 한다. 그러면서 불가해한 것을 이해할 수 있다고 믿지 않는 당신의 태도가 문제라고 지적한다. 사람들은 이처럼 모순적인 복잡함을 이용해 익숙한 사고방식을 해체해야만 했다. 그러지 않으면 우리를 찬탄의 경지로 끌어 올려줄 삼위일체의 교리를 전혀 이해할 수 없었다.

신이 내린 최고의 계시인 인간 그리스도조차 서로 완전히 모순되어 보이는 요소들을 지녔다. 그리스도는 처음과 마지막, 가장 높은 것과 가장 낮은 것을 우리 마음이 다룰 수 없는 방식으로 통합하고 있다. 육화된 말씀인 그리스도보다 신성을 이해하는 데 도움이 되는 것은 없다. 그러나 반대로 신의 말씀은 미지의 완전한 어둠으로 이어질 수밖에 없다. 따라서 그리스도는 종교적 탐구의 종착점이 아니라 우리를 불가지한 성부에게로 인도하는 길일 뿐이다. 최고의 계시는 모든 것을 명확히 하는 대신에 우리를 일종의 죽음과도 같은 모호함에 빠뜨린다. 그는 말씀인 그리스도의 수난과 죽음이 신에 관한 언어의 수난과 실패를 구현하고 있다고 보았다. 결국 계시에는 명확함도 확실성도 특별한 정보도 없는 것이다. 따라서 그는 그러한 미숙한 기대를 버리고 떠나야 한다고 주장한다. 죽음을 사랑하는 자만이 신을 볼 수 있으며, 인간이 신을 보고 살아남을 수 없음이 분명하다고 했다.

그는 진리 추구를 신에 대한 예배 형태로 바꿈으로써 지금까지 해온 신학 연구를 프란체스코 수도회의 탁발 생활 방식과 융합했다. 그리고 그는 당대에 신학과 철학의 다양한 전통들을 조화시키는 능력을 발휘했다. 진리를 하나님의 사랑에 이르는 길로 파악한 그의 진리관이 서로 다른 교리를 한데 묶었다. 그가 프란체스코 수도회 수사로서 보여준 모범적인 삶과 그의 교리가 서방교회의 삶과 신앙에 끼친 영향이 인정되어 성인으로 추앙되었고, 교회박사라는 칭호도 받았다. 오늘날 학자들은 그를 인간과 하나님에 관한 진리의 용감한 변호자, 신비주의적·그리스도교적인 지혜를 훌륭하게 해석한 인물로 평가한다.

4. 스코투스와 오컴: 이성적 신의 존재 증명

아퀴나스와 보나벤투라 이후 한 세대 만에 신 관념은 많은 변화를 겪었다. 그 중심에는 옥스퍼드의 인기 강사이자 프란체스코회 철학자로 많은 논란 속의 인물이었던 둔스 스코투스(Duns Scotus, 1266-1308)가 있었다. 스코투스는 아퀴나스의 신학이 신에 관해 의미 있는 말은 한마디도 할 수 없게 한다고 비판했다.

스코투스는 이성으로 그 어떤 존재라도 증명할 수 있다고 확신했다. 그는 우리의 타고난 능력만으로 신에 관해 충분히 이해할 수 있다고 보았다. 이것이 스코투스 철학을 지배하는 원칙, 즉 그 생각의 진위를 판단하는 기준이었다. 그러나 이러한 신학은 우리가 '신이 존재한다'고 말할 때 그 의미가 무엇인지 알아야만 성립되는 것이다. 따라서 스코투스는 '존재'라는 말이 일의어(一義語), 즉 신, 남자, 여자, 산, 동물, 나무, 어디에 적용되든 똑같은 기본 의미를 지닌 말이라고 주장한다.

아퀴나스는 신에 관해 지혜, 존재, 선함 같은 말들을 오직 유추적으로만 사용할 수 있다고 주장했는데, 스코투스는 거기에 만족하지 않았다. 그는 '살찐', '지친'처럼 신에게 적용될 수 없는 말들도 있지만 '존재', '선함', '지혜' 같은 말들이 신과 피조물에 대한 일의어가 아니라면 우리는 자연히 신에 관한 아무런 관념도 가질 수 없다고 보았다. 기독교와 이교도 철학자들 모두 신이 모종의 존재라는 데 동의한다. 어떤 식의 존재냐에 관해서만 서로 달랐다. 이교도가 신이 '불'이라고 믿을 때 기독교도는 이를 부정한다. 그러나 신이 '존재한다'고 말할 때 이교도나 기독교도가 의미하는 바는 다르지 않다.

이런 식의 사고는 아퀴나스가 보면 하나의 우상숭배로 보일 수 있다. 신이 일개 존재라고 가정하면 너무도 쉽게 우리 자신의 생각을 신에게 투사하고 우리 자신의 이미지대로 신을 만들어낼 수 있기 때문이다. 그러나 스코투스는 실제로 피조물에 대한 지식을 통해서 신을 이해할 수 있다고 주장했다. 피조물의 존재는 유한한 반면 신의 존재가 무한한 것은 사실이지만 그것은 정도의 차이일 뿐이라고 한다. 예를 들어 선홍색과 분홍색 모두 붉은 색이지만 선홍색이 분홍색보다 좀더 붉은 것과 마찬가지로 신이 강력한 존재 방식을 지녔을 뿐이었다. 신이 존재의 가장 큰 부분을 차지했지만 어쨌든 모두가 존재했다는 논리다.

이러한 논리를 두고 오늘날 스코투스를 비판하는 사람들은 그가 신의 초월성을 축소시키고 신을 한낱 우리보다 조금 더 낳은 존재로만 본다고 비난한다. 이에 대해 그는 나름의 반박을 하지만, 특히 신에 대해 '묘사적 방식'으로 많은 부분 알 수 있다고 주장함으로써 전통적인 신에 대한 정의를 포기하고 말았다. 그것은 후일 중대한 결과를 초래하게 될 작은 발단이었다. 입증 가능한 확실한 근거에 입각한 투명하고 분명한 신학적 언어를 갈망하는 이들이 그의 뒤를 잇게 되었던 것이다.

거의 과학적이라고 할 수 있을 정도로 자연신학을 선호했던 스코투스의 태도는 신학자 교육의 근본적인 변화를 반영한다. 아퀴나스가 죽은 지 겨우 4년 뒤인 1277년 프랑스 가톨릭 교계는 217개 신학적 명제들을 정죄했다. 그 중 일부가 아퀴나스를 겨냥한 것이었다. 당시 상황이 아리스토텔레스의 가르침에 반발하고 아리스토텔레스의 자연학이 신의 절대 권능과 자유를 제약할까 봐 우려하는 분위기가 확산되어 있었다. 아리스토텔레스의 자연법칙에 따르는 신은 전능할 수가 없었기 때문이다. 이미 신은 모순이 있을 수 없는 또 하나의 존재이자 우주의 또 다른 일원으로 생각되기 시작했던 것이다.

1277년의 정죄는 일부 신학자들이 '신은 원하는 것이라면 무엇이든 할 수 있다'고 주장함으로써 기존의 사고방식에 반기를 드는 것이었다. 그들은 신은 내키면 온 우주가 직선운동을 하게도 할 수 있다고 보았다. 또한 지구가 반드시 우주의 중심일 필요도 없고 신은 무수히 많은 다른 세계들을 만들어낼 수도 있었다. 영국의 프란체스코회 수사였던 윌리엄 오컴(William of

Ockham, 1285-1349)[5]은 심지어 '신은 당나귀로 강림해 인류를 구원할 수도 있다'고 면도날처럼 단언했다.

당시 대학에서는 신학을 공부하기 전에 논리학, 수학, 아리스토텔레스의 자연과학부터 공부하게 되어 있었다. 자연과학의 언어는 명료하고 뜻이 분명해야 했기에 젊은 세대들은 더 이상 유추적 사고에 능할 수 없었다. 오컴은 더 이상 교리를 상징적으로 보지 않았다. 교리는 말 그대로 사실로서 정밀한 분석과 탐구의 대상이었다. 오컴도 스코투스처럼 존재, 능력, 현존 같은 말이 신과 피조물에 똑같이 사용될 수 있음을 의심하지 않았다.

아리스토텔레스는 각 학문마다 고유한 원리가 있어서 어느 한 분야의 규칙과 방법을 다른 분야에 적용시키는 것은 위험하다고 주장했지만 교사들은 이러한 관행을 저버리기 시작했다. 신학과정에 들어갈 무렵의 일부 학생들은 과학적 사고에 치우쳐 신학적 문제까지 수학적으로 접근하곤 했다. 예를 들어 비례법칙으로 자유의지와 죄를 측정하려 했고 신과 피조물 간의 정확한 차이, 신이 무한대로 더 나은 세계를 창조할 가능성 등을 계산하려 했다.

이러한 경향에 맞서려던 1277년의 정죄였지만 오히려 정반대의 결과를 초래했다. 신의 능력(단순히 우리가 아는 능력의 더 효과적인 형태로 이해된)에 대한 새로운 집착은 새로이 가상적 사고를 유행시켰다. 학자들은 신이 부릴 만

---

[5] 중세 후반 '보편논쟁'의 중심에 있었던 영국의 신학자였다. '보편(普遍)은 실체로서 존재하는가? 그렇지 않으면 단지 사물에 대한 일반적인 이름에 불과한가?'라는 문제의 논쟁으로, 전자를 긍정하는 '실재론'(實在論), 후자를 긍정하는 '유명론'(唯名論)의 대립이었다. 이 논쟁은 본질적으로 신학의 이름을 빌린 관념론과 유물론의 싸움이었다. 초기의 스콜라학자 에리우게나, 안셀무스 등은 플라톤의 이데아론을 이어받아 보편은 '사물에 앞서' 존재한다는 실재론을 주장했다. 그러나 13세기 후반 이후 스콜라 철학 후기에는 신학과 철학을, 신앙과 이성을 이질의 영역에 속하는 것으로 보기 시작하면서 각각 별개의 진리, 즉 '이중 진리설'을 주장하는 둔스 스코투스가 유명론을 내세웠으며, 14세기에는 윌리암 오컴이 유명론을 역설하여 이것이 곧 근대의 유물론적인 경험으로 발전하게 되었다. 특히 '오컴의 면도날'이라는 원칙이 중시되었는데, 이는 사리의 설명이 불필요하게 복잡해서는 안 된다는 단순성의 원리를 말한다. 즉 가정이나 설명은 단순하고 간결한 것일수록 뛰어난 것이 된다.

한 온갖 터무니없는 재주들을 생각해내기 시작했다. 심지어 행성 간의 광대한 공간에 매료된 학자들도 있었고, 프랑스 철학자 니콜 오렘(Oresme Nicole d', 1320-1382)[6]은 이를 신의 광대함의 물리적 현현으로 여겼다.

어떤 학자들은 신이 우주 내의 물질들을 소멸시킴으로써 이러한 빈 공간이 만들어졌다고 상상하기도 했다. 이러한 진공을 채우려는 자연의 원리에 따라 지구를 둘러싼 천체들이 붕괴하지 않을까? 철학자들은 이런 문제들을 제기하면서도 자신들이 해결할 수 있는 문제라고는 생각하지 않았다. 그러나 그들은 자신도 모르는 사이에 16, 17세기 과학혁명의 토대를 마련하고 있었다. 근대 초기 과학혁명을 선도한 천재들은 바로 중세 스콜라 철학 후기에 단지 상상에 의해 제기된 문제들을 본격적으로 탐구하게 되었다.

5. 신학과 영성 간의 균열

이러한 스코투스나 오컴 같은 철학자들의 사변은 지금까지도 이어지는 신학과 영성 간의 균열을 초래했다. 13세기 일부 학자들은 새로운 스콜라적 신학이 너무 무미건조하다고 여기고 '모든 지성을 버려야만 신에 이를 수 있다'고 생각하기 시작했다. 그러나 중세 후기에 몇몇 신비주의자들이 있었으나 그들은 신학적으로 의미 있는 기여를 하지 못했다. 14, 15세기 들어서 이전의 관례가 완전히 뒤바뀌면서 강렬한 감정 상태를 갈고 닦는 데만 몰두하는 기도를 추구하는 사람들이 나타났다. 그들은 그러한 감정 상태야말로 신을 체험하는 것이라고 생각했다.

---

6 프랑스의 로마가톨릭 주교, 아리스토텔레스주의 학사, 경제학자.

대표적으로 영국의 은자(隱者)이자 시인인 리처드 롤(Richard Rolle, 1290-1348)에게 기도는 바로 '감각'이었다. 그는 『사랑의 불꽃』(Fire of Love)에서 "내 가슴에 데워지기 시작하는 것을 처음 느꼈을 때 얼마나 놀랐는지 말로 표현할 수 없다"고 고백한다. 그는 귀로는 들을 수 없는 천상의 음악을 듣고 밀려드는 기쁨에 휩싸여서 이것이 바로 신의 사랑이라고 여겼다. 그는 신학자들을 싫어했다. 신학자들은 끝없이 이어지는 질문의 늪에 빠져있으며 오직 헛된 것에만 끌리는 그들은 박사가 아니라 오히려 '바보'로 보였다.

롤은 이러한 멋진 신에 대한 사랑의 모습과는 달리 자신의 별난 삶의 방식을 조금이라도 비판하는 사람에게는 거칠게 욕하곤 했다. 감각을 중시하는 이러한 경향은 감각을 초월하는 정신의 능력에 관해 점점 회의적으로 변해가던 후기 스콜라 신학자들의 경향과 묘한 유사성을 보인다. 이 새로운 신비주의는 내면성의 상징적 담론이라는 전통을 그 자체가 목적이 되어버린, 관찰 가능하고 측정 가능한 심리 상태의 직역으로 바꿔놓았다.

롤은 동시대인들에게 깊은 인상을 남겼지만 많은 사람이 종교적 체험의 본질에 위배되는 그의 감정적 신앙심을 불편해했다. 앞서 살펴보았듯이 관상을 할 때는 정신의 더 깊은 영역을 탐구하기 위해 감정적 차원을 뛰어넘어야 했기 때문이다. 그런데 롤은 영적 지도자로서 평범한 인식 방법을 뛰어넘게 해줄 특별한 기술과 단련된 태도를 배우려 하지 않았다. 전통에 의하면 신비주의는 그의 영성을 일상의 요구들과 건강하게 결합시킬 줄 알아야 한다. 그러나 롤의 글들은 크나큰 환희와 참담한 우울 사이를 계속 오간다. 그는 자기 내면의 위험한 영역과 타협하도록 도와줄 수 있는 영적 지도를 받으려 하지 않았다.

고조된 감정은 절대 영적 탐구의 목적이 될 수 없었다. 불교도들은 깨우침을 얻은 뒤 저잣거리로 돌아가서 살아 있는 모든 것들에 자비를 실천해야 한다고 말한다. 기독교의 수사와 수녀들도 지역사회에 나가 봉사해야 했다. 그러나 롤은 사람들과 관계를 맺는 것을 거부했으며 그의 관상은 모든 주요 신앙들에서 진정한 종교적 체험의 시금석 역할을 하는, 타인에 대한 친절한 배려와 비움으로 이어지지 못했다. 그러나 신학과 영성 간의 균열이 커져감에 따라 점점 더 많은 사람이 밀려드는 환희와 위안의 감정을 은총의 징후로 여기게 되었다.

이러한 추세를 크게 우려했던 대표적인 인물이 독일 도미니크회 수사였던 요하네스 에크하르트(Johannes Eckhart, 1260-1327)[7]였다. 그는 롤과 같은 신비주의자들이 무엇을 믿든 종교적 탐구의 목적이 느끼는 자아가 되어서는 안 된다고 생각했다. 이성이 지성에 도달하면 자아는 잊어버리게 마련이다.

에크하르트에게 지성은 여전히 신성과 인간이 접촉하는 마음속 '공간'이었다. 지성은 '나'가 멈추고 신이 시작되는 곳이었다. 그런 만큼 지성 또한 신만큼이나 이름 붙일 수 없는 무엇이었다. 롤과 같은 신비주의자들이 이미지에 집착하고 개인적인 이야기에 사로잡혀 있을 때 에크하르트는 자아에 대한 집착뿐 아니라 롤과 같은 이들이 소유하고 누리기를 원했던 신에 대한 집착조차 버리라고 말한다. 초연함은 우리를 지성의 고요함으로 이끄는 단련된 비움이었다. 우리는 내면의 빈 곳에 채워 넣던 이미지, 관념, 경험들을 없애고 신을 자신에게로 끌어들일 진공 상태를 만들어야 한다.

이와 같이 에크하르트는 빈 공간에 영적인 의미를 부여함으로써 후기 철학들을 매료했다. 자연은 진공을 싫어할지 몰라도 우리 내면의 진공은 무(無)

---

[7] 에크하르트는 그리스도교와 신플라톤주의 양쪽에서 영감을 받은 사변적 신비주의를 발달시켜 아리스토텔레스주의로부터 벗어나는 경향을 보여준 인물이다. 그는 영혼이 신에게 상승하는 과정을 신플라톤주의의 용어로 묘사했다. 즉 영혼은 육체에서 자신을 점점 순화함으로써 존재와 인식을 초월하여 결국 일자에 흡수된다. 그때 영혼은 최상의 지점 또는 '아성'(牙城)에서 신과 통일된다. 신 자신은 존재와 인식을 초월해 있다.

인 신을 끌어들이는 것이었다. 만물이 그 자연스러운 자리를 갈구하기 때문이었다.

에크하르트는 이 모든 것이 평범한 기독교인의 삶 안에서 이루어질 수 있다고 확신했다. 특별한 삶의 방식은 필요치 않았다. 당시의 개인화된 영적인 '길'들 중 하나에 매달렸던 많은 사람은 길을 찾다가 오히려 신을 잃고 말았다. 길은 신 안에 감춰져 있기 때문이다. 진정으로 초연한 사람은 신의 현존을 체험하고 싶어 하지 않는다. 그런 사람은 자기 안에 살아 있는 신을 굳이 알거나 체험하거나 파악할 필요가 없다. 지성의 발견은 유별난 절정의 체험이 아니라 한때 알았으나 잃어버렸던 정체성을 플라톤적으로 상기하는 일이었기 때문이다. 우리가 느끼는 신에 대한 갈망은 그저 우리의 빈 곳에 채워 넣은 이미지에 기인한 자아의 욕구에 불과할 수 있었다. 그런 식으로 발견한 어떠한 '신'도 우리를 자신으로부터 소외시키는 우상일 뿐이었다.

따라서 에크하르트는 신을 신으로서, 영으로서, 사람으로서, 이미지로서 사랑한다면 그 모든 것을 버리라고 강조한다. 그렇다면 신을 어떻게 사랑해야 하나? 신을 사랑하려면 신이 아닌 것으로서, 영이 아닌 것으로서, 사람이 아닌 것으로서, 이미지가 아닌 것으로서 사랑해야 한다고 한다. 우리는 그 유일자 속으로 영원히 침잠해 '어떤 것'으로부터 '어떤 것도 아닌 것'으로 들어가야 한다. 이와 같이 긍정과 부정 사이를 열정적으로 오가는 에크하르트의 주장은 이런 변화가 감정적 체험이 아니기에 말로는 표현될 수 없음을 증명해 보인다. 이는 중세 후기 새로운 스콜라주의에도 불구하고 위디오니시우스의 변증법적 방법은 여전히 유럽 신학에 뿌리내리고 있었음을 알 수 있게 한다.

14세기에 활동한 두 저자들의 신학적 견해들을 통해 이를 확인할 수 있다. 먼저 영국의 노리치의 줄리언(N. Julian)은 제대로 교육받은 신학자는 아니었지만 침묵의 방법을 완벽하게 이해했다. 그는 그리스도에 관해 말할 때

남자와 여자의 이미지를 번갈아 사용함으로써 독자들이 그러한 세속적 범주들을 넘어서게 했다. 그는 다음과 같이 기록했다.

> 우리 어머니 그리스도 속에서 빛나고 성장하며 그의 자비로움 속에 개심하고 회복된다. 그는 수난과 죽음과 부활을 통해 우리를 우리 존재와 통합하셨고, 어머니 또한 그에게 답하고 그를 따르는 모든 자녀들을 불쌍히 여기신다.[8]

그리고 『무지의 구름』(Cloud of Unknowing)을 쓴 익명의 영국 저자는 침묵의 전통을 14세기적으로 새롭게 받아들이기는 했지만 여전히 그것을 종교적 삶의 근본으로 여겼다.

그는 신에 관해 알고 싶다면 그 자체로 완벽한 삼위일체, 동정녀 마리아, 그리스도의 삶과 성인들의 이야기에 관한 모든 생각을 짙은 망각의 구름 아래 던져버리라고 말했다. 그러면 처음에는 오직 어둠과 무지의 구름 속에 있게 된다고 말한다. 그리고 '신을 어떻게 생각해야 하며 신은 무엇인가?'라는 물음에 저자는 '나도 모른다'는 대답 말고는 해줄 것이 없다. 당신의 질문이 나를 당신이 맞닥뜨린 어둠과 무지의 구름 속으로 밀어 넣었기 때문이다. 우리는 온갖 것들을 다 생각할 수 있지만 '신 그 자체에 관해서는 누구도 생각할 수 없다'고 말했다. 이러한 모름의 상태는 좌절이 아니라 오히려 성취이다. 우리의 기도도 '하나님!', '자비'처럼 단 한마디로 줄어들 때까지 신에 관한 모든 말들을 줄여나감으로써 그 상태에 이를 수 있게 된다. 비움이야말로 구름의 영성의 핵심이었다.

---

8   N. Julian, *Revelations of Divine Love*, (London: Clifton Wolters,1966). ch 58, 166.

그런데 비움의 영성은 점점 과거의 일이 되어가고 있었다. 신학자들은 점점 자만에 빠지고 신비주의자들은 점점 더 자기 탐닉으로 변해갔다. 15세기 박식한 수사였던 디오니시우스는 이런 변화에 아주 못마땅해 했다. 과거의 신비주의 신학은 아무리 교육 수준이 낮은 사람이라 할지라도 이해 가능한 것이었으며 일상적인 예배, 공동체 생활, 자비의 실천 등을 기반으로 하는 보통 사람들의 신학이었다. 그런데 스코투스나 오컴의 신학은 몇몇 전문가들을 제외하면 아무도 이해할 수 없는 것이라고 지적했다. 모름의 신학은 겸손을 전제로 하지만 스콜라학자들의 사변적 신학은 그들의 자만심만 키워나갔다. 신학은 무미건조하고 이론적인 것으로 변했을 뿐만 아니라 침묵의 수련이 사라졌다. 결국 근대에 접어들면서 영성은 침체의 길을 걷게 되었고 새로운 변화에 창의적 대응이 어려워졌다.

제6장 ·· 근대 과학과 종교

1. 교회의 세속화

'근대'라 불리기 시작하던 당시 유럽은 사회적, 문화적, 정치적, 지적으로 중대한 변화에 직면해있었다. 흔히 근대의 시작은 콜럼버스(Christopher Columbus, 1451-1506)[1]가 인도로 가는 새로운 해로를 찾겠다는 희망으로 대서양을 건너 아메리카 대륙을 발견한 1492년부터라고 한다.

콜럼버스의 항해는 나침반 같은 과학적 발견과 천문학 분야의 통찰들이 있었기에 가능했다. 서유럽인들은 자연에 대한 유례없는 지배력을 갖게 될 새로운 세계를 목전에 두고 있었고, 스페인의 기독교인들이 이러한 변화의 선봉에 섰다. 당시 스페인은 중앙집권적인 근대 국가로 변해가는 중이었다. 콜럼버스는 당시 유행하던 새로운 과학적 사고에 익숙했지만 종교 문제에 있어서는 여전히 과거의 종교적 세계에 뿌리를 두었다. 그는 독실한 기독교인이었지만 개종한 유대인 집안에서 태어나 유대교의 신비주의 전통인 '카발라'

---

[1] 이탈리아의 탐험가. 그의 네 번에 걸친 항해는 유럽 인들에게 신대륙을 탐험하고 개발하며 정착하는 계기를 마련해 주었으며 이로 인해 세계시에 커다란 영향을 끼쳤다.

(Cabala)[2]에 관심을 갖고 있었다. 그리고 그는 자신을 현대판 십자군으로 여겼다고 한다. 그래서 인도에 도착하면 예루살렘을 되찾기 위한 군사 기지를 구축할 생각이었다. 유럽인들은 근대성을 향해 닻을 올리기는 했지만 그들의 합리적, 과학적 탐험에 의미를 부여해준 것은 여전히 과거의 종교적 신화들이었다.

근대성에는 특유의 비타협적인 면이 있었다. 어떤 이들에게는 근대가 매혹적인 해방의 시대였지만 또 다른 이들에게는 강압과 침략과 파괴의 시대였다. 페르난도 왕과 이사벨 여왕은 근대 초기의 유럽 경제에 필수적이었던 절대적 통치 체제를 만들어가고 있었다. 그들은 더 이상 유대인 공동체 같은 자치적인 제도를 수용하지 않고 대대적으로 유대인들을 추방했으며 이베리아 반도에 마지막으로 남아있던 이슬람 왕국 그라나다(Granada)까지 정복했다. 강제로 이념적인 일치를 시행함으로써 스페인의 새로운 정체성을 세우려 했다. 종교재판소를 설립하여 심문관들이 반체제자들을 색출하여 '이단' (heresy)[3]을 포기하라고 강요했다.

스페인 종교재판은 전통적 종교를 보존하려는 시도가 아니라 군주들이 국가적 통합을 이루기 위해 고안해낸 근대화제도의 하나였다. 종교재판의 주

---

[2] 유대교의 신비주의 전통. 12세기에 나타나 수세기 동안 유행했다. 카발라는 신비스러운 경험에 내재해 있는 위험을 피하기 위해 안내자가 교리와 의식을 전수하여 준다는 점에서 기본적으로 구전 전승이다. 비의적 하나님이 모세와 아담에게 전해주었으나 성문화되지 않은 토라(하나님의 계시)에 대한 비밀 지식이라는 점에서 카발라 역시 '전승'이다. 모세의 율법을 지키는 것이 유대교의 기본적 교리였지만, 카발라는 하나님에게 직접 다가가는 방법을 가르쳐준다. 어떤 사람들은 신비스러운 방법으로 하나님에게 다가가려는 자세를 범신론적이고 이단적인 것으로 규정하여 위험시했지만, 어쨌든 카발라는 유대교에 종교적인 중요성을 부여했다.

[3] 교회의 권위에 의해 그릇된 것으로 배척된 신학 교리나 체계. '이단'(heresy)는 원래 특정한 철학 사상을 주장하는 것을 뜻하는 중립적인 용어였으나, 그리스도교가 이 단어를 쓴 뒤로는 '승인하지 않은 것'이라는 개념을 갖게 되었다. 이렇게 된 이유는 교회가 처음부터 하나님이 주신 계시를 성령의 영감을 받아 해석할 권한을 가진 유일한 수호자로 자처했기 때문이다. 그러므로 공식적인 해석과 다른 해석에 붙은 '이단'이라는 용어는 경멸적인 뜻을 가질 수밖에 없었다.

된 희생자들은 강요에 의해 개종은 하였으나 본래의 신앙을 버리지 않았던 유대인들과 무슬림들이었다. 많은 무슬림들이 헌신적인 가톨릭신자가 되기도 했지만 비밀리에 옛 신앙을 실천하는 사람들도 있었기 때문이다. 금요일 밤에 촛불을 켜거나 돼지고기를 먹지 않는 사람은 누구나 고문하여 이단을 철회하게 했다. 이때 개종한 기독교인들 중에는 가톨릭 신앙뿐 아니라 종교 자체에 회의를 가지는 사람들도 많았다.

기독교로의 강제적 개종을 거부하고 자신들의 신앙을 지키려 포르투갈로 피신한 유대인들(약 8만 명 정도)도 있었다. 그들은 온갖 유화정책과 욕설('돼지'라는 뜻의 '마라노'라 불림)에도 견뎌내며 유대인 지하조직을 만들어 수세기 동안 최선을 다해 신앙을 실천하고자 했다. 그들은 유대교 회당도 없이 오직 몇몇 주요 의례만을 행할 수 있었다. 게다가 어쩔 수 없이 기독교적 교육을 받아야만 했기에 그들의 마음속에는 기독교적 상징과 교리들이 자리하게 되었다. 따라서 점점 시간이 흐르자 그들의 신앙은 진정한 유대교도, 진정한 기독교도 아닌 것이 되고 말았다.

물론 스페인이 앞장 서 변화를 선도했지만 다른 유럽 나라들도 변화를 겪고 있었다. 16세기 무렵의 서구인들은 유례없는 새로운 문명을 창조하기 시작했다. 그것은 근본적인 사회 경제적 변화가 가져온 문명이었다. 농업의 잉여생산물을 교환하던 이전의 경제와는 달리 근대의 경제는 자원의 기술적인 복제와 지속적인 재투자로 무한히 증대되는 부의 원천을 제공했다. 이처럼 16세기 유럽에서는 사람들이 세상을 생각하고 경험하는 방식을 서서히 변화시키는 복합적인 과정이 진행 중이었다. 여러 다양한 분야에서 동시에 많은 것들이 발명되었다.

그러나 16세기 초만 해도 서구의 대변혁은 겨우 걸음마단계였다. 유럽에서 가장 앞서 나간 나라는 물론 스페인이었지만 스페인이 근대 국가의 유일한 모델은 아니었다. 네덜란드는 스페인의 패권에 저항하는 과정에서 스페인의 전제군주제에 맞서는 보다 자유로운 이념을 의도적으로 발전시켰다. 따라서 네덜란드식의 개방적이고 관용적인 근대성과 스페인식의 배타적이고 강압적인 근대성이 경쟁 구도를 이루고 있었다.

사회가 이러한 발전들에 맞춰 변화하면서 종교 역시 변할 수밖에 없었다. 종교의 세속화가 시작된 것이다. 생산성을 높이기 위해서는 중앙집권국가가 필수적이었기 때문에 전 유럽의 지도자들이 독립된 왕국들을 근대적 민족국가로 통합하는 작업에 착수했다. 영국의 헨리 7세(Henry VII, 1457-1509)나 프랑스의 프랑수아 1세(Francis I, 1494-1547) 같은 군주들은 교회의 영향력을 줄이고 자신들의 정치적 목적을 이루기 위한 정책들을 채택했다. 자연스럽게 교회의 영향력은 약화되고 말았다.

세속화를 가속화한 것은 르네상스, 종교개혁, 과학혁명이라는 16세기의 세 가지 중대한 운동이었다. 이 운동들은 서로 단절되거나 경쟁적인 것이 아니라 당대의 다른 혁신들과 마찬가지로 서로 영향을 주고받았다. 그리고 세 운동 모두 근대 초기의 시대정신을 반영했으며 동시에 종교적 성향을 지녔다.

2. 르네상스와 종교개혁운동

전제군주제의 영향으로 교회의 역할은 다소 축소되었지만 그렇다고 사람들이 신앙 자체에 환멸을 느꼈던 것은 아니었다. 오히려 그들은 중세 때보다 더 종교적 성향을 띠었다. 근대화 과정은 결코 종교와 무관하지 않았고 종교는 점점 더 커져가는 사회적, 정치적, 과학적 변화와 영향을 주고받았다. 예컨대 르네상스의 인본주의는 대단히 종교적이었다.

네덜란드의 인본주의자 에라스무스(Erasmus, 1466-1536)는 성서를 우아한 라틴어로 번역하기도 했는데, 이 작업은 종교개혁자들에게 매우 중요한 것이 되었다. 이때의 종교는 무미건조한 후기 스콜라 신학에 거부감을 느끼고 14세기의 개인화된 영성을 받아들였다.

로렌조 발라(Lorenzo Valla, 1405-1457) 같은 사람은 신성한 진리를 변증법적, 형이상학적으로 따지고 드는 것은 아무 쓸데없는 짓이라고 주장했다. 인본주의자들은 '신학은 사실에 관한 시'(詩)이며 무언가를 증명해서가 아니라 가슴에 와 닫기 때문에 유효하다고 한 이탈리아 시인 페트라르카(F. Petrarca, 1304-1374)의 말처럼 감동을 주는 종교를 원했다.

인본주의자들은 특히 바울과 아우구스티누스의 감성적인 영성에 끌렸고, 그들을 교리적 권위자로서만이 아니라 대단히 개인적이고 감성적인 탐구에 착수한 자신들과 비슷한 개인으로서 숭배했다. 인본주의자들은 근대적 성격에 결정적 요소가 된 '개인'이라는 개념을 만들어내는 데 크게 기여했다. 집단적, 사회적 혹은 교조적인 낡은 사고에 얽매이지 않는 인간만이 자유롭게 혁신하고, 대담하게 실험하고, 기존의 권위를 거부하고, 실수를 무릅쓸 수 있었다.

인본주의자들은 자신들이 이룬 위대한 업적을 자각하면서도 인간 정신의 한계에 대한 전통적인 감각은 잃지 않았다. 그들은 자신들과 너무 다른 세상을 살았던 초기 기독교 저자들과 고대 그리스 로마의 저자들을 연구하면서 인간사의 다양성을 느꼈고, 그 모든 사상들이 어떻게 역사적, 문화적 조건에 좌우되는지를 깨달았다. 지금의 기준이 결코 절대적인 기준이 될 수 없었다. 인본주의자들은 수사학, 훌륭한 언변, 설득의 기술에 열정적인 관심을 가졌고, '어떠한 주장이든 그 맥락을 살펴보라'는 아리스토텔레스의 가르침을 받아들였다. 이런 점에서 인본주의자들은 근대성의 또 다른 성격인 '자유주의'라는 개념을 대변했다.

한편 그들은 스코투스나 오컴 같은 중세인들을 단호히 거부했다는 면에서는 그들 역시 근대성의 편협함을 보여주었다. 아마도 그들은 철학, 과학, 기술이 진보함에 따라 가까운 과거에 대한 부정이 새로운 진리를 발견하는 데 필수적으로 보였을 것이다. 결국 한물간 것처럼 보이는 사상과 입장들을 도매금으로 무시하는 결과를 가져왔다. 인본주의자들은 자신들이 진보의 편에 서 있고 그러한 것이 옳다고 확신했다. 그렇다고 예술, 문학, 종교에 대한 중세적 접근 전체가 잘못 이해되지는 않았다. 그것은 단지 다른 세계에 대한 반영일 뿐이었다. 그러나 종교 문제에 있어서 과거의 실수를 덮고 다시 시작하려는 근대적 경향은 궁극적으로 해가 되었다.

이러한 인본주의 정신과 맥을 같이 하면서 당시 종교적 부패상을 통렬히 비판했던 종교개혁의 선구자들이 있었다. 즉 마르틴 루터(Martin Luther, 1483-1546), 울리히 츠빙글리(Ulrich Zwingli, 1484-1531), 장 칼뱅(Jean Calvin, 1509-1564)이 그들이다. 그들 모두는 가까운 과거에 대한 극력한 부정의 전형적인 예를 잘 보여준다. 그들도 르네상스 인본주의자들처럼 후기 스콜라학파의 신학을 부정하고 좀 더 개인적이고 직접적인 신앙을 원했다.

츠빙글리와 칼뱅은 사실 일생동안 인본주의자였고, 그들의 종교개혁도 르네상스 정신으로부터 많은 영감을 받았다. 당시는 거대한 변화의 물결 속에서 상당한 종교적 불확실성이 존재했다. 사람들은 중세인들과 같은 방식으로 종교적일 수 없었다. 그렇다면 그들이 기독교의 참된 목소리를 어디서 들을 수 있었을까? 종교개혁가들은 강렬하지만 아직 충분히 개념화되지 않은 종교적 분위기를 명료화하고자 했다. 그들의 종교개혁은 서구의 대변혁 가운데 표출된 하나의 방식이었다. 따라서 루터는 변화를 선동한 사람이라기보다는 당대의 추세를 대변한 사람이었다.

종교개혁이 무엇보다 당시 교회의 타락에 대한 대응이라고 역사적으로 조명할 수 있지만, 당시 유럽에서는 특히 평신도들을 중심으로 나름의 영적인 부흥이 일어났던 것으로 보인다. 이제 그들은 예전 같으면 그냥 넘어갔을 교황 및 전체 교권의 권한 남용에 대해 비판할 권한이 있으며 그렇게 해야 한다는 용기가 생긴 것이다. 또 근대 전에 실행했던 생각과 의례들이 사회가 변하자 갑자기 혐오스럽고 거추장스러운 것이 되고 말았다. 사람들은 그런 것들을 통해 종교적 가치의식을 가지기보다는 오히려 불안감만 느꼈다. 이러한 분위기에서의 사람들은 종교적 변혁이 필요함을 느꼈고 큰 변화의 마중물이 된 사람이 바로 '루터'였다.

루터는 이신득의(以信得義)의 교리에서 구원을 얻었다고 한다. 인간은 가치 있는 행동과 의례들을 통해 구원받을 수 없고 '오직 신앙을 가질 때 그리스도의 의로움을 입을 수 있다'는 것이다. 따라서 우리의 선한 행동은 은총의 원인이 아니라 결과였다. 루터는 바울이 로마인들에게 쓴 편지를 공부하다가 '의로운 사람은 신앙으로써 살리라'라는 구절을 발견하고 새로운 계시에 압도되었다고 한다. 그래서 거듭난 기분이었고 천국의 문으로 들어선 기분이었다고 고백했다. 루터가 이 구절에서 이끌어낸 결론은 전통적인 관행들이 공허하고 비생산적이라고 여겼던 당시의 무력감에 빠져있던 사람들에게는 많은 호소력을 지녔다.

츠빙글리나 칼뱅도 새로운 종교적 비전으로 전향하기 전에는 인간 존재의 시련 앞에서 속수무책의 무력감을 경험했고 스스로를 구원하는 데 아무 기여도 할 수 없다고 생각했다. 그 결과 모든 종교개혁자들이 근대의 신을 특징지을 뿐 아니라 과학혁명에도 영향을 주게 될 완전무결한 신의 주권을 강조하게 되었다.

신의 절대 권능에 대한 강조는 오직 신만이 일의 흐름을 바꿀 수 있으므로 본질적으로 무력한 인간은 신의 무조건적인 권능에 의존할 수밖에 없음을 의미했다. 젊은 시절 츠빙글리는 취리히 인구의 25퍼센트를 죽음으로 몰아넣은 전염병에 걸린 뒤 스스로를 구하기 위해 할 수 있는 일이 아무것도 없음을 깨달았다고 한다. 그래서 그는 "저를 당신 뜻대로 하옵소서. 저는 나를 회복시킬 수도 파괴시킬 수도 있는 당신의 도구일 뿐입니다"라고 기도했다. 그리고 그는 마침내 신께서 감춰진 당신의 섭리를 통해 내 삶의 방향을 바꿔 놓으셨고, 어느 날 갑자기 순종하게 만드시어 오랜 세월 완고하던 내 마음을 길들이셨다고 고백했다.

루터가 말한 '인간을 의롭게 만드는 신앙'이란 오늘날 우리가 생각하는 '믿음'(belief)이 아니라 신의 절대 권능을 전적으로 신뢰하는 행위였다. 그래서 그는 신앙은 정보나 지식, 확실성을 필요로 하는 것이 아니라 느껴지지 않고 검증되지 않으며 알려지지 않은 신의 선함에 기꺼이 굴복하고 기쁜 마음으로 믿는 것이라고 했다.

루터는 보이지 않는 신의 실체를 또렷이 볼 수 있는 것처럼 여기는 거짓 신학자를 싫어했다. 신앙은 우리에게 또렷이 보이기는커녕 아무것도 보이지 않는 어둠 같은 것을 가져다 줄 뿐이었다. 루터는 스코투스나 오컴 같은 신학자들과는 달리 우주에 대한 탐구나 추론으로 신에 대해 알 수 있다고는 상상하지 않았다. 신의 존재를 증명하려는 시도는 무의미할 뿐 아니라 위험해 보였다. 우주를 다스리는 신의 상상할 수 없는 힘에 관한 지나친 사변은 인간을 비참한 좌절과 공포로 몰아넣을 수도 있기 때문이었다. 이처럼 우주를 탈신성화하는 사고는 과학자들이 신성과 무관하게 세계에 접근하는 것을 장려하는 결과를 낳았다.

'오직 성서'에만 의지한 루터의 입장은 그 어느 때보다도 '말'에 의존하는 신학을 낳았다. 종교개혁의 성공은 인쇄기의 발명에 크게 힘입었다. 인쇄기는 새로운 사상을 전파하는 데 기여했을 뿐 아니라 사람들과 글의 관계를 바꿔놓았다. 사람들은 이미지 대신 말로써 사고하게 되었고 그에 따라 신학은 더욱더 말이 많아지게 되었다. 당연히 의례 같은 것은 경시되었다. 종교개혁가들이 보기에 경건하고 의례적인 행위들은 쓸데없는 짓이었다.

그래도 루터교는 관례적인 제의와 의례들을 많은 부분 그대로 이어나갔다. 오르간 음악과 찬송가도 남아있었는데, 독일의 종교개혁은 교회 음악의 새로운 전통에 영감을 주어 바흐(J.S. Bach, 1685-1760)에 이르러 그 정점에 도달한다. 이러한 음악이 종종 범속하게 들리는 말들에 초월적 차원을 더해주기도 했다. 그러나 칼뱅주의 전통에서는 그림과 조각상들이 사라지고 교회 음악과 예배의식들이 거침없이 간소화되었다.

당시 인쇄술은 독자들과 그들이 얻고자 하는 진리와의 관계를 세속화시켰다. 인쇄된 책이 소통 수단을 대체하면서 책이 제공하는 정보는 몰개성화되어 사제 간의 역동적인 관계 속에 진리를 발전시켰던 과거에 비해 유연성 없이 고착되는 경향을 보였다. 글자가 인쇄된 지면은 근대 상업적 성격의 징후인 정확성과 정밀성의 표상이었다. 발명가, 상인, 과학자들은 정확성이 중요하다는 것을 깨달아가고 있었다. 그들의 지식은 현세에 실용적인 결과를 지향하는 지식이었다. '효율성'은 곧 근대성의 또 다른 표어가 되었다. 모호한 진리의 추구는 더 이상 바람직하지 않았다. 모든 것이 현실적이고 효율적이어야 했다.

따라서 종교에 대한 사람들의 사고방식도 영향을 받을 수밖에 없었다. 근대 이전에는 사람들이 사물 속에서 신성함을 체험했기에 상징과 신성함은 불가분의 관계였다. 성찬식의 빵과 포도주는 그것들을 통해 주목하게 되는 초월적 실재와 동일시되었다. 그러나 종교개혁가들은 성찬식이 상징에 불과하며 미사도 그리스도의 수난을 상징적으로 재현한 것이 아니라 단순한 추도일 뿐이라고 선언했다. 그들은 종교적 신화들을 마치 로고스처럼 다루었고 사람들은 이 새로운 가르침을 기꺼이 받아들였다. 이는 유럽의 많은 기독교인들이 오래된 사고 습관에서 벗어났다는 의미이다.

로마 교황청과 종교개혁자들 간, 그리고 나중에는 개혁자 자신들의 신학적 싸움에서도 난해한 교리들의 정확한 공식화가 무엇보다 중요했다. 종교개혁가들과 가톨릭 신학자들 모두 서로간의 차이를 표현하기 위해 인쇄매체, 공의회, 종교회의를 통해 그 어느 때보다 정교하게 교의상의 구분을 이끌어냈다. 1520년부터 종교개혁가들은 신도들이 어떤 신조의 특정한 해석을 받아들일 수 있도록 정형화된 질문과 답으로 이루어진 '교리문답서'[4](Catechism)를 발행하기 시작했다.

올바른 신앙은 적절한 가르침을 받아들이는 문제로 서서히 변해갔다. 프로테스탄트들은 언어의 한계를 넘어서기 위해 노력하는 것이 아니라 원전에 충실하며 변하지 않는 인쇄된 신의 말씀에 집중했다. 그들은 성서를 공동으로 읽기 보다는 각자 알아서 읽기 시작했다. 상업적이고 과학적인 새로운 시대정신에 맞춰서 종교적 진리를 논리적, 직접적, 객관적으로 보는 근대적 관념이 서구 기독교계에 서서히 자리 잡기 시작했다.

종교개혁이 시작되면서 프로테스탄티즘은 수없이 많은 종파들로 갈라져 나가기 시작했다. 각 종파마다 자신들만의 교리적 편향과 성서 해석방식이 있었고, 각기 자신들만이 진리의 중심에 있다고 생각했다. 이제 유럽은 종교적 견해들을 외쳐대는 소리들로 가득했다.

설교자들은 자신들의 견해 차이를 대중 앞에 공개하고 평신도들도 논쟁에 동참하게 되었다. 츠빙글리는 평신도들도 공식 교리의 이의를 제기할 권

---

4 젊은이들을 가르치고 사람들을 개종시키며 신앙을 증거하기 위해 사용할 수 있도록 대개 문답형 식으로 이루어진 종교교육 안내서.

한이 있음을 자각해야 하며 종교회의 결정만 기다려서는 안 된다고 주장했다. 칼뱅파는 자신들을 루터파와 구분해줄 교리를 세우기 시작했다. 이처럼 지적인 정통성을 앞세우는 험악한 교리논쟁이 전통적인 믿음의 개념에 영향을 준 것은 당연한 것이었다.

한편 가톨릭교도들도 자신들의 신앙을 재정비해야 한다고 느꼈지만 종교를 실행으로 보는 과거의 종교관을 비교적 더 많이 유지해나갔다. 여전히 근대화의 선봉에 서 있던 스페인 사람들이 트렌트공의회(1545-1563)를 통해 시작된 가톨릭 개혁을 이끌었다. 트렌트공의회는 전제군주제를 본보기로 삼아 교회를 좀 더 중앙집권화했다. 공의회는 교황과 고위성직자들의 권력을 강화하고 교리적 일치를 위해 교리문답서를 발행하는가 하면 성직자들이 더 수준 높은 교육을 받게 했고 의례와 관행들에 대해서는 부패했거나 더 이상 효과적이지 않은 것들을 폐기하는 방식으로 합리화했다. 어쨌든 가톨릭도 믿음에 대한 새로운 관념을 향해 변화해가고 있었던 것은 분명하지만 결코 프로테스탄트처럼 믿음을 교리적 동의와 완벽하게 동일시하지는 않았다.

예수회(Society of Jesus)[5] 창립자인 이그나티우스 로욜라(Ignatius Loyola, 1491-1556)는 근대 초기의 효율성과 실효성을 완벽하게 구현한 인물로 통한다. 그는 『영성수련』(Spiritual Exercises)에서 체계적이고 효율적인 30일간의 수행을 제시했는데 이는 예수회 수사 개개인을 세상의 동력으로 만들기 위해 고안된 신비주의의 속성과정 같은 것이었다. 일본으로 간 프란치스코 하비에르(Francisco Xavier, 1506-1552), 인도로 간 호베르투 데 노빌리(Roberto

---

5 성 이그나티우스 로욜라가 세운 로마가톨릭 수도회. 예수회는 교육·선교·박애 활동으로 유명하며, 한때는 반(反)종교개혁을 수행하는 주도적인 단체로, 후에는 교회를 현대화시키는 주도적인 세력으로 간주되었다. 예수회는 언제나 논쟁을 불러일으키는 단체였다. 그것은 어떤 이들에게는 예수회가 공포와 정죄의 대상으로 보이고, 또 어떤 이들에게는 가톨릭교회에서 가장 존경할 만한 대상으로 보였기 때문이다.

de Nobili, 1577-1656), 중국으로 간 마테오 리치(Matteo Ricci, 1552-1610) 등 예수회 선교사들은 이베리아 반도의 탐험가들처럼 전 세계로 파송되었다.

개혁된 가톨릭교회와 새로운 프로테스탄트 교파 모두 인간적으로 대체되어온 것을 파괴해야만 한다고 느끼는 근대의 우상파괴주의에 굴복했다. 트렌트공의회의 긍정적인 성과는 종교재판의 공포로 상쇄되었고 프로테스탄트는 구약에서 말하는 형상 금지를 근거로 조각상과 프레스토 벽화들을 제거해버렸다. 루터는 교황, 터키인, 유대인, 여성, 농민 반군들에게 격한 반감을 드러냈다.

프로테스탄트 개혁가들은 성서를 원하는 대로 자유롭게 읽고 해석할 것을 요구하면서도 자신들의 가르침에 반대하는 사람에게는 조금도 관용을 베풀지 않았다. 루터는 이단적인 책들을 모두 불태워야 한다고 믿었고 츠빙글리와 칼뱅은 기꺼이 반대파를 처형했다. 프로테스탄트 개혁가들로부터 영향을 받은 분파들은 그 강렬한 종교성에도 불구하고 세속화와 민족주의의 성장을 가속화하는 데 일조했다. 군주들은 질서유지를 위해서는 교회와 교파들의 다툼과 거리를 두어야만 했다.

이처럼 근대로 접어든 서구 사회는 거칠고 단호한 독단주의와 지식의 한계를 인정하는 좀 더 자유로운 겸허함 사이에서 갈팡질팡하고 있었다. 윌리엄 셰익스피어(William Shakespeare, 1564-1616)는 인간 성격의 무수한 가능성을 탐구했다. 그는 맥락의 중요성에 대한 르네상스적 이해를 공유했다. 즉 어떤 사고방식, 관습, 행동은 특정한 상황과 불가분하게 맞물려 있어서 객관적이고 이론적인 관점으로는 판단할 수 없다고 보았다. 인간사의 주된 동기는 합리적 사고가 아니었다. 사람들은 실용적이지도 효율적이지도 않고 자신의 이해와 배치되기도 하는 무의식적, 감정적 충동에 자기도 모르게 사로잡힐 때가 많았다. 『햄릿』(Hamlet)의 내용이 이를 잘 대변한다.

프랑스 수필가 미셰르 드 몽테뉴(Michel de Montaigne, 1533-1592)도 자기만의 방식으로 그와 유사한 정신을 표현했고 절대적 진리에 이르려는 인간의 어떠한 시도에도 회의적이었다. 그는 르네상스 시대의 인본주의자들과 마찬가지로 나날이 가늠하기 어려워지는 세상에 대해 판단을 내릴 생각이 조금도 없었다. 그는 자신을 충실한 가톨릭 신자로 여겼지만 끊임없이 인간의 이해의 한계를 드러내는 새로운 발견들을 보면서 정통성을 강요하는 그 어떤 시도도 오만하고 헛되고 부정직하다고 여겼다.

3. 우주에 대한 새로운 자각

그러나 모두가 이러한 새로운 사상들을 즉각 받아들였던 것은 아니다. 대다수의 사람들은 뭐가 어떻게 돌아가는지 제대로 파악도 못한 채 갑자기 기독교계가 분열되는 것을 보고 당혹감을 느꼈다. 적어도 200년 동안 과거의 사고방식은 새로운 가치들과 자리다툼을 하면서 계속 유지되었다. 심지어 과학혁명이 한창이던 때도 그런 현상은 있었다.

폴란드 태생 니콜라우스 코페르니쿠스(Nicolaus Copernicus, 1473-1543)는 태양이 우주의 중심이라고 주장하는 『천구의 회전에 관하여』(*De revolutionibus orbium coelestium*, 1543)를 완성했다. 그는 수학, 광학, 원근법, 교회법, 의학, 천문학 등을 두루 공부했지만 특히 천체 연구에 몰두했다. 그는 대다수의 사람들이 태양 중심의 우주라는 생각을 이해할 수도, 받아들일 수도 없으리라는 사실을 알았기에 논문을 출간하지는 않고 비공식적으로 돌려보게 했다. 그럼에도 그의 논문은 가톨릭 국가와 프로테스탄트 국가 모두에게 광범위하게 읽히고 많은 관심을 끌었다.

유럽인들은 12세기부터 아리스토텔레스의 자연학을 토대로 하고 이집트 천문학자 프톨레마이오스(C. Ptolemaeos, 90-168)에 의해 널리 알려진 우주론을 채택했었다. 지구는 확고부동한 우주의 중심이었고 '에테르'(ether)[6]라는 보이지 않는 물질이 마치 양파처럼 여덟 겹의 구를 이루어서 지구를 에워싸고 있다는 것이다. 여덟 번째의 구를 넘어서면 천국이라는 불변의 세계가 기다리고 있다고 생각했다. 프톨레마이오스의 체계는 영적인 고양을 제공했지만 과학적으로는 거추장스러운 것이었다. 보편적으로 원은 완전함의 상징이었기에 행성의 궤도가 완전한 원을 그리는 것도 당연하게 받아들여졌다. 그러나 관측자들은 일부 행성들이 불규칙하게 움직이며 그 어느 때보다 밝게 보일 때가 있음을 알게 되었다.

프톨레마이오스는 복잡한 수학적 장치를 고안해 이러한 불규칙성을 설명하려 했다. 즉 각 행성들이 작은 주전원(周轉圓)을 궤도로 회전하고 이 주전원의 중심은 지구 주위로 완전한 원형의 궤적을 그린다는 것이다. 지구에서 보면 주전원의 중심이 불규칙하게 움직이는 것처럼 보여도 지구에서 조금 떨어진 지점에서 보면 완전히 같은 방식으로 움직인다는 것이다.

코페르니쿠스는 이러한 체계를 완전히 뒤집었다. 코페르니쿠스는 지구가 매일 자체의 축을 중심으로 자전할 뿐 아니라 매년 태양을 중심으로 공전도 한다고 가정하면서 당시까지 알려진 모든 천체 현상들을 프톨레마이오스만큼 정확히, 그러나 훨씬 더 우아하게 설명하고 있었다. 천체들이 매일 공전하고 태양이 매년 움직이는 것처럼 보이는 현상들은 지구가 매일 자전하고 매년 태양 주위를 공전한다는 가정으로 설명된다. 사람들에게 관찰된 천체의 움직임은 단지 지구의 움직임이 투영된 결과일 뿐이었다.

---

6 탄화수소의 성분인 2개의 탄소 원자가 산소원자로 결합된 유기화합물.

이러한 코페르니쿠스의 이론은 당시 호된 비판을 받았는데, 그 이유는 그가 이론을 증명하지 못해서가 아니라 그의 이론이 아리스토텔레스의 자연학에 위배되었기 때문이다. 그의 이론은 수학적으로 멋지게 표현되었지만 전통적인 학문 서열에 따르면 수학은 더 상위 과학인 자연학 뒤에 오는 것이었다. 코페르니쿠스는 동료들에게 고정적으로 보이는 지구가 실은 매우 빠른 속도로 움직이고 있으며 그로 인해 행성들이 우리 주위를 도는 것처럼 보일 뿐이라고 강조했다.

처음에는 코페르니쿠스 이론에 대한 종교적 반발은 거의 없었다. 지구는 고정되어 있고 태양이 움직인다고 암시하는 일부 성서 구절들도 있었지만 가톨릭교도들은 그런 구절을 문자 그대로 받아들일 필요가 없었다. 그들은 여전히 성서의 내용이 과학과 충돌할 경우 재해석되어야 한다고 규정한 아우구스티누스의 적응 원리에 따라 성서를 해석했다.

코페르니쿠스의 가설에 흥미를 가진 일부 과학자들이 그의 생각을 발전시키고자 했다. 덴마크의 천문학자이자 수학자로 왕실 점성술사였던 티코 브라헤(Tycho Brahe, 1546-1601)는 천문대에서 일하면서 천문표의 두드러진 오류들을 바로잡고 카시오페이아 자리의 새로운 행성을 발견했다. 그는 코페르니쿠스 이론을 거부하면서도 프톨레마이오스 체계와의 절충안을 제시했다. 즉 행성들은 태양 주위를 돌고 태양은 정지해 있는 지구 주위를 돈다는 것이었다.

영국의 천문학자 윌리엄 길버트(William Gilbert, 1540-1603)는 지구가 매일 축을 중심으로 회전하게 하는 자기력이 지구 내부에 있을지도 모른다고 생각했다. 이탈리아 도미니크회 수사였던 조르다노 브루노(Giordano Bruno, 1548-1600)는 아리스토텔레스 자연학의 부적절함을 비판하고 나섰다. 고대 이집트의 헤르메스 종교에 매료된 브루노는 비의적인 영성수련이 철학자를 물리적 실체 뒤에 감춰진 신적인 삶에 다가가게 해준다고 생각했다. 그는 이 것이 바로 뜨내기 수학자에 불과한 코페르니쿠스가 충분히 이해하지 못한 태양 중심 이론의 진정한 의미라고 주장하기도 했다.

이들 선구적 과학자들 중에서도 가장 출중한 인물은 아마도 독일의 천문학자 요하네스 케플러(Johannes Kepler, 1571-1630)일 것이다. 케플러는 코페르니쿠스처럼 수학이 우주를 이해하는 열쇠이며 엄격한 경험적 관찰에 맞서 자신의 수학적 이론을 시험하는 것이 과학자가 할 일이라고 생각했다. 그가 1609년에 출간한 『우주 구조의 신비』(*Mysterium Cosmsgraphicum*)는 코페르니쿠스의 태양 중심 이론을 정당화하고 다듬었다. 코페르니쿠스가 행성의 원형궤도를 고집함으로써 불필요하게 복잡해진 가설을 개선하고자 했던 것이다.

사실 케플러의 이론이 도출되기까지는 수학도 중요했지만 브루노와 같은 헤르메스주의적 사변에도 의존했다. 케플러는 신학의 도움으로 우주가 이러한 형태를 취한 것이 절대 우연이 아님을 보여주었다. 기하학은 신의 언어라고 생각했다. 창조 이전부터 신과 함께 존재해온 '말씀'처럼 기하학도 신과 동일한 것이었다. 따라서 기하학을 연구하면 신을 연구하는 것이었고, 모든 자연현상에 내재된 수학법칙들을 연구하면 신의 정신과 교감하는 것이었다.

케플러는 신이 우주에 자신의 이미지를 새겨놓았다고 생각했기에 모든 곳에서 삼위일체를 보았다. 삼위일체는 우주에서 유일하게 움직이지 않는 세 가지(태양, 행성들, 우주공간)의 '형상과 원형'이었다. 성부가 성자를 통해 세상을 창조하고 성령을 통해 세상이 돌아가게 한 것처럼 행성들도 태양에서 나오는 신비로운 힘에 의해 궤도 위를 돌았다. 삼위일체는 단지 케플러가 태양계를 통해 연상한 것이 아니었다. 그는 삼위일체가 자신의 발견에 어느 정도 촉매 역할을 했다고 주장했다. 그렇다고 그가 완전히 종교적 열의에 휩쓸린 것은 아니었다. 그는 우주에서 발견한 신학적 진리가 수학과 경험적 관찰과 측량에 좌우된다고 생각했다.

오늘날 우리는 근대 과학이 늘 종교와 충돌해왔다고 생각하곤 한다. 그러나 천재 수학자 케플러는 근대 초기의 과학이 신앙에 뿌리를 두고 있었음을 일깨워준다. 선구적인 과학자들은 종교를 배제할 생각이 전혀 없었다. 대신 그들은 평신도들에 의해 평신도들을 위한 세속 신학을 발전시켰다. 그들의 발견이 신을 다르게 생각하게 했다. 사실 16, 17세기에 과학과 철학과 종교는 서로 단단히 결합되었다. 케플러는 자신이 우주를 수학적으로 탐구하는 동안 숨 가쁘게 창조주의 발자국을 뒤쫓았다고 고백한다. 이와 같이 선구적 과학자들은 자신이 안다고 생각하는 모든 것을 내려놓고 미지의 것과 대면해야 했으며, 이는 곧 미지의 신과 대면하는 것이었다.

4. 종교와 과학의 충돌

16세기 말 무렵 이탈리아에서는 근대성의 편협한 압력이 표면화되었다. 프로테스탄트 종교개혁은 가톨릭교회에 자극제가 되기도 했지만 깊은 상처 또한 남겼다. 이탈리아인들은 1527년 프로테스탄트 용병부대에 의해 로마가 약탈당하고 1536년 피렌체공화국이 무너지고 결국에는 이탈리아 반도가 스페인의 지배하에 들어가는 것을 목격했다. 방어적으로 변한 가톨릭 교계는 신도들에 대한 절대적 지배에 광적으로 몰두했다. 많은 신도들이 이 어두운 시대를 맞아 기꺼이 '자유'를 버리고 확실성을 택했다. 엄격한 교리 체계로 탈바꿈한 아퀴나스의 신학과 아리스토텔레스의 철학 및 과학이 가톨릭의 정통 교리가 되었고, 나머지 사상적 갈래들은 단지 의혹의 대상일 뿐이었다.

바오로 4세(Paulus IV, 1476-1559)에 의하여 1559년에는 금서목록이 발간되었고, 피우스 5세(Pius V, 1504-1572)는 검열 프로그램을 담당하는 금서목록기구를 설립했다. 그 결과 17세기로 접어들 무렵에는 정죄(定罪, 죄가 있다고 단정함)가 난무했다. 이제 아리스토텔레스의 우주론을 비판하는 것은 지극히 위험한 일이었다. 많은 사람(철학자, 신학자)이 아리스토텔레스의 철학에 반대했다가 감옥생활을 해야만 했다. 프란체스코 파트리치(Francesco Patrizi, 1529-1597)는 행성간의 우주가 무한하다고 가르쳤다가 정죄를 받기도 했다. 심지어 조르다노 브루노(Giordano Bruno, 1548-1600)는 별들도 영혼이 있으며 다른 세계들이 무수히 존재한다고 가르쳤다가 화형당해야만 했다.

이처럼 암울한 풍토 속에서 이탈리아의 천문학자 갈릴레오 갈릴레이(Galileo Galilei, 1564-1642)는 코페르니쿠스가 옳았음을 증명했다. 갈릴레오는 케플러나 브루노와는 달리 '비의'(秘義)에는 아무런 관심도 없었다. 그는 우주를 신적인 신비의 반영으로 보지 않고 수학법칙에 지배되는 우주적 원리로 묘사했다. 그는 피사 대성당에서 흔들리는 램프의 진동을 관찰하고 정확한 시간을 측정하는 방법을 추론해냈다. 그리고 낙하하는 모든 물체는 크기와 상관없이 같은 속도로 떨어진다는 사실을 수학적으로 증명했다.

그의 업적 중 가장 유명한 것은 아마도 굴절망원경의 발명일 것이다. 그는 1609년 이 망원경을 통해 달의 분화구, 태양의 흑점, 금성의 위상변화, 목성의 네 위성들을 관찰할 수 있었다. 태양의 흑점들과 울퉁불퉁한 달 표면은 태양과 달이 아리스토텔레스가 묘사한 대로 완전한 천체가 아님을 증명했다. 또 목성이 움직이는 행성이며 지구 주위의 달과 같은 위성들에 둘러싸여 있다는 사실도 밝혀냈다. 갈릴레오는 이 모든 것들이 코페르니쿠스 가설의 확증이라는 결론을 내렸다. 이후 그는 예수회로부터 자신의 발견들을 공식적으로 인정받고 많은 찬사도 들었다.

사실 갈릴레오 사건은 과학과 종교 간에 영원히 내재하는 갈등을 상징하는 악명 높은 사건이었다. 그러나 갈릴레오는 종교 그 자체의 희생물이 아니라 트렌트공의회 이후 위기의식을 느끼던 가톨릭교회의 희생물이었다. 교황 우르바누스 8세(Urbanus VIII, 1568-1644)는 갈릴레오를 침묵하게 하는 끔찍한 실수를 저질렀지만 실수를 저지른 것은 갈릴레오도 마찬가지였다. 양쪽 모두 보다 개방적이고 자유로운 르네상스 정신을 뒤로한 근대성의 편협함을 대변하고 있기 때문이다.

　갈릴레오는 떠오르는 근대정신의 정확성과 실용적 지향성을 전형적으로 보여준 인물이었다. 그는 수학이라는 언어를 모르고서는 자연이라는 책을 단 한마디도 이해할 수 없다고 주장했다. 과학자는 우선 자신이 관찰한 현상들을 따로 구분해놓고 풀어야 할 문제를 수학적 정리, 공리, 명제들로 바꾼 다음, 그렇게 나온 수학적 결론이 처음 탐구를 유발한 물리적 현상들과 정확히 들어맞도록 실험을 해야 했다. 또한 과학자는 신비주의 이론에 빠지지 말고 연구 대상의 측정 가능한 영적 특성들에만 집중해야 했다. 그래서 갈릴레오는 연구 대상을 검토할 때 감성적 속성을 건너뛰고 대상을 설명해주는 추상적, 수학적 원리부터 탐구했다.

　과학자들은 실제로 경험되지 않고 결코 물질세계에 구현되지 않는 무언가를 믿으려하지 않았다. 수학적 계산을 통해 그 무언가가 존재한다는 절대적 확신을 가질 수 있었기 때문이다. 갈릴레오는 더 이상 가설적으로 말하는 것에 만족하지 않았다. 가설은 견해에 불과하며 과학의 임무는 명백한 확실성을 제공하는 것이었다. 태양 중심의 우주가 경험적으로 확인 가능한 물리적 사실임을 확인한 갈릴레오는 신중하게 관찰된 물리적 증거로 뒷받침되는 자명하고 반박 불가능한 필연적 증명을 찾는 데만 몰두했다. 그가 보기에는 과학자의 결론이 조금이라도 의심의 여지가 있으면 그것은 과학이 아니었다.

물론 종교적 진리를 이런 식으로 증명하는 것은 불가능하다. 갈릴레오는 죽는 날까지 영감과 직관의 전통적인 관계를 고수하고 자신의 이론이 종교와 조금도 모순되지 않는다고 생각했다. 신은 성서의 저자이자 자연이라는 교과서의 저자이므로 두 가지 진리가 서로 모순될 리가 없었던 것이다. 그런데 과학자들이 종교에 관해 발언하고 독실한 종교인들이 성서가 자연의 감춰진 구조에 관해 확실한 정보를 준다고 주장한다면 최악의 혼란만 낳을 뿐이다.

코페르니쿠스는 아마도 이 점을 완벽하게 이해했던 것 같다. 그는 무엇보다도 감각적 경험과 매우 정확한 관찰을 토대로 한 물리학적 결론 그 이상의 어떤 것도 언급한 적이 없었다. 그러나 갈릴레오는 결정적인 증거가 없는 경우라면 성서의 권위를 받아들여야 한다고 주장했다. 그래서 그는 인간의 이성이 미칠 수 없는 곳, 따라서 과학은 불가능하고 오직 견해와 믿음만 가능한 곳에서는 성서에 적힌 그대로의 의미에 전적으로 따르는 것이 옳다고 믿었다.

당시 갈릴레오는 가톨릭 자유주의자 그룹에 속했는데, 그들은 갈릴레오의 태양중심설(혹은 지동설)을 지지하면서도 바티칸 당국과의 싸움에 휘말리지 말라고 끊임없이 충고했다. 그러나 갈릴레오는 신학과 과학이 완전히 별개의 분야라고 확신한다면서 한편 자신의 발견들과 성서의 조화를 꾀하려는 모호한 태도를 보였다. 그는 『태양의 흑점에 관한 편지』(Letters on Sunspots, 1613)라는 논문에서 자신의 이론이 성서의 진리에 가장 잘 들어맞음을 입증해주는 성서 구절을 인용했고, 교황청 검열관이 그 구절들을 삭제하라고 명하자 크게 노했다고 한다. 갈릴레오는 반대에 부딪히면 그 또한 교황청 사람들과 다를 바 없이 경멸적이고 독선적인 태도를 보였다. 이러한 갈릴레오의 고집은 당대의 독단주의를 보여주는 또 하나의 징후이다.

1615년 카르멜수도회 수사였던 파올로 토스카넬리(Paolo Toscanelli, 1397-1482)는 로마에 도착해 태양중심설에 대해 차분히 변론을 펼쳤다. 그는 신이 성서에서 우리의 타고난 이성으로는 발견되지 않는 진리들만을 계시했으며 그 나머지는 인간에게 맡겨두었다고 주장했다. 그의 논문을 읽은 예수회 소속 추기경 로베르토 벨라르미노(Roberto Bellarmino, 1542-1621)는 자기가 아는 한 태양중심설에 대한 결정적인 증거는 없다고 반박했다. 성서 구절에서 그런 증거를 밝혀내기 전에는 믿을 수 없다는 것이었다.

그러자 갈릴레오는 트렌트공의회에서 성서가 오직 신앙과 윤리의 문제에만 권위를 갖는다고 확인했으며 태양중심설은 그런 문제에 속하지 않는다는 점을 곧바로 지적하고 나섰다. 갈릴레오는 벨라르미노가 없다고 말한 결정적인 증거를 자신의 실험들이 제시했다면서 스스로를 과대평가함으로써 일을 더욱 복잡하게 만들고 말았다. 하지만 그것은 사실이 아니었다. 태양의 흑점, 금성의 위상 변화, 조수(潮水)에 대한 갈릴레오의 관찰은 임시적 증거일 뿐 결정적 증거는 되지 못했다. 따라서 그것은 양쪽 모두의 잘못된 확신이 빚은 충돌이었다.

갈릴레오는 성서의 시적인 말들을 명확한 과학적 관찰로 읽어서는 안 된다고 주장했는데, 그 주장은 틀리지 않았다. 그것은 아우구스티누스 이래로 성서를 해석할 때 지켜지는 관행이었으며 이를 무시한 벨라르미노는 신학적으로 잘못을 범했다. 한편 갈릴레오는 과학적 검증에 관한 스스로의 높은 기준을 충족하지 못했고, 과학에서 가설적 추론이 갖는 중요성을 제대로 인식하지도 못했다. 그는 과학과 종교의 구분을 지키지 못함으로써 스스로의 원칙을 어겼을 뿐 아니라 성서 해석이라는 위험한 지뢰밭에 발을 들여놓고 말았다.

결과적으로 그가 자신의 견해를 가설적 이론으로만 제시했어도 교회와 평화로운 관계를 유지할 수 있었을 것이다. 그러나 그는 찾지도 못한 증거를 찾았다고 주장하는 쪽을 택함으로써 막다른 골목에 봉착하고 말았다. 결국 그는 1633년 4월 12일 재판에 회부되고 불복종죄라는 판결을 받았다. 결국 6월 22일 갈릴레오는 무릎을 꿇고 자기주장을 철회한 뒤 피렌체로 돌아와서 자신의 시골집에 연금되었다.

한편 영국의 프랜시스 베이컨(Francis Bacon, 1561-1611)은 과학과 종교 간에 갈등은 있을 수 없다고 선언했다. 하지만 그러한 개방성은 이미 불신과 독단주의에 자리를 내주고 있었다. 오래지 않아 새로운 유럽은 몽테뉴(M. Montaigne, 1533-1592)의 회의주의나 셰익스피어(W. Shakespeare, 1564-1616)의 심리적 불가지론이 들어설 여지가 없게 되었다. 17세기에 이르러 진리의 개념은 변하기 시작했다. 트렌트공의회 이후 아퀴나스의 신학은 아퀴나스 자신도 알아보지 못할 정도로 변했다. '모름'에서 오는 그의 침묵의 즐거움은 확실성에의 단호한 욕망과 냉혹한 교조적 편협함으로 대체되었다. 침묵의 영성은 장황한 논쟁으로 바뀌었다. 정의(define)를 거부하기보다는 말로 표현할 수 없는 도그마(독단적인 신념이나 학설)를 적극적으로 정의하게 되었다. 신앙은 인간이 만든 견해들에 대한 '믿음'과 동일시되기 시작했다. 그리고 그것은 결국 신앙 그 자체를 유지하기 어렵게 만들었다.

5. 과학적 종교

17세기 유럽은 극심한 경제난과 근대화에 따른 사회적 불안과 혼란 속에서 새로운 철학(여기서의 철학은 '과학'과 같은 의미임)은 '모든 것을 의심하게' 했다. 우주는 대지진을 겪는 것 같았고 하늘에는 새로운 별들이 들어섰다가 사라지곤 했다. 하늘은 더 이상 모든 것을 감싸는 구 모양의 비례를 갖지 않았으며 행성들은 인간들이 그토록 오랫동안 관찰해온 순수한 형태와 어긋나는 기이한 부분들 속을 떠돌았다. 이처럼 근본적인 것들이 변하는데 누가 어떻게 진리를 확신할 수 있었겠는가?

1610년 유럽 전역에 밀어닥친 종파적 폭력을 막을 수 있는 유일한 군주였던 앙리 4세(Henri IV, 1553-1610)[7]가 가톨릭 광신도에게 암살당했다. 이 사건은 17세기 유럽 사회에 너무나 큰 충격이었다. 앙리 4세는 극심한 분열을 초래하던 프랑스 내의 종교적 과열을 억제하기 위해 엄격한 중립정책을 폈다. 그는 프로테스탄트들에게 시민권을 허락했고 사법기관에 의해 파문당한 사람들을 사면해주기도 했다. 가톨릭과 프로테스탄트의 온건파들에게 충격을 준 그의 죽음은 포용정책이 실패로 돌아갔음을 암시해주었다.

1600년경 영국은 내전에 휩싸였고, 신성로마제국으로부터 독립한 독일은 민족국가를 세우기 위해 발버둥쳤다. 스웨덴은 프로테스탄트 군주들을, 오스트리아의 합스부르크 왕가는 가톨릭군주들을 지지했다. 1618년 이런 갈등은 '30년 전쟁'(1618-1648)[8]이라는 총력전으로 확대되었고 이 전쟁으로 중부 유럽 인구의 약35퍼센트가 사망했다. 종교는 분명 서로 갈라져 싸우는 이들을 화합시킬 수 없었다. 점점 더 많은 로마가톨릭 광신자들이 프로테스탄트들을 학살하며 기뻐했고, 점점 더 많은 프로테스탄트들이 가톨릭의 근거지들을 불태우고 환호했으며, 점점 더 많은 선의의 온건파들이 평화로운 해결을 포기하는 지경이 되었다.

---

7 원래는 프로테스탄트였으나 종교전쟁이 끝난 뒤 파리를 얻고 프랑스를 재통일하기 위하여 가톨릭으로 개종했다(1593). 그는 쉴리 공작 같은 신하들의 도움을 받아 프랑스에 새로운 번영을 가져왔다.

8 30년간 계속된 구교와 신교 간의 종교 전쟁을 말한다. 구교파엔 이탈리아, 스페인, 포르투갈, 오스트리아가 있었고 신교파엔 영국, 네덜란드, 독일 등이 있었다. 신교파에 프랑스도 있었는데 프랑스는 구교를 믿는 나라였다. 그러나 오스트리아, 스페인의 합스부르크 왕가에 대항하여 신교파에 섰다. 막상막하의 싸움이었으며 베스트팔렌조약으로 인해 신교파의 승리로 끝났다. 이로 인해 네덜란드가 완전히 독립했다.

그러나 모두가 새로운 철학(과학)에 불안을 느낀 것은 아니었다. 유럽에서 큰 명성을 얻은 신학자 중 한 명이었던 플랑드르 예수회 소속의 레오나르두스 레시우스(Leonardus Lessius, 1554-1623)는 모든 가톨릭교도가 바티칸의 좁은 시야를 따르지는 않았음을 잘 대변한다. 레시우스는 가톨릭의 개혁을 위해 온 힘을 쏟았다. 그는 로마에서 예수회대학 교수였던 벨라르미노에게 사사한 뒤 루뱅대학으로 돌아와 새롭게 탈바꿈한 아퀴나스의 저작들을 교육과정에 도입했다.

하지만 그는 근대 초기의 모든 지적인 변화를 열린 마음으로 받아들인 르네상스적인 인물이었다. 그는 갈릴레오가 『별에서 온 메신저』(Sidereus Nuncius, 1610)를 펴낸 지 2년이 지난 1612년 레시우스는 갈릴레오의 발견에 찬사를 보냈을 뿐 아니라 그것이 사실임을 확인해주기까지 했다. 그 역시 자신의 망원경으로 달의 울퉁불퉁한 표면과 목성의 위성들을 관찰해 신의 지혜와 능력의 증거를 목격하고 한없이 경탄했다고 한다. 이러한 내용들은 그가 쓴 『신의 섭리와 영혼의 불멸』(De providentia numinis et animi immortalitate, 1612)에 나오는데 무신론자들과 정치가들에게 맞서고자 쓴 것이라 한다.

당시에 무신론의 출현을 우려하는 분위기는 있었지만 이때까지만 해도 무신론이 신의 존재를 전면 부정하는 것을 뜻하지는 않았다. 보통 이 말은 '올바르지 않은 믿음'을 지칭할 때 쓰였다. 레시우스에게 무신론은 과거의 이단이었다. 그가 무신론자라고 부른 사람들은 고대 그리스 철학자들뿐이었다. 그가 관심을 가졌던 사람들은 '우주가 우연히 생겨났다'고 본 원자론자들(데모크리토스, 에피쿠로스 등)이었다. 데모크리토스는 우주를 감독하는 신의 존재가 필요치 않다고 보았지만 레시우스는 그 말을 받아들이지 않았다. 그는 스토아 철학자인 키케로의 말을 인용해서 자연세계의 복잡한 설계는 지적인 창조주를 필요로 한다고 주장했다. 신의 섭리가 개입되지 않았다고 말하는 것은 그에게는 너무나도 터무니없는 일이었다.

프랑스 수학자이자 프란체스코회 수사였던 마랭 메르센(Marin Mersenne, 1588-1648)은 정치적 불리함에도 불구하고 갈릴레오를 지지했다. 그러나 『이 시대의 이신론자, 무신론자, 자유주의자들의 불경함』(*L' impiete des deistes*)이라는 책에서는 아주 손쉽게 근대의 무신론자들을 구별해내기도 했다. 이 무신론자들은 신의 존재를 근본적으로 부정하지는 않았다. 단지 궁극적 진리에 이르는 인간의 이성적 능력에 회의적이었을 뿐이다. 그런데 메르센은 무신론자들 중에서 '자연 그 자체가 신적인 능력을 지니며 아무 감독자도 필요치 않는다'는 브루노의 철학이 특히 거슬렸다. 메르센은 이에 대응해서 데모크리토스의 우주에다 우주를 감독하는 창조주 신을 더한 기독교식의 원자론을 전개했다. 즉 원자들이 지성이나 목적을 갖지 않으므로 자연도 그 자체의 불가사의한 능력을 갖지 않고 '우주의 거대한 동자'에 전적으로 의존했다.

무신론에 맞선 레시우스나 메르센이 자신들의 신학적 전통보다 고대의 과학과 철학에 본능적으로 의존한 것은 의미심장한 일이다. 앞서 아퀴나스는 창조된 세계를 통해서는 신의 본질에 관해 아무것도 알 수 없다고 했지만, 이제의 신학자들은 과학자들이 우주에서 발견해낸 복잡성을 통해 신이 지적인 설계자임에 분명하다고 확신하게 되었다.

1) 데카르트의 지적 통찰: 신은 존재한다

철학자이자 과학자였던 데카르트(René Descartes, 1596-1650)는 메르센과 함께 1628년 11월 파리에서 열린 한 회의에 참석했다. 그곳에서는 스콜라 철학에 대한 활발한 비평이 이루어졌었다. 거기서 데카르트는 사람들이 단지 가능성에 그치는 지식에 만족하는 근본적인 오류를 범했다고 주장했다. 그는 수학적 과학을 토대로 절대적 확실성에 도달하는 철학적 방법론을 발전시켜오던 중이었다. 회의가 끝난 후 당시 교황 대사였던 피에르 드 베륄(Pierre de Bérulle, 1575-1629)은 데카르트에게 만일 그 방법론이 유럽을 혼돈에서 구해낼 수 있다고 여긴다면 그 방법론을 출간할 신적인 사명이 당신에게 있다고 말했다.

데카르트는 앙리 4세가 설립한 예수회 학교 라 플레슈(La Fleche)에서 수학하고 폭넓은 독서를 할 수 있었다. 그는 갈릴레오를 처음 읽고 흥분에 휩싸였고 몽테뉴의 회의주의에 매료되기도 했지만 시간이 지날수록 그들의 사상이 독단주의자들로 분열된 세계에는 맞지 않다고 확신했다. 데카르트의 철학에는 당대의 공포가 담겨있었다. 그는 관용의 순교자였던 앙리 4세의 심장이 플레슈(Fleche) 대성당에 안치되던 바로 그 자리에 있었다. 그는 일생 동안 가톨릭도 프로테스탄트도 모두 천국에 갈 수 있다고 확신했다. 그의 목표는 가톨릭, 프로테스탄트, 무슬림, 이신론자, 무신론자 할 것 없이 모두가 동의하는 진리를 찾아내어 선의를 가진 모든 사람이 함께 평화롭게 살아가게 하는 것이었다. 정말 대단한 지적 결합이었으며 모든 영역의 지적 통찰이 이루어지는 형국이었다.

데카르트의 사상은 30년 전쟁이 한창이던 전장에서 형성되었다. 학교를 졸업한 그는 나사우의 백작 모리스(Maurice, 1567-1625)의 군대에 들어가 귀족군인으로 유럽을 돌아다니면서 당대의 가장 유명한 수학자와 과학자들을 만나기도 했다. 그는 대학보다 군대에서 훨씬 더 많은 것을 배웠다고 한다. 전쟁을 직접 목격한 그는 문명 자체를 파괴하는 것처럼 보이는 신학적, 정치적 난국으로부터 벗어날 방법을 찾는 것이 무엇보다 중요했다. 모든 것이 무너져 내리는 것 같은 형국에서 앞으로 나아가는 유일한 방법은 기본 원칙들로 되돌아가서 다시 출발하는 것이었다.

1619년 데카르트는 바이에른의 막시밀리안 1세(Maximilian I, 1459-1519) 군대로 옮겨갔다. 새 임지로 가던 중 폭설이 내리자 그는 도나우 강변 울름 인근의 작은 방에 묵게 되었다. 그제야 혼자만의 진지한 성찰에 빠질 시간을 갖게 된 그는 바로 거기서 자신의 방법론을 떠올렸다. 그는 세 차례의 선명한 꿈을 통해 모든 학문 분야를 수학적인 틀 아래 통합하는 놀라운 과학의 토대를 세우라는 계시를 받았다고 한다. 데카르트는 몽테뉴가 던진 과제, 즉 우리가 완전히 확신하는 한 가지를 찾을 수 없다면 아무것도 확신할 수 없다는 말에 사로잡혀 있었고, 그가 묵었던 바로 그 방에서 몽테뉴의 회의주의를 거꾸로 뒤집음으로써 의심의 체험을 확실성의 토대로 바꾸었다. 대단한 성찰이 아닐 수 없다.

데카르트는 이렇게 주장했다. 무엇보다 먼저 생각하는 자는 자기가 안다고 생각하는 모든 것을 머릿속에서 지워야 한다. 생각하는 자는 명증적으로 참이라고 인식하는 것 외에는 어떤 것도 참된 것으로 받아들이지 않는다. 다시 말해 속단과 편견을 신중하게 피하고, 의심의 여지가 없을 정도로 명석판명하게 정신에 나타나는 것 외에는 어떤 것도 판단에 넣지 않는다. 명석판명한 진리만이 그의 보편수학에 토대를 제공해줄 수 있었다. 이는 바로 위디오니시우스가 내놓은 부정의 방법을 합리화한 것이다.

마침내 데카르트는 그토록 찾아 헤매던 것을 발견했다. '내가 모든 것을 의심할 때에 그렇게 의심하는 내가 존재하며 내가 의심하고 있다는 사실만큼은 더 이상 의심할 수 없다'는 것이다. 그는 이것이야 말로 너무도 확실해서 회의론자들이 내놓은 온갖 터무니없는 가정들에도 흔들리지 않고 주저 없이 그가 추구하던 '철학의 제1원리'로 삼을 수 있다고 말했다. 그것은 몽테뉴가

던진 과제에 답하는 것이기도 했으며, 내적인 의심의 체험이 외부세계에서 절대로 찾을 수 없는 것임을 확실히 드러냈던 것이다. 이는 우리가 생각하고 의심하는 체험을 통해 우리 자신의 존재를 의식하게 된다는 것이다.

그는 엄격한 회의적 태도를 단련함으로써 깊은 내면으로부터 자아가 떠오르는 것을 경험하게 된다고 여겼다. 그렇다면 나는 무엇인가? 생각하는 것이다. 생각하는 것이 무엇인가? 의심하고 이해하고 확인하고 바라고 상상하고 느끼는 것이다. 여기서 데카르트의 유명한 금언 "나는 생각한다. 고로 나는 존재한다"(cogito, ergo sum)라는 명제가 도출되며, 이러한 명제는 "나는 생각한다. 그러므로 내가 생각하는 것이 존재한다"는 플라톤적 인식을 깔끔하게 뒤집었다.

데카르트는 이러한 최소한의 확실성에서 출발해서 신의 존재와 외부세계의 실재를 증명하는 단계로 나아갔다. 물질 우주는 생명도 신도 없는 죽은 것이어서 신에 관해 아무것도 말해줄 수 없었다. 우주 전체에서 유일하게 살아있는 것은 생각하는 자아뿐이므로 바로 여기에서 명백한 증거를 찾아야 했다. 이 대목에서 데카르트는 아우구스티누스와 안셀무스로부터 뚜렷한 영향을 받았다. 의심은 생각하는 자의 불완전을 드러내며 의심할 때 우리는 무언가의 결핍을 절실히 의식하게 된다. 그러나 불완전함의 체험은 완전함이라는 개념을 미리 상정해야 한다. 불완전함이란 완전함이라는 기준으로 했을 때만 이해되는 상대적인 말이기 때문이다. 그런데 유한한 존재가 스스로의 노력만으로 완전함의 개념을 떠올리는 것은 불가능하다. 따라서 본래부터 내 안에 나 자신보다 훨씬 더 완전한, 그리고 완전함에 관한 생각을 가능하게 하는 그 모든 완전함을 지닌 무언가가 있어야 하는데 그것을 말로 표현하면 '신'이라고 할 수 있다는 것이다.

대부분의 중세 신학자들이 안셀무스의 존재론적 증명을 거부한 것은 그 침묵의 동력에도 불구하고 안셀무스가 신을 틀림없이 '존재하는 어떤 것'이라고 불렀기 때문이다. 그러나 데카르트는 신이 인간 정신에 존재하는 명석판명한 개념이라고 주장했을 뿐 아니라 신에게 '존재한다'는 말을 기꺼이 적용하기에 이르렀다. 아퀴나스는 신이 '어떤 종류의 것'이 아니라고 말했지만 데카르트는 아무 거리낌 없이 신을 '어떤 한 존재'라고 불렀다. 그는 존재하는 것이 완전하다고 여겨, "내게 날개 달린 말이나 날개 없는 말을 상상할 능력은 있어도 존재하지 않는 신을 생각할 능력은 없다"라고 하였다. 이는 피타고라스의 정리만큼이나 분명한 진리였다. 따라서 그에게 완전한 존재가 존재한다는 것은 적어도 그 어떤 기하학적 증명만큼이나 확실한 것이었다. 이와 같이 데카르트의 철학과 과학에는 신이 절대적으로 필요했다. 신 없이는 외부세계가 실재한다고 확신할 수 없었기 때문이다.

일단 물질세계가 존재한다는 확신을 갖게 되자 데카르트는 두 번째 단계로 나아가게 되었다. 그것은 걷잡을 수 없이 돌아가는 세상을 이성의 법칙으로 통제할 수 있는 단 하나의 과학적 방법을 만들어내는 것이었다. 현실을 통제하고 싶어 했던 데카르트는 '우주가 우연에 의해 생겨났다'는 생각을 받아들일 수 없었다. 그의 우주는 전능한 신에 의해 작동하고 유지되는, 복잡하면서도 순조롭게 돌아가는 기계였다. 일단 만물이 작동하자 더 이상 신의 개입은 필요하지 않았고 신은 세상이 스스로 돌아가게 내버려둔 채 물러날 수 있었다.

그런데 데카르트의 철학은 지극히 반종교적이었다. 그는 평생을 가톨릭 신자로 살았지만 그의 머릿속에 뚜렷이 생각으로 존재한 그의 신은 거의 우상으로 변해갔고 생각하는 자아에 대한 그의 성찰은 비움이 아닌 의기양양한 자기주장으로 이어졌다. 데카르트의 신학에는 경외심이 전혀 없었다. 오히려 그는 경이로움을 떨쳐내는 것이 과학이 할 일이라고 여겼다.

심지어 그는 자신의 저서 『제1철학에 관한 성찰』(Meditationes de prima philosophia, 1641)을 고귀한 파리 신학부의 학부장 및 박사님들께 헌정하면서 "나는 언제나 신과 영혼에 관한 두 가지 문제가 신학적 논의보다 철학적 (과학적) 논의에 의해 입증되어야 할 가장 중요한 문제라고 생각해왔습니다"[9] 라는 엉뚱한 말을 하였다. 유럽에서 가장 뛰어난 신학자 집단을 향해 그들이 신을 논할 자격이 없다고 태연히 말하면서 그들의 동의를 구하고 있었다. 수학자들이나 물리학자들이 그 일을 더 효과적으로 할 수 있음을 간접적으로 주장한 셈이다. 그런데 신학자들은 너무나도 기꺼이 그의 이런 주장에 동의했다. 그것은 운명적인 선택이었는지 모르지만 이후 신학은 신학에 걸맞지 않은 '철학적'(과학적) 언어들이 난무하는 형국으로 치달았다.

2) 스피노자의 무신론적 사유: 신은 사유의 원리

한편 프랑스의 수학자 파스칼(B. Pascal, 1623-1662) 같은 인물은 신이 자연 뒤에 숨어 있으며 자연에서 신을 찾으려 해도 소용없다는 사고방식을 가졌다. 그에게 기계적 우주는 신도 의미도 없는 끔찍한 곳이었다. 그에게 확실성은 명석판명한 관념들을 합리적으로 고찰하는 데서 오는 것이 아니라 인간 내면의 중심인 '가슴'에서 오는 것이었다.

파스칼은 기독교가 중대한 실수를 한다는 사실을 알아차렸다. 신학자들은 근대적 에토스를 받아들이고 자신들의 가르침을 당시 유행하던 명석판명한 관념들에 맞추려 애썼지만 파스칼은 이런 시도에 회의적이었다. 종교가 새로운 과학의 침범을 어디까지 받아들여야 한단 말인가? '수학적 진리와 원

---

[9] René Descartes, *Meditationes de prima philosophia* (Notre Dame IN: University of Notre Dame Press. 1990), 1.

소의 고안자'에 불과한 신은 인간 존재의 어둠과 고통에 아무 빛도 가져다주지 못한 채 사람들을 무신론에 빠지게 할 뿐이었다.

파스칼은 머지않아 사람들이 신의 존재를 근본적으로 부정하는 무신론을 진지하게 선택하리라는 사실을 처음으로 내다보았다. 파스칼은 어느 누구보다 자신의 이성적 능력을 열심히 발휘한 사람이었다. 그러나 그는 이성이 종교적 확신을 줄 수 없음을 분명히 알았다. 신앙의 이유는 오직 '가슴속에 존재하는 것'이기 때문이었다.

파스칼과 동시대에 이미 무신론적 시각을 전개한 철학자가 있었다. 데카르트나 로크보다 더 급진적이면서 한편으로는 더 무신론적 시각을 전개했던 바루흐 스피노자(Baruch Spinoza, 1632-1677)가 바로 그 사람이다. 그는 더이상 예배에 참석하지 않고 전통 유대교에 심각한 회의를 표명하기 시작했다. 그는 유대교 가정에서 자랐지만 비유대사회의 지적인 삶과 늘 접해 있었고 전통적인 유대식 교육을 받았을 뿐 아니라 수학, 천문학, 물리학 등도 공부했다. 그러나 그는 아주 합리적인 종교관에 길들여있었고, 우리가 신이라 부르는 것이 '자연 전체'일 뿐이라고 주장했다.

결국 그는 랍비들로부터 파문통고를 받았고 기꺼이 그 결정을 받아들였다. 그는 기성 종교로부터 벗어나 자유롭게 살아간 최초의 완전한 세속주의자가 되었다. 하지만 그는 계속 고립된 존재였다. 유대인이든 비유대인이든 그의 범신론적 철학을 충격적이고 무신론적인 것으로 받아들였기 때문이다.

스피노자는 다른 마라노(marrano)[10]들처럼 계시종교를 멸시했다. 그는

---

10 스페인에서 박해를 피하기 위해 그리스도교로 개종했으나 몰래 유대교 의식을 지켜나갔던 유대인. 그들을 업신여겨 쓴 말로 그 후손들에게도 적용되었으나 어원은 확실하지 않다. 14세기 말 스페인 거주 유대인들은 그리스도교 광신자들에 의해 전멸 위기에 놓였다. 수천 명의 유대인이 기꺼이 순교했으나, 표면상 그리스도교로 개종해 죽음을 모면한 유대인도 어림잡아 10만 명이 넘었다. 세례를 받고도 몰래 유대교 의식을 치르던 마라노들은 15세기 중엽 은밀한 집단을 이루었다. 이들은 부를 쌓아 국가 · 왕실 · 교회에서 높은 자리를 차지하고 스페인 귀족가문과 결혼

'신'이라는 개념 자체가 신의 존재를 증명한다는 데카르트의 생각에 동의하기는 했지만 그 신은 유대-기독교의 인격화된 신이 아니었다. 스피노자의 신은 우주를 지배하는 질서인 자연법칙의 총합이자 원리였다. 신은 창조주도 제1원인도 아니고 물질세계와 분리되지 않으며 만물의 통합과 조화를 이뤄내는 내재하는 힘이었다. 인간은 자기 자신의 정신작용을 자세히 들여다볼 때 그 속에서 활동하는 영원하고 무한한 신의 실재를 받아들이게 되는 것이다.

스피노자는 철학 연구를 '기도'의 형태로서 체험했다. 내재하는 신의 현존을 생각할 때면 그의 마음은 경외심과 경탄으로 가득찼다고 한다. 그에게 '신은 앎의 대상이 아니라 사유의 원리'이기에 우리가 앎에 이를 때 경험하는 기쁨이 바로 신의 지적인 사랑이었다. 따라서 진정한 철학자는 두서없이 쌓아온 모든 정보를 통합된 새로운 시각, 즉 스피노자가 '지복(至福)'이라 부른 엑스타시스적 자각으로 불시에 녹여내는 직관적 지식, 번뜩이는 통찰을 길러야만 했다.

그러나 대부분의 서구 사상가들은 스피노자의 철학을 따르지 않았다. 이는 곧 그의 무신론적 사유체계에 동조하지 않았다는 것이다. 만일 신이 자연에 내재한다면, 혹은 신이 자연이라면 성직자나 교회도 필요 없으며 자연이 제공하는 부를 모두가 나눠가져야 했다. 따라서 이 시대 많은 사상가들이 무신론에 맞서며 '인간 내면의 신만이 진정한 권위를 가진다'고 역설했다. 그중에서도 특히 퀘이커교(Quakers)[11] 창시자 조지 폭스(George Fox, 1624-1691)는 기독교인들에게 '자기 내면의 빛을 추구하라'면서 '다른 사람의 지도에 따

하기도 했다. 예로부터 그리스도교도들은 개종했으면서도 신앙이 독실하지 않은 마라노만을 싫어한다고 말하기는 했지만, 실제로는 어떤 개종자들이건 가리지 않고 증오했다.

11 한국에서는 다소 생소한 기독교 종파로서, 기성교회가 지니고 있는 어떠한 형식 없이도 하나님을 직접 내적으로 깨달을 수 있다고 주장한다.

르지 말고 스스로의 깨달음에 의존하라'고 가르쳤다. 과학의 시대에는 종교도 실험적이어야 했기에 교리 하나하나가 사람들 각자의 '경험'(깨달음)을 통해 시험되어야 한다는 것이었다. 이렇게 등장한 퀘이커교는 오늘날까지도 주목받는 신비주의 종교의 한 형태가 되었다.

3) 뉴턴의 과학적 종교: 과학적 신의 존재 증명

이러한 시대에 과학적 합리주의적 태도를 견지하며 무신론에 맞섰던 대표적인 인물이 바로 아이작 뉴턴(Sir Isaac Newton, 1642-1727)이었다. 그는 우주과학이 데카르트의 생각처럼 수학이 아니라 측정 기술을 정확하게 제시하고 입증하는 '역학'(力學)이라고 주장했다. 그의 보편역학은 우주의 운동들을 측정하는 데서 출발해서 그 결과를 토대로 다른 모든 현상들을 설명해 나가는 것이었다.

그는 데카르트의 물리학, 케플러의 행성운동법칙, 갈릴레오의 지상운동법칙을 하나의 이론으로 통합하는 일을 해냈다. 인력(引力)은 지상과 천상의 모든 운동을 설명해주는 근본적인 힘으로 밝혀졌다. 태양 주위를 도는 행성들이 각각 상대적인 속도와 거리로 궤도를 유지하기 위해 각 행성에는 태양과의 거리 제곱에 반비례하는 인력이 작용했다. 달과 바다 사이에 작용하는 힘도 같은 원리에 의한 것이었다. 우주에서 관찰된 온갖 이질적인 사실들이 하나의 포괄적인 이론으로 설명된 것은 처음이었다. 마침내 태양계는 이해 가능한 것이 되었다. 행성들의 궤도, 지구의 자전, 달의 운동, 바다의 조수운동, 춘분점의 세차운동, 땅 위로 떨어지는 돌 등 모든 것이 인력으로 설명될 수 있었다. 인력은 '모든 물체들이 서로를 끌어당기는 힘'이기 때문에 행성들은 우주공간으로 날아가지 않고 상대적인 속도와 거리로 안정적인 궤도를 유지한다는 것이다.

그의 보편역학이 정말 보편적이려면 모든 현상들을 설명해야 했다. 그런데 인력으로는 태양계가 어떻게 생겨났는지 설명할 수 없었다. 그래서 그는 "이 천체들이 인력법칙에 의해 각자의 궤도를 유지하고 있는 것은 사실이지만 그렇게 고정된 궤도가 처음 생겨난 원인도 인력법칙일 리는 없다"[12]라고 말했다. 그래서 뉴턴은 최초의 원인을 찾아내야만 했다. 뉴턴도 대부분의 17세기 과학자들처럼 물질은 죽은 것으로 여겼다. 외부의 힘이 작용하지 않으면 움직일 수도 성장할 수도 없다고 생각했다. 따라서 우주 체계 전체에서 신의 존재는 필수적이었다. 신을 제외한 과학은 가능하지 않았다. 따라서 그는 신에 관해 말하자면 사물의 드러난 외양으로부터 신을 논하는 일은 분명 자연철학의 몫이라는 결론을 내렸다.

실제로 뉴턴은 후기 저작에서 '신을 논하는 것이 과학의 우선 과제'라고 설명했으며, 리처드 벤틀리(Richard Bentley, 1662-1742)에게 보낸 편지에서 자신은 처음부터 신의 존재를 과학적으로 증명하고 싶었다고 고백하기도 했다. 뉴턴은 수세기 동안 이어져온 기독교의 전통을 단박에 뒤집었다. 그때까지 신학자들은 창조가 신에 관해 아무것도 말해주지 않는다고 주장해왔다. 창조는 오히려 신의 불가지성을 증명하는 것이었다.

앞서 언급했지만, 아퀴나스의 '다섯 가지 길'은 모두가 신이라 부르는 것이 무로부터 무언가를 생겨나게 했음을 증명하더라도 여전히 신이 무엇인지는 알 수 없음을 보여주었다. 그러나 뉴턴은 자신의 보편역학으로 신의 모든 속성들을 설명할 수 있다고 믿어 의심치 않았다. 그리고 뉴턴은 우주를 아우르는 중력법칙 속에서 신의 지배, 즉 우주를 주관하는 불가항력적 힘의 증거

---

12 Isaac Newton, *Principia* (Gale Ecco, Print Editions, 1987), 543.

를 발견했다. 그것이 바로 신의 근본적인 속성이었다. 즉 영적 존재의 지배가 곧 신이었다. 지배가 가장 탁월한 신적 속성이 되자 그에 따라 다른 속성들도 추론해낼 수 있게 되었다. 우주에 대한 연구는 우주를 창조한 신이 지적이고 완벽하고 연원하고 무한하고 전지전능하다는 것을 증명했다. 즉 신은 시대가 변해도 계속되고 무한히 존재한다는 것이다. 신은 만물을 지배하기에 지금 일어나는 일들과 앞으로 일어날 수 있는 일들을 모두 안다고 믿었다.

이처럼 신은 과학적인 설명으로 가능한 존재로 축소되었고 뚜렷이 정의되는 우주 속의 기능을 부여받게 되었다. 신은 우리의 의지가 신체에 작용하듯이 물질에 작용하면서 가상적으로만이 아니라 실질적으로도 무소부재한 존재가 되고 말았다. 심지어 뉴턴은 사물을 움직이는 모든 자연의 힘이 이러한 신 존재의 물질적 현현이라고 믿었다. 신과 무관하게 작용하는 자연의 힘은 있을 수 없었다. 신은 그가 창안한 법칙들 속에 직접적으로 존재했다. 이제 신의 존재는 이 세계의 복잡한 설계에 따른 합리적인 결과가 되었다.

뉴턴은 이러한 '믿음'이 인간의 원초적인 종교를 자극한다고 확신했다. 그리고 그는 『이교 신학의 철학적 기원』(*Theologiae Gentilis Origines Philosophicae*)이라는 논문에서 '노아가 자연에 대한 합리적 사색을 토대로 한 신앙의 창시자'라고까지 주장했다. 노아와 그의 아들들은 태양 중심의 우주를 본뜬 신전 앞에서 예배를 드리며 자연 그 자체를 그들이 숭배하는 위대한 신의 진정한 신전으로 여기도록 배웠다. 이러한 원초적 신앙이야말로 여러 민족들에 의해 변질되기 전까지 모든 신앙들 가운데 가장 합리적인 것이었다. 과학은 신성함을 제대로 이해하는 '유일한' 수단이었다. 따라서 과학적 합리주의는 뉴턴에 의하면 '근본적인 종교'였다. 그러나 근본적인 종교는 말도 안 되는 전설, 사실이 아닌 기적, 유물숭배, 주술, 유령이나 악마에 관한 주문과 숭배, 그 밖의 미신들에 의해 변질되어 왔다. 뉴턴은 특히 삼위일체와 성육신 교리에 격분했다. 그는 아타나시우스를 비롯해서 몰염치한 4세기의 신학자들이 그런 교리들을 만들어내 신도들에게 강요했다고 주장했다.

특히 아퀴나스가 우주를 관상함으로써 신비가 존재한다는 것을 드러내 보였지만 뉴턴은 신비 자체를 싫어했다. 신비를 불합리함과 동일시했던 그는 아주 신경질적으로 "그것은 종교에 있어서 신비스러운 것을 좋아하는, 그래서 가장 이해할 수 없는 것을 가장 좋아하는 인간의 열정적이고 미신적인 기질을 보여 준다"[13]라고 강변했다. 그는 신을 신비로운 존재로 묘사하는 것은 위험한 일이라고 생각했다. 그런 묘사는 신의 존재를 거부하게 하는 데 기여한다는 것이다. 신학자들은 신 개념이 트집을 잡히거나 의심을 받지 않도록 최대한 쉽고 납득할 만한 것으로 만들어야 한다고 생각했다. 결국 근대 초기의 합리주의자들에게 진리는 모호할 수 없었다. 그래서 진리 그 자체인 신도 여타의 사실들과 마찬가지로 합리적이어야 했다.

이러한 뉴턴의 과학적 신학은 결국 '무신론'에 맞서는 중심 역할을 하게 되었다. 당시 불안한 시대를 살던 사람들의 눈에는 도처에 무신론자들이 보였다. 그런데 여기서 '무신론자'란 그들의 믿음과는 상관없이 자신들이 용납할 수 없는 사람을 가리키는 경우였다. 당시(1690년 전후 쯤)에는 술에 취하거나 간음을 하거나 부적절한 정치적 견해를 갖는 것만으로도 무신론자가 될 수 있었다. 이때만 해도 신앙을 갖지 않고 산다는 것은 불가능했다. 다만 일부의 사람들이 이따금 회의를 느낀 정도였다.

존 버니언(John Bunyan, 1628-1688)은 정말 신이 있는지 없는지 궁금해 할 때는 신성모독에 대한 혼란과 놀라움에 휩싸였다고 고백했다. 그러나 그런 회의적인 태도를 영속적으로 유지하는 것은 거의 불가능했다. 개념적인

---

13   Isaac Newton, *Correspondence*. (Cambridge: Nabu Press, 1959), ch. 3, 108.

문제들을 극복할 수 없었기 때문이다. 문제는 회의론자들은 자신들의 입장을 뒷받침해줄 만한 당대의 사상을 찾을 수 없었다는 데 있었다. 당대에 다소 앞서가는 사상가들은 과학자들이 명쾌하게 밝혀낸 자연법칙들이 그 법칙들을 만든 자를 필요로 한다고 주장하고 있었기 때문이다. 전면적인 무신론은 과학적으로 확인된 또 다른 진리에 입각한, 설득력 있는 근거들이 나오기 전(최소한 18세기 말)까지는 그저 개인적인 기분이나 일시적인 충동에 지나지 않았다.

제7장 ·· 계몽 시대의 신과 종교

흔히 계몽 시대라고 하는 18세기는 교육받은 다수의 엘리트들에게는 아주 흥미진진한 시대였다. 30년 전쟁은 이제 아득하지만 유익한 기억이 되었고 사람들은 유럽이 두 번 다시 그런 파괴적인 편협함에 빠져들지 않으리라 믿었다. 로크의 주장대로 '자연세계가 창조주에 대한 증거를 충분히 제공한다'는 것이 과학자들에 의해 밝혀졌기 때문에 교회가 나서서 그것을 억지로 가르칠 필요가 없었다. 그리하여 역사상 처음으로 사람들 스스로 진리를 발견할 수 있는 자유가 주어졌다.

신세대 과학자들은 우주의 위대한 설계에 대한 뉴턴의 믿음을 재확인하는 것처럼 보였다. 확대경의 발명은 신의 계획과 설계를 더욱더 입증해주는 또 다른 신세계의 문을 열어주었다. 정자, 근육의 섬유와 줄무늬, 상아와 머리카락의 복잡한 구조 등을 최초로 관찰했다. 이러한 경이로운 일들은 최고의 지적 존재를 말해주는 듯했고, 그러한 존재는 더 이상 다른 도움 없이 이성만으로 살아갈 수 있는 존재로 여겨졌다.

새로운 학문은 유럽에서 이제는 아메리카로 빠르게 전파되었다. 보스톤에서 나고 자란 코튼 매더(Cotton Mather, 1663-1728)는 자체적으로 현미경 연구도 하고 최초로 식물의 이종교배를 실험하기도 했는데, 과학이 종교를 장려하는 경이로운 수단이라고 주장했다. 그에게는 온 우주가 전능하신 설계자에 의해 세워지고 조립된 사원이었다. 기독교도와 이슬람교도 모두 받아들일 만한 그의 철학적 신앙은 종파 간의 교리적 다툼도 초월하고 계급적 분열도 치유하는 것이었다. 그는 이렇게 선포했다.

> 보라! 논쟁 없이 발견되는 종교를. 빈부귀천 없이 모든 이들을 고려하는 종교를. 나는 그러한 철학적 종교를 재개할 것이다. 이 얼마나 복음주의적인가![1]

그야말로 기쁜 소식(복음)의 선포였다. 뉴턴의 법칙이 드러낸 우주의 위대한 설계는 창조주 신의 존재를 직접적으로 말해주었다. 바로 이러한 종교에 의해 무신론은 이 세상에 영원히 발을 붙일 수 없을 것이라고 말했다.

교육받은 아메리카인들은 계몽주의(enlightenment)[2]로 알려진 철학운동에 자연스럽게 동참했다. 유럽과 아메리카 식민지의 엘리트 지식인들은 이제 인간이 미신으로부터 벗어나 찬란한 새 시대로 접어들고 있다고 확신했다. 과학 덕분에 자연에 대한 인간의 지배력은 그 어느 때보다 커졌고 사람들의 수명도 더 길어졌으며 미래에 대한 자신감은 더 높아졌다. 일부 유럽인들은 이미 생명보험에 들기도 했으며 부자들은 무역이 증대하리라는 기대로 자본의 체계적인 재투자를 준비하고 있었다. 이러한 흥미로운 발전 가운데 종교

---

1 Cotton Mather, *The Christion Phlosopher* (Gainsville: Fla. 1968), 2.

2 17·18세기 유럽의 지적(知的) 운동. 신(神)·이성(理性)·자연·인간 등의 개념을 하나의 세계관으로 통합한 사상운동으로서 사람들 사이에서 넓은 공감대를 형성하고 예술·철학·정치에 혁명적인 발전을 가져왔다. 계몽주의의 핵심은 이성중심이며, 이성의 힘에 의해 인간은 우주를 이해하고 자신의 상황을 개선할 수 있다고 하는 것이다. 또 지식·자유·행복이 합리적 인간의 목표라고 보았다.

도 변해가고 있었다.

1. 이신론적 신앙

　이러한 사회적, 정치적, 과학적 발전과 발맞추어 종교도 변해야만 했다. 그래서 계몽주의 철학자들은 이성과 뉴턴주의 과학에 전적으로 의존하는 새로운 형태의 유신론을 전개했는데 이를 '이신론'(理神論, deism)[3]이라 한다. 일부에서는 이신론이 신에 대한 전면적 부정으로 가는 중간 단계로 보기도 하지만 사실 그렇지는 않았다. 이신론자들은 신에 대한 열정과 종교에 강한 집착을 보였다. 그들도 뉴턴처럼 오래된 성서 이야기의 저변에 깔린 원초적 신앙을 발견했다고 믿었다. 그들은 지식과 교육을 통해 구원을 설교하면서 거의 선교적인 열정으로 자신들의 합리적 종교를 전파했다.
　이제는 무지와 미신이 새로운 원죄가 되었다. 이때의 계몽사상가들은 모든 이들이 과학에 의해 밝혀진 진리를 이해하고 올바른 추론 능력과 분별력을 갖기를 원했다. 불변의 법칙들에 지배되는 우주라는 뉴턴의 우주관에 매료된 그들에게는 자연에 불규칙하게 개입해서 우리의 이성적 능력으로 이해

---

[3] 17세기 전반부터 18세기 중엽 사이에 영국의 작가들 사이에서 나타났다. 대체로 이신론은 '자연신교'라고 부를 수 있는 개념이며, 자연신교란 계시나 교회의 가르침을 통하여 얻는 지식이 아니라 모든 사람이 타고났거나 이성을 사용하여 얻을 수 있는 종교적 지식체계를 그대로 인정한다. 자연신교를 지지하는 사람들은 세 가지 지적인 관심사에 강한 영향을 받았다. 인간의 이성에 대한 신뢰의 증가, 독단주의와 불관용을 초래한 종교적 계시에 대한 불신, 질서정연한 우주의 합리적 건축자로서의 신(神)의 이해가 그것이다. 초기의 이신론자들은 여러 종교의 예배의식과 교리의 피상적인 차이는 중요하지 않으며 그런 정도는 너그럽게 인정해야 한다고 주장했다. 그러나 17세기 말에 이르자 많은 이신론자들은 정통 그리스도교의 신앙과 예배의식을 이성으로 해부하기 시작했다. 그들은 로마가톨릭의 정교한 전례의식과 복잡한 관례규정을 고대 이교도의 미신과 비슷하다는 이유로 거부했다. 그들은 개신교 분파들의 건전하지 못한 '광신'과 개인의 엄격한 경건생활 대신, 이성의 종교가 요구하는 건전한 윤리적 노력과 관용을 널리 보급하려고 애썼다.

할 수 없는 기적을 행하고 신비를 드러내는 신이 거슬릴 수밖에 없었다.

신학적 다툼과 종교개혁과 30년 전쟁 등이 남긴 상처로 인해 유럽의 이 신론은 반교권주의(anti-clericalism, 성직자의 정치세력을 반대함)적 태도를 보이면서도 결코 종교 그 자체를 반대하지는 않았다. 오히려 이신론자들에게는 신이 필요했다. 프랑스 철학자 볼테르(Voltaire, 1694-1778)의 유명한 말처럼 만일 신이 존재하지 않는다면 신을 발명해내야만 했다.

계몽주의는 오랜 시간에 걸쳐 형성되어온 한 가지 관점의 완성이었다. 그것은 갈릴레오의 기계론적 과학, 데카르트의 독자적 확실성 탐구, 뉴턴의 우주법칙들 위에 세워졌고 18세기에 이르러 계몽사상가들은 현실 전체를 평가할 통일된 방법을 찾았다고 믿게 되었다. 진리에 이르는 유일한 방법은 바로 '이성'이었다. 계몽사상가들은 종교, 사회, 역사, 인간의 정신 작용 모두가 과학이 밝혀낸 규칙적이고 자연적인 과정들로 설명된다고 확신했다. 그러나 그들의 합리적 이데올로기는 전적으로 신의 존재에 의존했다.

미국의 정치가 토머스 제퍼슨(Thomas Jefferson, 1743-1826)이 보기에는 정상적인 인간이 우주의 원자 하나하나에 명백히 드러난 설계를 살펴보고도 감독자의 필연성을 부정한다는 것은 있을 수 없는 일이었다. 과학적 발견들은 신 없이 설명될 수 없었다. 신은 신학뿐 아니라 과학에서도 필연적 존재였다. 신을 믿지 않는 것은 인력을 믿지 않는 것만큼이나 불합리해 보였다. 신을 포기한다는 것은 세상에 대한 유일하게 설득력 있는 과학적 설명을 포기한다는 의미였다.

이러한 '증거'에 대한 강조는 점점 믿음의 개념을 변화시켰다. 칼뱅주의 신학자로 뉴턴주의에 정통했던 조나단 에드워즈(Jonathan Edwards, 1703-1758)는 개입자로서의 신이라는 관념에서 철저히 멀어져 청원 기도의 효험을 부정하기에 이르렀다. 그러나 믿음에 관해서는 단지 증거에 의해 무언가 확인하는 차원을 훨씬 넘어서는 과거의 관점을 계속 옹호했다. 즉 믿음은 단순히 증거를 따지는 문제가 아니라 '지적인 복종과 종교적 진리에 대한 존경과 애착'을 수반하는 것이었다. 종교적 추구에 감정적, 도덕적으로 열중하지 않으면 진정한 믿음은 불가능했다. 그러나 이에 동의하지 않는 사람들도 있었다. 제퍼슨은 믿음을 '이해할 수 있는 명제에 동의하는 마음'으로 정의했다.

보스턴 웨스트처치 목사였던 조나단 메이휴(Jonathan Mayhew, 1720-1766)는 사안을 공정하게 검토하고 어느 한 쪽이 옳다는 증거를 찾을 때까지는 믿음 혹은 불신을 유보해야 한다고 했다. 그런가 하면 그는 사람들의 삶에 개입하고 기도에 응답해주는 신과의 개인적 친밀함을 강조하기도 했다. 이처럼 전통적인 영감과 뒤섞인 이신론은 매우 일반적인 현상이었다. 완전히 일관되게 이신론 신앙을 견지한 사람은 소수에 불과했다. 대부분이 전통적인 기독교 신앙을 유지하면서 거기서 '신비'를 떨쳐내려고 최선을 다했을 뿐이다.

18세기에는 다소 역설적인 신학이 전개되었다. 초자연적 영역의 신은 신비롭고 다정한 '아버지'로서 여전히 숭배자들의 삶 속에서 활동하고 있었지만 자연세계의 신은 뒤로 물러나 있을 수밖에 없었다. 즉 신은 자연을 창조하고 지탱하고 그 법칙을 만들었지만 그 법칙이 저절로 작동하기 시작하자 더 이상 직접 개입할 필요가 없었다. 과거에는 브라흐만이 곧 개별 존재의 아트만이었고 신성과 접하는 지성은 인간 이성의 극단에 자리하고 있었다. 자연과 초자연은 엄격히 구분되지 않았던 것이다. 그런데 이제 그 둘은 상반된 것으로 여겨지기 시작했다. 철학자들은 신과 아무 상관없이 인간의 삶을 지배하는 또 다른 자연법칙을 찾아내고 있었다.

애덤 스미스(Adam Smith, 1723-1790)는 국가의 부를 결정하는 경제법칙들을 설명했고, 볼테르는 도덕성을 순전히 사회적으로 형성되는 것으로 보았다. 에드워드 기번(Edward Gibbon, 1737-1794)은 과학적인 역사는 자연적 인과관계만을 다루었다. 자연 대 초자연의 대립은 역설적인 현실을 극복하려고 발버둥치던 근대의 의식을 특징짓게 될 수많은 이원론(정신과 물질, 교회와 국가, 이성과 감정) 중 하나일 뿐이었다.

2. 분열하는 종교

계몽 시대가 지속되었지만 계몽사상에 동참한 사람들의 숫자는 그리 많지 않았다. 모든 사람이 다 새로운 과학적 종교에 설득당한 것은 아니었다는 것이다. 사실 계몽사상은 일부 지식인층에서나 이해 가능한 앞선 사상이었다. 그리고 이 시대는 물질적인 것은 수동적인 것으로 더 고등한 힘에 의해서만 움직인다는 과학적 가정이 하위계층에게 독립적, 자치적 행동을 허용치 않으려는 정책들과 결부되던 시기였다.

약간의 교육만 받은 영국의 하층민들 사이에서는 수평파(Levelers)[4], 퀘이커교(Quakers)[5], 디거파(Diggers)[6]의 이념이 지배체제에 대한 반발로서, 비주

---

4 영국 청교도혁명 때의 급진적인 당파. 소상인, 수공업자, 자영 농민들을 중심으로 하여 결성되었다. 릴번(Lilburne, J.)의 지도 아래 토지 분배, 신앙과 결사의 자유, 보통 선거 실시 등을 주장하였으나 크롬웰(Cromwell, O.)에게 탄압당하여 쇠퇴하였다.

5 17세기 중반 영국과 식민지 아메리카에서 일어난 그리스도교 집단. 이들은 신조, 성직자, 또는 기성교회가 지니고 있는 그 밖의 다른 형식 없이도 하나님을 직접 내적으로 깨달을 수 있다고 주장했다. 이들은 집회를 가질 때 '내면의 빛' 또는 '모든 사람 안에 있는 신성'을 조용히 기다리는 순서를 가지며, 특히 사회 개혁에 많은 노력을 기울인다. 창시자 조지 폭스는 청년시절 그리스도교도들의 위선에 환멸을 느끼고 여러 해 동안 영적인 도움을 찾아 이 집단에서 저 집단으로 옮겨 다녔다고 한다. 폭스가 메시지를 전할 때 주로 강조한 것은, 첫째, 그리스도가 직접 가르치고 인도한다는 것, 둘째, 특별한 건물이나 안수 받은 성직자가 필요 없다는 것, 셋째, 그리스도의 가르침을 생활 전체에 적용해야 한다는 것이다. 초기 퀘이커교도들은 어떤 종류의 의식이나 사전 준비 없이, 또한 설교자를 정해놓지 않고 예배를 드렸다. 열정과 기대를 가지고 조용히 기다리고 있으면

류사회의 종교로서 계속 이어졌다. 영국의 산업화에 반발해 시위를 벌이다가 오스트레일리아로 추방된 정착민들은 '공동의 부'(富)라는 이상을 품고 가난한 사람들에게 우선적으로 토지를 분배해야 한다고 주장하며 스스로를 '디거파'라 불렀다. 잉글랜드 국교회(The Church of England)[7]의 궁정파(강력한 왕권 강조) 혹은 지방파(개인의 자유와 토론 중시) 사이에는 뉴턴주의 신학에 대한 반발이 역사가들의 평가보다 더 광범위하게 퍼져 있었다.

마치 합리적 신앙에 반발이라도 하듯이 이성의 시대에 오히려 열렬한 경건주의적 운동들이 성행했다. 독일의 종교 지도자 친첸도르프(Graf von Zinzendorf, 1700-1760)는 신앙이 생각이나 머리가 아닌 가슴에 있다고 주장했다. 그에게 신은 논리적으로 증명되는 객관적 사실이 아니라 마음속에 현존했다. 전통적 교리들은 순전히 관념적인 진리가 아니었다. 일상생활 속에 실제로 표현되지 않는 교리는 죽은 교리였다. 그는 학자들이란 삼위일체의 신비에 대해 입으로만 떠들며 즐기지만 교리는 영성수련을 통해서만 의미를 가진다고 말했다. 그리고 성육신은 오래전에 일어난 역사적 사실이 아니라 개개인의 거듭남을 표현한 것이라고 주장했다.

이러한 '가슴의 종교'를 주장한 경건주의자들이라 하여 이성 자체에 저항한 것은 아니었다. 그들은 신앙을 한낱 지적인 확신으로 축소하는 것을 거부했을 뿐이다. 존 웨슬리(John Wesley, 1703-1791)는 계몽주의에 매료되어 영성에 과학적이고 체계적인 방법을 적용하고자 했다. 그가 창시한 감리교의

하나님이 예배자들 가운데 하나를 설교자로 삼을 것이라고 믿었다.

6 1649-50년 영국에서 토지의 균등 분배를 주장한 집단.

7 2세기 영국의 그리스도교에 역사적 근거를 가지고 있으며, 16세기 종교개혁 뒤 생긴 성공회의 모체가 되는 교회이다. 종교개혁 신앙의 근본주의를 바탕으로 하면서도 중세의 영국교회와 앵글로색슨의 전통을 계승했기 때문에 교회행정·전례·관습에서 중세 로마가톨릭교회의 전통적 틀을 귀중히 여기며 보존하고 있다.

신도들은 기도, 성서 공부, 단식, 선행의 엄격한 방법에 따라야만 했다. 그러나 그는 종교가 머릿속의 교리가 아니라 '가슴속의 빛'이라고 주장했다. 우리의 종교가 중시하는 것은 그 어떤 견해의 옳고 그름도 아니라고 했다. 정통성 혹은 옳은 견해란 그것이 행여 종교의 한 부분이 될 수 있다 해도 아주 사소한 부분을 차지할 뿐이었다. 기독교의 합리적 증거를 찾을 수 없다면 그것은 감춰진 축복이었다. 그러면 사람들이 어쩔 수 없이 자기 내면을 들여다보고 가슴속의 빛을 찾아낼 수 있었기 때문이다.

경건주의는 많은 부분 계몽주의의 이상을 공유했다. 외부의 권위를 불신했고, 근대의 편에서 낡은 것에 맞섰고, 자유를 강조했고, 진보의 가능성에 들떠 있었다. 그러나 신앙의 합리화를 위해 종교의 오래된 양식까지 포기하지는 않았다. 그러나 아무리 가슴의 종교라 하더라도 수련이 없으면 일종의 감상주의나 하나의 히스테리로 쉽게 전락할 수 있었다. 이러한 점에 대해서 에크하르트는 감정 상태와 신의 현존을 혼동하는 독실함에 대해 우려하기도 했다.

진리에 도달하는 방법이 오직 하나뿐이라는 생각에 이의를 제기한 사람들도 있었다. 나폴리대학의 수사학 교수였던 잠바티스타 비코(Giambattista Vico, 1668-1744)는 역사적 방법은 과학적 방법만큼 믿을 만하지만 둘은 서로 다른 지적 기반에 의존한다고 주장했다. 수사학 연구는 말하는 사람이 누구인지 아는 것과 담화의 맥락을 이해하는 것이 그 내용을 숙지하는 것만큼 중요하다는 것이었다.

새로운 과학에서 대단히 중요한 역할을 했던 수학은 모든 학문에 적용되는 명석판명한 결과를 산출한다고 여겼지만, 비코는 수학이 본질적으로 인간이 고안하고 통제해온 게임일 뿐이라고 주장했다. 수학적 방법을 우주론처럼 인간의 지성과 무관한 문제에 적용한다면 똑같이 적용될 리가 없었던 것이다. 자연은 인간과 무관하게 작동하므로 그런 자연을 인간이 만든 어떤 것과 유사하게 이해할 수는 없었다. 그러나 문명은 인간이 만든 것이기에 역사를 그런 식으로 이해하는 것은 가능했다. 그렇다면 왜 근대 철학자들은 신이 만들었기에 오직 신만이 알 수 있는 자연세계를 연구하는 데 온 힘을 쏟아부은 것인가?

비코는 역사가는 논리적, 연역적 사고 대신 상상력을 사용해서 감정이입적으로 과거에 접근해야 한다고 지적했다. 역사가가 과거를 연구할 때는 먼저 내면으로 눈을 돌려서 자기 자신의 발전 단계를 재구성해본 다음 어느 특정한 문화의 진화 단계를 그러한 공감대 위에서 재구성해야 한다. 역사가는 이 같은 내성(內省)의 과정을 통해 각 문명의 고유한 특성을 제대로 인식하게 해주는 내적, 통합적 원리를 파악할 수 있었다. 진리는 절대적인 것이 아니었다. 어떤 문화에서는 진리인 것이 다른 문화에서는 진리가 아닐 수 있고, 어떤 민족에게 통하는 상징이 다른 민족에게는 통하지 않을 수도 있었다.

그리고 비코가 볼 때 과학적 방법은 사물에는 멋지게 적용되지만 사람이나 예술에 적용될 때는 설득력이 떨어지는 것이었다. 그리고 종교를 평가하기에도 부적합했다. 종교는 그 종교를 행하는 복잡한 인간 존재와 불가분의 관계로, 예술과 마찬가지로 상상과 공감을 바탕으로 하는 인식 능력을 기르는 것이기 때문이다. 과학자는 이론부터 만든 다음 실험을 통해 그 이론을 증명하려 하지만 종교는 실제 경험을 통해 통찰을 얻는 것이다. 과학이 사실과 관련된다면 종교적 진리는 상징적이며 그 상징들은 맥락에 따라 달라지는 것이었다. 사회가 변함에 따라 변화하는 종교적 진리를 이해하려면 그 변화의 이유를 이해해야 했다. 종교도 예술처럼 사람들을 변화시켰다. 과학자는 연구 대상과 거리를 유지해야 했지만 종교인은 자기 신앙의 상징들과 접하면서 변화해야 했다.

프랑스 철학자이자 교육사상가인 장자크 루소(Jean-Jacques Rousseau, 1712-1778)[8]는 계몽주의가 점차 강화되면서 비코와 여러모로 비슷한 결론에 도달했다. 그는 우선 계몽사상가들의 낙관적 진보관에 동의하지 않았다. 그는 과학이 오히려 분열을 초래한다고 생각했다. 과학혁명에 동참하는 일부의 사람과 그렇지 못한 사람들이 서로 다른 지적 세계에 살고 있다는 것이었다.

루소는 지식이 머리의 문제가 되어버렸다면 이제는 '가슴'에 귀 기울려야 한다고 주장했다. 루소에게 가슴은 단순한 감정이 아니라, 그것은 의식적인 말과 생각에 앞서는 본능적 충동에 언제든 귀 기울일 줄 아는 말없는 기다림이었다. 루소에 의하면 감정을 억누르고 다루기 힘든 삶의 요소들을 통제하려는 철학자들의 공격적인 이성을 바로잡기 위해 사람들은 이성의 소리에만 귀 기울이지 말고 희미한 자연의 소리도 들을 줄 알아야 한다는 것이다.

루소는 소설『에밀』(Emile ou de l'education, 1762)을 통해 어떻게 한 개인이 그런 식으로 교육받을 수 있는지 보여주었다. 이 교육프로그램은 자기 비움이 얼마나 중요한지를 잘 말해준다. 이기심은 영혼을 자기 안에 가두고 이성적 능력을 오만함으로 타락시킨다. 따라서 어린이는 이성의 시기에 이르기 전에 타인 위에 군림하지 않도록 교육받아야 한다고 강조했다. 공감의 미덕을 길러주는 그러한 교육은 순전히 이론적인 것이 아니라 규율에 따르는 행동을 통해 이루어져야 했다. 이러한 훈련을 통하여 개인의 이성적 능력은 이기심으로 왜곡되지 않고 제대로 발달할 수 있게 된다. 소설의 주인공 '에밀'은

---

8 프랑스의 계몽사상가이며 스위스 제네바에서 태어났다. 이성보다 감성의 우위를 주장하였고, '인간은 태어날 때는 좋은 성질을 가지고 있는데, 문명이 그것을 나쁘게 만든다'고 하여 '자연으로 돌아가라'고 외쳤다. 또한 저서『에밀』(Emile ou de l'education)에서 문명으로 더럽혀진 인간과 사회를 구제하는 유일한 방법은 자연 교육, 자유 교육, 개성 교육이라고 주장하였다. 그의 이러한 사상은 근대 사회 개혁을 이룩하는 바탕이 되었다. 저서에『사회 계약론』(Du Contrat social, 1762),『인간 불평등 기원론』(Discours sur l'origine et les fondements de l'Inegalite parmi les hommes, 1755) 등이 있다.

지혜를 대변하는 인물 '소피'에 대한 집착을 포기할 각오가 되었을 때 비로소 그녀로부터 결혼 승낙을 받아낼 수 있었다. 즉 모든 것을 잃어도 좋다는 비움의 상태가 되자 그녀를 얻을 수 있었던 것이다.

루소는 사실 기독교를 좋아하지 않았다고 한다. 그는 기독교의 신이 인간 욕망의 투사로 변질했다고 느꼈기 때문이다. 그가 추구한 신은 낡은 교리들을 초월하여 웅장한 우주에 대한 겸허한 사색과 비움 그리고 공감을 통해 발견되는 그런 신이었다. 이러한 루소의 신관은 글쓴이가 줄곧 본 책을 통하여 추구하는 신의 참모습이기도 하다. 어쨌든 루소는 프랑스 계몽주의를 좀 더 급진적, 정치적으로 만들어줄 혁명적 열정에 불을 지폈다.

3. 종교에 대한 상반된 인식

프랑스혁명은 반종교적인 성격이 짙었으나 미국의 독립전쟁(1775-1783)은 그렇지 않았다. 조지 워싱턴(George Washington, 1732-1799), 존 애덤스(John Adams, 1725-1826), 토마스 제퍼슨(Thomas Jefferson, 1743-1826), 벤저민 프랭클린(Benjamin Franklin, 1706-1790) 등 독립의 지도자들이 경험한 독립혁명은 제국 세력과의 세속적, 실용적 투쟁이었다. 제퍼슨이 원안을 작성한 『독립선언문』(Declaration of Independence, 1776)은 로크의 인권 개념에 기초하고 자연신의 이름으로 자치, 독립, 평등이라는 근대의 이상에 호소하는 계몽적이고 근대적인 문서였다.

그러나 대다수 식민지 주민들은 지도자들의 이신론을 이해하지 못한 채 자신들을 투쟁에 동참시킨 혁명적 칼뱅주의를 발전시켰다. 자신들의 지도자들이 '자유'를 말할 때 그들은 바울이 말한 하나님의 아들들의 자유를 떠올리거나 영국국교회의 압제에 맞섰던 청교도 선조들의 영웅적 투쟁을 상기했다. 혁명의 결과로서 예수가 곧 미국에 하나님의 나라를 세울 것이라고 믿는 사람들도 있었다.

이런 식의 기독교 이념은 미국 정착이 전 인류를 계몽시키려는 신의 계획 중 일부라는 애덤스의 믿음과 우리에게는 세상을 다시 시작할 능력이 있다는 토머스 페인(Thomas Paine, 1737-1809)의 확신이 칼뱅주의식으로 표현된 것이었다. 미국인들은 유럽인들과는 달리 종교를 억압으로 여기지 않았다. 그들에게 종교는 근대를 창의적으로 맞이하게 해주고 그들 나름의 방식으로 계몽주의 이상을 추구하게 해주는 큰 힘이었다. 즉 미국에서 종교의 역할은 '독립의 힘'이었으며 '해방의 힘'이었다.

그러나 프랑스에서 종교는 '없애버려야 할 대상'이었다. 즉 앙시앵 레짐(ancien régime, 프랑스혁명 전의 구제도)[9]의 일부일 뿐이었다. 아예 신의 존재를 부정하는 무신론까지 싹트고 있었다.

아주 모범적인 사제였던 장 멜리에(Jean Meslier, 1664-1729)는 1729년 비록 변변찮았지만 자신의 전 재산을 교구민들에게 남기고 지긋지긋한 삶을 마감했다. 교구민들은 그가 남긴 원고들 속에서 '기독교는 거짓이다'라고 선언한 유언을 발견했다. 사제로서 생전에는 감히 내놓고 그런 말을 할 수 없었지만 죽음을 앞둔 그는 두려울 것이 없었다. 그에게 종교는 대중을 억압하기 위한 술책일 뿐이었다. 복음서들은 내적 모순으로 가득 차 있고 부도덕했다. 계시의 증거로 여겨지는 기적, 환영, 예언들은 믿을 수 없고 교회의 교리들은 한마디로 터무니없는 것들이었다. 데카르트와 뉴턴의 증거들도 마찬가지였

---

9 1789년의 프랑스혁명 때 타도의 대상이 되었던 정치, 경제, 사회의 구체제. 16세기 초부터 시작된 절대왕정 시대의 체제를 가리키나 넓은 의미로는 근대 사회 성립 이전의 사회나 제도를 이르기도 한다.

다. 물질은 역동적으로 그 자체의 탄력으로 움직이기에 신은 필요치 않았다. 물질의 존재 여부는 오직 그 자체에 달려있었다. 이러한 내용을 담고 있는 멜리에의 유언은 훗날 본격적으로 전개된 수많은 무신론적 비평의 싹을 품고 있었다.

멜리에의 영향이었을까? 철학자이면서 소설가로도 명성이 높았던 드니 디드로(Denis Diderot, 1713-1784)는 무신론적 글을 쓴 죄로 감옥에 갇혔다. 젊은 시절 그는 예수회 수사가 되려고 했을 만큼 매우 종교적 삶을 살았다. 그러나 젊은 날의 열정이 시들면서 계몽사상들과 운명을 함께하기로 하고 생물학, 생리학, 의학 등을 공부했다. 이때까지만 해도 그는 종교를 포기하지는 않았다. 그는 여느 이신론자들처럼 데카르트와 뉴턴에게서 무신론을 배격할 합리적 증거를 구했으며 미세한 자연 속에서 신이 존재한다는 증거를 찾으려 했다. 하지만 온전한 확신에 이르지는 못했다. 아무리 소중한 신념이라도 철저히 비판적으로 검토되어야 한다고 믿었던 디드로는 그러한 부류의 강연에 참석하면서 충격적인 새로운 사실을 알게 되었다.

1741년 스위스의 동물학자 에이브람 트렘블리(Abraham Trembley, 1710-1784)는 '히드라'(hydra, 히드로충류 히드라과에 속한 자포동물)가 둘로 잘리면 스스로 재생된다는 사실을 발견했다. 1745년 가톨릭 사제였던 존 터버빌 니덤(John Turberville Needham, 1713-1781)은 썩은 육즙에서 극미동물이 자연적으로 발생하는 것을 관찰했고 한 방울의 물속에도 극미한 유기체들이 하나의 세계를 이루고 있으며, 그러한 세계가 단 몇 분 사이에 탄생했다 소멸하는 것을 발견했다. 따라서 디드로는 우주 전체도 그 한 방울의 물처럼 창조주의 개입 없이 끊임없이 생성되고 스스로 재생된다고 생각했다.

디드로의 영향을 많이 받은 프랑스 철학자 올바크(baron d'Holbach, 1723-1789)는 유신론에 열렬히 반대하며 종교를 과학으로 대체하고자 했다.

그에게는 목적이니 고등한 진리니 위대한 설계니 하는 것은 없었다. 자연은 예로부터 신이 했다고 여겨진 모든 일들을 수행하며 스스로 생성되고 스스로 유지되었다고 주장했다. 즉 자연은 누군가의 작품이 아니라 언제나 스스로 존재해왔으며 그 품 안에서 모든 것이 살아 움직이게 한다고 하였다. 자연의 모든 작용은 자연 스스로 발휘하는 힘의 결과이며 자연이 만들고 보존하고 행하는 그 모든 원인의 결과라고 주장했다.

올바크에게 종교란 나약함과 두려움에서 생겨난 것이다. 사람들은 지식의 공백을 메우고자 신들을 만들어냈기에 종교적 믿음은 곧 지적인 부족함과 체념의 행위였다. 최초의 인간들이 자연의 힘을 의인화하면서 자신들의 이미지대로 신을 만들어냈고 결국 그런 작은 신들을 합쳐 자신들의 두려움과 욕망을 투사한 하나의 거대한 신을 탄생시켰다는 것이다. 그들의 신은 양립할 수 없는 속성들을 함께 지님으로써 신뢰할 수도 이해할 수도 없게 된 거대하게 부풀려진 인간일 뿐이었다. 신은 인간의 한계를 부정하는 이해할 수 없는 키마에라(khimaera)[10]와 같은 괴물이었다. 예컨대 신의 무한성은 그저 공간적인 한계가 없음을 의미하지만 그러한 존재는 상상도 할 수 없었다. 또 전능한 신의 선함과 인간이 겪는 고통이 어떻게 양립할 수 있단 말인가? 이처럼 일관성 없는 신학은 이성의 시대를 맞아 무너지지 않을 수 없었다.

신을 지키고자 노력했던 데카르트, 뉴턴, 클라크는 위장된 무신론자들일 뿐이었다. 예컨대 클라크는 물질이 스스로 존재할 수 없다고 보았지만 최근의 연구는 그가 틀렸음을 증명해주었다. 뉴턴의 경우에도 그의 지배자는 강력한 인간의 이미지를 본뜬 신격화된 폭군에 불과했다. 그들 모두 '자연보다 더 높은 곳을 볼 필요가 없음'을 깨달았다면 제대로 된 철학을 할 수 있었을

---

10 사자 머리에 염소 몸통과 뱀 꼬리가 달린 그리스 신화 속의 괴물.

것이다.

디드로의 도움으로 올바크가 출간한 『자연의 체계』(Système de la nature, 1770)는 신앙에 대한 공격을 부채질해온 '과학적 자연주의'의 바이블로 통한다. 이 책의 중심 생각은 자연적, 물질적 세계만이 유일한 실재라는 것이다. 자연은 스스로에게서 비롯되므로 외적인 원인이 필요하지 않는다. 신도 영혼도 사후세계도 없으며 인간이 아무리 목적의식을 가지고 창조적으로 살아간다 해도 세계 그 자체는 의미도 목적도 없었다. 세계는 그냥 세계 그 자체였다. 인간의 지성과 행동을 포함한 모든 실재를 이해하는 신뢰할 만한 수단은 오직 과학뿐이었다. 신의 존재를 입증하는 증거가 있을 리 없기에 교육받은 합리적인 개인이라면 전적으로 종교를 거부해야만 했다.

근대 과학에 지나치게 의존하던 교회들은 종교를 옹호해온 과학자들을 깎아내리는 이런 식의 공격에 취약할 수밖에 없었다. 프랑스 성직자회의는 대표 신학자인 베르지에(Bergier)에게 반박문을 쓰게 했다. 그러나 그가 쓴 『유물관에 대한 검토』(Examen de materialisme, 1771)에서 과학자들이 물질이 죽은 것임을 증명했으며, 그 결과 "우리는 우주에 다른 본질을 가진 실체, 즉 제1원인이나 동자(動者)처럼 물질이 움직이는 원인을 제공하는 활동적 존재가 있다고 믿을 수밖에 없다"[11]라고 주장함으로써 과거의 덫에서 조금도 벗어나지 못하고 말았다. 베르지에가 의존한 유일한 근거는 뉴턴주의 종교뿐이었다. 그는 근대 이전의 전통적 신념이었던 '자연세계가 신에 관해 아무것도 말해주지 않을 수 있다'는 것을 전혀 인식하지 못하고 있었다.

---

11 Abbe N. S Bergier, *Examen de materialisme* (Cambridge University Press, 1971), 253.

4. 자연세계의 계획자 '신'

한편 계몽주의의 또 다른 조류가 계몽주의와 과학적 종교 양쪽을 침식해 들어가고 있었다. 일부 과학자와 철학자들은 인간의 정신을 탐구하기 시작했고 확실성에 이르는 인간의 지적 능력에 의구심을 갖는 비판적 인식론을 전개해 나갔다. 젊은 시절 열성적인 뉴턴주의자였던 물리학자 모페르튀이(Moreau de Maupertuis, 1698-1759)는 신의 존재를 증명하려는 시도에 대해 매우 회의적이었다. 그가 보기에 철학자, 성직자, 물리학자들은 우연히 생겨났을지도 모르는 '나비의 날개와 거미줄 하나하나' 속에서 신의 손길을 찾고 있었다. 그러나 앞으로 과학자들이 자연의 '설계'로 보이는 것에 대해 자연적인 설명을 쉽게 찾아 낼 수 있을 텐데, 그러면 과학이론에 의존하는 신앙은 어떻게 되겠느냐고 크게 우려했다.

또 다른 물리학자 달랑베르(Jean Le Rond d'Alembert, 1717-1783)는 우주에 대한 우리의 지식이 부족하므로 자연으로부터 신의 존재를 추론하는 것은 무의미하다고 주장했다. 우리는 애정 어린 창조주라기보다는 무책임하고 제멋대로라고 말해주는 자연의 증거가 무궁무진했다. 수학자 콩도르세(Marquis de Condorcet, 1743-1794)는 과학자들이 심리연구에 집중할 필요가 있다고 주장했다. 그러면 자신이 관찰했다고 생각하는 자연의 법칙들을 이해할 수 없음을 깨닫게 되고 현재 유행하는 자연신학도 시간낭비임을 알게 된다는 것이다.

영국의 철학자 데이비드 흄(David Hume, 1711-1776)은 좀 더 파격적인 주장을 한다. 데카르트의 확실한 개념이라는 문제를 놓고, 그는 우리의 마음은 무질서한 감각 자료들에 대해 우리 마음만의 질서를 부여하기 때문에 결코 객관적 지식과 절대적 확실성에 이를 수 없다고 주장했다. 즉 우리의 모든 지식은 심리적으로 형성되고 결정되기에 주관적일 수밖에 없었다는 것이었다. 형이상학이라는 것도 순전히 공상일 뿐이며 이른바 자연법칙들도 인간의 편견이 반영된 것에 불과하다고 보았다. 따라서 그에게는 신이 존재한다는 증거들도 회의적으로 검토되어야만 했다. 관찰과 실험을 토대로 하는 과학은 신에 대한 아무런 정보도 줄 수 없었다.

그런데 흄의 이러한 주장은 또 다른 문제를 품고 있었다. 그의 주장은 과학과 종교의 근본적인 전제들까지 훼손함으로써 이제 사람들의 사고에 필수적인 과학 분야 전체를 부정하는 것처럼 보였던 것이다. 사실 흄은 당시에 아주 골치 아픈 괴짜로 무시당하기도 했다. 그리고 그의 철학적 업적, 즉 인간의 정서와 감정을 강조하여 후대에 '정서주의'의 기초를 닦았음에도 불구하고 일평생 제자도 거의 없었다고 한다.

그럼에도 불구하고 30년쯤 뒤에 독일 철학자 임마누엘 칸트(Immanuel Kant, 1724-1804)에게는 큰 영향을 미쳤다. 칸트는 흄의 저작을 읽고 독단의 잠에서 깨어날 수 있었다고 고백한다. 그는 『순수이성비판』(Kritik der reinen Vernunft, 1781)에서 자연세계에 대한 이해가 우리의 정신구조에 크게 좌우되며 우리의 감각이 미치지 않는 곳에 있는 신의 실재에 관해서는 아무것도 알 수 없다는 데 동의했다. 우리에게는 믿을 만한 검증 수단이 없기에 신이 존재하는지 아닌지 증명할 길이 없다는 것이다. 칸트는 계몽주의를 사람들을 해방시키는 운동으로 여겼지만, 사실상 그의 철학은 사람들을 각자의 주관적 사고 과정 속에 가두는 것이었다. 그러나 칸트는 인간이 자기 정신의 한계를 초월하는 관념들을 갖는 것은 자연스러운 일로 여겼다. 그는 오직 신앙의 여지를 위해 독단적 신조를 버렸다고 고백하기도 했다. 하지만 그도 신앙을 가능하게 하는 종교의 의례와 상징에는 별로 관심이 없었다고 한다.

칸트의 추종자였던 당대 최고의 물리학자 피에르 시몽 라플라스(Pierre-

Simon Laplace, 1749-1827)도 인간 이성을 겸허하게 평가했다. 과학적 문제를 논할 때 그는 신을 아예 언급하지 않았다. 종교에 적대적이어서가 아니라 신이 물리학과 무관하다고 여겼기 때문이다. 신앙에 대한 이러한 무관심은 당시 과학자의 입장에서는 새로운 시도였다. 근대 초기의 선구적 과학자들(코페르니쿠스, 케플러, 갈릴레오, 데카르트, 뉴턴)은 하나같이 신앙에 깊이 사로잡혀 있었고 신이 과학에 필수적이라고 여겼다. 그러나 라플라스는 『세계의 체계에 대한 해설』(Exposition du système du monde, 1796)의 개정판 주석에서 태양을 둘러싼 가스 구름이 응축되어 행성들을 이룸으로써 태양계가 탄생했고, 이러한 과정은 역학법칙에 의해 이루어졌다는 가설을 제시했다. 마침 라플라스를 방문했던 나폴레옹이 우주의 신비와 경이로움에 도취되어 "이 모든 것을 누가 만들었단 말인가?"라고 외치자, 라플라스가 "그런 가설은 필요 없습니다"라고 조용히 그러나 아주 단호하게 답했다고 한다.

이 상징적인 순간의 함의를 제대로 이해하는 사람은 거의 없었다. 나폴레옹이 라플라스를 방문하던 바로 그 해 영국국교회의 부주교인 윌리엄 페일리(William Paley, 1743-1805)는 『자연신학』(Natural Theology, 1802)이란 책을 펴냈는데 출판 즉시 영어권에서 인정받고 폭넓게 읽혀졌다.

페일리는 한 세기 전의 레시우스처럼 우주의 설계가 신의 존재에 대한 반박할 수 없는 증거라는 주장했다. 복잡한 구조의 시계장치가 시계 제작자의 존재를 말해주듯이 정교하게 조화를 이룬 자연도 필연적으로 창조주의 존재를 말해준다는 것이었다. 미친 사람이 아니고서는 시계가 우연히 생겨났다고 말할 수 없듯이 세부적으로 고유의 목적을 지닌 자연세계의 경이로움이 어찌 신의 계획이 아니겠는가라고 강조했다. 이는 페일리가 단순히 우주가 기계 같다고 말한 것이 아니라 우주는 창조주가 직접 고안한 기계장치나 다름 없다는 것이다. 창세기에서 신은 모든 동식물들을 현재 형태 그대로 창조했다고 묘사하고 있는 것과 다를 바 없었다. 이러한 『자연신학』은 19세기 내내 케임브리지 대학생들의 필독서였고, 영국과 미국의 선도적인 과학자들에게 는 일종의 규범으로까지 받아들여졌다.

5. 낭만주의운동: 뉴턴의 신에 맞서다

그렇다고 하여 『자연신학』이 모든 사람을 만족시킨 것은 아니었다. 이미 계몽적 합리주의에 대한 반발로 '낭만주의운동'[12]이 일어나고 있었다. 영국의 시인이자 신비주의자였던 윌리엄 블레이크(William Blake, 1757-1827)[13]는 인간이 이성의 시대를 거치면서 상처받았다고 여겼다. 종교조차도 인간을 자연과 자기 자신으로부터 소외시키는 과학의 편이라고 생각했다. 특히 뉴턴주의 과학은 지배 체제에 의해 하층민을 억압하는 사회계급을 유지하는 데 이용되었다고 강조했다.

블레이크는 그의 시를 통해 뉴턴은 억압, 공격적 자본주의, 산업화, 근대 국가의 착취를 상징하는 것으로 묘사하고 있다. 산업 시대의 진정한 예언자는 과학자가 아니라 바로 시인이었다. 모든 현실을 지배하고 통제하려 했던 과학의 시대에 잃어버렸던 가치를 인간에게 되찾아줄 수 있는 것은 오직 시

---

12 이성에 반대한 문화 전반적인 운동. 합리주의, 유물주의, 실용주의, 계몽주의에 반대해서 일어난 운동이고, 후에 일어나는 인상주의와 다다이즘, 초현실주의, 그리고 요즘 인기 있는 개념주의와도 반대되는 운동이다. 낭만주의 인간 경험의 모든 단면들을 포용하고 그 위대함을 강조했다. 광활한 자연 앞에 선 인간이 자신의 무상함과 도덕상의 진면목을 깨닫게 되는 경험은 낭만주의자들의 주된 소재였다.

13 서유럽 문화전통에서 매우 독창적·독자적인 작품 『순수의 노래』(Songs of Innocence, 1789)·『경험의 노래』(Songs of Experience, 1794)를 필두로 삽화를 그려 넣은 일련의 서정시와 서사시를 남겼다. 오늘날에는 최초이자 가장 위대한 낭만주의 시인 가운데 한 사람으로 꼽힌다.

인뿐이었다. 계몽주의는 세계와 동떨어진 머나먼 바다와 하늘에 존재하는 호랑이처럼 무서운 대칭의 신을 만들어냈다. 그런 뉴턴의 신은 비움의 과정을 통하여 다시 지상에 돌아온 예수의 모습으로 상징적인 죽음을 맞이한 뒤 인간과 하나가 되어야 했다.

개혁적 성향의 시인이었던 퍼시 셸리(Percy Shelley, 1792-1822)는 산문집 『무신론의 필연성』(Necessity of Atheism, 1811)에서 신이 물질세계의 필연적 결과가 아니라고 주장하였다가 옥스퍼드대학에서 쫓겨났다. 하지만 그가 모든 신성을 없애려고 한 것은 아니었다. 그는 자연의 일부이며 자연의 모든 형태에 내재하는 보이지 않는 힘, 즉 '영'(spirit)에 대한 감각이 남달랐다. 자연은 실험하고 처리하고 지배해야 할 대상이 아니라 계시의 원천으로서 경외심을 가지고 접근해야 할 대상이었다. 물질세계는 죽어 있지 않고 우리를 가르치고 이끌어주는 영적인 힘으로 가득 차 있었다.

동시대의 시인 윌리엄 워즈워스(William Wordsworth, 1770-1850)는 어린 시절부터 자연의 '영'을 의식하며 살았다고 한다. 그것은 자연과학자나 자연신학자들의 신과는 전혀 달랐기에 그는 그것을 '신'이라 부르지 않았다. 그것은 고양된 생각의 기쁨으로 내 마음을 뒤흔드는 존재이며 한층 더 깊이 스며들어 있는 무언가의 숭고한 느낌이라고 말했다. 언제나 언어의 정확한 표현에 신경 썼던 그였지만 정확한 정의 대신 '무언가'라는 말로써 그 존재를 지칭했다. 그는 그 어떤 익숙한 범주에도 들어맞지 않는 그것에 이름 붙이기를 거부한 듯하다. 『도덕경』(道德經) 1장에서 "도를 말로 표현하면 말로 된 도는 도 그 자체가 아니다"(道可道 非常道)라고 한 대목과 상통한다. 그 무언가는 자연으로부터 물러난 과학자들의 무미건조한 신과는 거의 닮지 않았고 고대인들의 동식물, 바위, 나무, 그리고 자기 안에서 체험했던 존재의 내재적 힘을 강하게 연상시킨다.

낭만주의 시인들은 과학의 시대에 침잠해 있던 영성을 되살려냈다. 그들은 자연에 다른 방식으로 접근함으로써 자연의 신비에 대한 감각을 되찾았다. 특히 워즈워스는 엄격한 분석으로 진실을 해체하는 간섭하는 지성을 경계했다. 그는 과학자나 합리주의자처럼 자연을 지배하려드는 대신 '현명한 수동성'과 '바라보고 받아들이는 마음'을 가지려 노력했다. 부단히 노력한 결과 그는 요가 수련자나 신비주의자들과 다르지 않은 통찰을 회복할 수 있었다고 한다. 그의 표현에 의하면 '신비의 무게, 이해할 수 없는 이 세상의 무겁고도 지친 무게가 가벼워지는 축복받은 기분'을 느꼈다는 것이다. 이게 바로 그가 말하는 통찰이었다.

워즈워스와 동시대인이었던 존 키츠(John Keats, 1795-1821)는 '부정의 능력'(negative capability)이라는 용어를 사용해서 시적 통찰에 필수적인 초월적 태도를 설명했다. 그가 말한 부정적 능력은 사실과 이성에 연연하지 않고 불확실성, 신비, 의심 속에 머물 수 있을 때 생기는 것이었다. 그는 이성으로 세상을 통제하려 하지 않고 '모름'의 어둠속으로 들어가고자 했다. 그 어떤 주장과 견해도 품지 않고 위대한 어둠가운데서 빛의 입자들에 의지해 닥치는 대로 글을 쓴다고 했다. 자신에게는 자아조차도 없기에 어떠한 견해도 없노라고 주장했다. 그는 시인이란 아무런 정체성도 없기에 가장 비시적(非詩的)인 존재라고 생각했다. 진정한 시는 독자들에게 자기중심적 숭고함을 강요하지 않아야 하는 것이었다.

대체로 계몽사상가들은 상상력을 경계했지만 키츠는 상상력을 세상에 새로운 진리를 가져다주는 신성한 능력으로 여겼다. 그래서 그는 마음에서 우러나는 사랑의 성스러움과 상상력의 진실 외에는 아무것도 확신할 수 없다고 주장했다. 그것이 실제로 존재하건 아니건 상상력이 아름답다고 포착한 것은 진실임에 분명하다고 말한다. 왜냐하면 사랑과 마찬가지로 우리의 모든 열정은 본질적인 아름다움을 만들어내기 때문이란다.

시인으로 분류되지는 않지만 낭만주의운동에 크게 영향을 받은 독일 신학자 프리드리히 슐라이어마허(Friedrich Schleiermacher, 1768-1834) 역시 뉴턴주의 종교에서 멀어진 인물이었다. 그는 『종교론』(Über die Religion, 1799)에서 종교적 탐구는 우주의 분석에서 출발할 것이 아니라 우리 마음 깊은 곳에서 출발해야 한다고 주장했다. 그래야지 종교가 인간을 소외시키지 않고 인간에게 고귀하고 가장 소중한 것과 얽혀있게 된다고 생각했다.

그는 신을 인간의 행동과 사고의 바탕인 인간 본성의 깊은 곳에서 찾으려 했다. 그리고 종교의 본질이 인간의 경험에 있어서 근본적인 절대 의존의 감정에 있다고 믿었다. 이 감정은 저 멀리 외부화된 신을 향한 비굴한 복종을 말하는 것이 아니었다. 우리 인간들은 삶의 결정적인 측면들(유전적인 요소들)을 전혀 제어할 수 없기에 삶을 주어진 것, 즉 우리가 받아들인 무엇으로 경험했다. 이러한 의존은 단지 신이 심어준 것이 아니었다. 그러한 의존이 바로 우리 존재의 근원인 신이었다.

슐라이어마허와 동시대의 독일 철학자 게오르크 헤겔(Georg Wilhelm Friedrich Hegel, 1770-1831)은 객관적 지식이라는 계몽주의적 이상에 여전히 헌신했지만 외부화된 신이 그 고립된 지위를 잃고 속세의 현실 속에 흡수되어야 한다는 블레이크의 생각에 동의했다. 그리고 인간은 합리적 이해를 초월하는 생각과 열망을 지녔으며 예로부터 그것을 종교의 영감으로 표현했다. 그러나 이제는 그것을 철학적으로 표현할 수 있다고 생각했다. 헤겔은 『정신현상학』(Phänomenologie des Geistes, 1807)에서 자신이 '정신'(Geist)이라 부른 궁극적 실재가 어느 한 존재가 아니라 '본질적인 세계 내적 존재'라고 주장했다. 즉 그것은 '존재' 그 자체였다.

헤겔은 유대교 신비주의 카발라를 상기시키는 철학적 비전을 전개했다.

신을 이 세계 밖에 있는 것, 우리의 경험에 새로 추가되는 것으로 생각한다면 잘못이었다. '정신'은 자연 및 인간세계와 불가분하게 얽혀있고 유한한 존재를 통해서만 실현될 수 있었다. 이것이 바로 기독교 성육신 교리의 바른 의미라고 생각했다. 바꾸어 말해서 인간은 분리되고 외부화된 신이라는 개념을 부정할 때 비로소 자기 본성에 내재한 신성을 발견할 수 있다는 것이다. 보편적 '정신'은 인간의 마음속에서 가장 완벽하게 실현되기 때문이다.

헤겔의 비전은 낙관적이고 진취적인 근대정신의 표현이었다. 과거로의 퇴행은 있을 수 없었다. 인간은 한때 신성시되고 반박할 수 없었던 생각들을 부단히 떨쳐나가는 변증법적 과정 속에 있었다. 존재의 모든 상태는 그와 반대되는 상태를 불러오고, 양쪽이 충돌과 통합을 거쳐 새로운 합을 만들어낸 다음, 다시 처음부터 그 모든 과정이 시작된다는 것이었다. 세계는 이처럼 끊임없이 스스로를 재창조했다. 지식의 구조는 확고한 것이 아니라 궁극적, 절대적 진리가 전개되어가는 중간 단계들에 불과했다. 종교 역시 인간이 궁극적 실현을 향해 나아가는 동안 거쳐 가는 단계들 중 하나라고 생각했다. 이러한 헤겔의 변증법은 현재의 통설을 포기하라는 근대적 강요를 표현하고 있었다.

근대가 진행되면서 서구인들은 매혹적이면서도 당혹스러운 세계로 막 들어서고 있었다. 그들은 근본적인 변화에 발맞추기 위해 자신들의 종교, 교육 방법, 사회구조 모두를 변화시켜야만 했다. 철저히 변한 세상에 적응하기 위해 전통적인 태도마저 버릴 수밖에 없었다. 그러나 엄밀한 의미의 계몽주의가 끝나갈 무렵 일부 전통적인 태도들이 다시 고개를 들기 시작했다. 시인, 철학자, 신학자들은 사람들이 보다 수용적인 삶의 태도를 회복해야 한다고 역설했다. 그들은 자연 대 초자연이라는 근대의 이분법에 이의를 제기하고 내재하는 영(spirit)의 이미지로서 멀리 떨어져 있는 뉴턴주의의 신에 맞섰다. 또한 그들은 일정 부분 신비 개념도 부활시켰다. 흄과 칸트 등은 세상에 대한 반응에서 모름이 불가피한 부분임을 말해주었다. 그렇다고 하여 이성의 시대가 완전히 끝난 것은 아니었다.

 엄밀한 의미에서 계몽주의는 지적 엘리트 집단만의 것이었지만 이제 하나의 종교운동(복음주의운동)이 계몽주의의 기본 가정들을 주류에 편입시켜 서구적 세계관의 핵심으로 도약시키려 하였다.

제8장 ·· 복음주의와 무신론

1. 미국 복음주의운동

19세기 들어 미국에서는 한창 절정기를 맞고 있던 이신론에 대항하여 성전(聖戰)이 시작됐다. 수많은 목사들이 이에 동참한 결과 1830년대에 이르자 이신론은 변방으로 밀려나고 새로운 형태의 기독교가 미국 신앙의 중심이 되었다. 흔히 우리가 말하는 '복음주의'(Evangelicalism)가 바로 그것이다. 이 신앙의 목적은 새로 세운 나라를 복음서의 기쁜 소식(복음)으로 회심시키는 것이다.

복음주의자들은 이신론의 멀리 떨어진 신을 싫어했고 자연법칙에 의존하는 대신 성서의 권위와 예수에 대한 개인적 헌신에 의존하며 머리가 아닌 가슴의 종교로 되돌아가기를 원했다. 신앙은 박식한 철학자나 전문적인 과학자를 필요로 하지 않았으며 그저 마음으로 느끼는 확신과 도덕적인 삶의 문제였다.

복음주의운동은 주로 서부개척지에서 일어나기 시작했다. 서부개척지에 살던 약 40퍼센트에 달하는 미국인들은 자신들의 고난을 외면하는 귀족적인 공화정부에 무시당하는 기분을 느꼈다. 그리하려 새로운 설교에 귀 기울이고자 하는 개척지 주민들 사이에서 '제2차 대각성운동'(1800-1835)이 시작되었다. 이 운동은 1차[1] 때보다 좀 더 급진적이었다. 운동을 선도한 사람들의 이상은 헌법 제정자들의 이상과는 매우 달랐다. 교육 수준이 낮은 그들의 조악하고 대중영합적인 기독교는 애덤스, 프랭클린, 제퍼슨의 이신론과는 한참 거리가 멀었다. 그들은 언론의 자유, 민주주의, 평등 같은 근대적 이상들을 좀 더 평범한 사람들이 이해하고 받아들일 만한 표현으로 바꿔서 전달할 줄 알았다. 그들은 복음서의 급진적인 요소에 의존하여 '첫째가 꼴지가 되고 꼴지가 첫째가 되며', '하나님은 가난한 자와 못 배운 자의 편'이라고 주장했다.

예수와 그 제자들도 대학교육을 받지 않았으므로 사람들은 많이 배운 성직자들에게 휘둘리지 말아야 한다고 생각했다. 그들은 성서의 의미를 있는 그대로 이해할 만한 상식은 누구에게나 있다고 믿었다. 이들 선도자들은 대중적인 음악과 새로운 매체를 창의적으로 사용하면서 전국적인 대중운동으로 사람들을 결집시켰다. 그들은 헌법 제정자들처럼 위에서부터 아래로 근대성을 강요하지 않았고 이성적 지배체제에 맞서는 민중의 저항을 일궈냈다.

복음주의적 기독교를 통해 많은 미국인들은 이성의 시대를 대변하는 냉철한 에토스(성격)에서 멀어져 지금까지도 미국 문화를 특징짓는 대중 영합적 민주주의, 빈지성주의, 단호한 개인주의로 나아갔다. 목사들에 의해 횃불 행렬과 대규모 집회들이 열리고 '복음성가'라는 새로운 장르에 의해 황홀경에 빠진 신도들은 흐느끼고 환호성을 질러댔다. 이러한 집회를 통하여 착취당하고 권리를 박탈당했다고 느끼는 사람들은 자신들의 목소리를 지배층에게 전하는 수단으로 삼았다.

---

1 미국 각지에서 점화된 성령운동의 불꽃은 하나의 정점이 되었다. 그것은 성령에 의한 영적혁명이었다. 동부에서는 스토다드에 이어 에드워즈 목사, 중부에서는 프레린귀센으로부터 텐넨트, 조지 휫드필드 목사에 의해 완전히 개화한 이 움직임은 1730년 말에서부터 40년대 초반까지 절정의 시기를 맞았다. 이들로 주도되었던 영적 흐름을 '제1차 대각성운동'이라 부른다.

복음주의운동은 개척지 주민들 사이에서만 유행한 것은 아니었다. 경제적으로 발전해나가는 동북부 도시들의 기독교인들도 혁명을 통해 더 나은 세상을 가져다주지 못한 이신론적 지배체제에 환멸을 느끼고 있었다. 많은 종파들이 연방정부로부터 독립된 공간을 만들려고 안달이었다. 그들은 제약받지 않는 합리성의 위험을 보여준 프랑스혁명에 크게 동요되었고 그 두려움이 극에 달했을 때 프랑스혁명의 지지자 토머스 페인(Thomas Paine, 1737-1809)이 『이성의 시대』(The Age of Reason, 1794)를 출간하자 잔뜩 겁에 질렸다. 그들은 자신들의 민주사회가 폭도에 지배되는 위험을 피하려면 사람들이 더 경건해져야 한다고 생각했다.

선도적인 복음주의 목사였던 라이먼 비처(Lyman Beecher, 1775-1863)는 '진실로 자유로워지고 싶다면 도덕적이고 절제하며 제대로 가르침을 받아야 한다'고 주장했다. 예일대 총장이었던 티머시 드와이트(Timothy Dwight, 1752-1817)는 미국이 새로운 이스라엘이라고 주장하며, 확장되는 국경은 하나님 나라가 도래할 징조이므로 미국인들이 자신들의 소명에 걸맞게 더욱더 종교적으로 변해야 한다고 강변했다. 그가 볼 때 이신론은 신생국가가 불가피하게 겪는 실패들을 책임져야 할 악마 같은 적으로 여겨졌다. 이신론은 예수 그리스도에게 표해야 할 경의를 자연에 표함으로써 무신론과 물질주의를 촉진한다고 보았다.

복음주의자들은 계몽주의를 감정적으로 거부하는 것 같았지만 자연신학은 열렬히 받아들였다. 그들은 여전히 영국의 상식철학(common sense philosophy)[2]과 페일리의 설계논증(argument from design)[3]에 크게 의존했고

---

2 상식을 철학상의 원리로 주장한 것은 영국의 토머스 리드로 대표되는 스코틀랜드학파이다. 이 학파는 회의론에 귀착하는 철학자 D.흄의 경험론적 입장을 비판하고 상식철학을 주장하여 상식을 진리·도덕·종교의 근원이라고 보는 이론을 전개하였다.

3 페일리의 설계논증을 요약하면 이렇다. 시계 같이 어떤 기능(시각을 알리는 것)을 잘 행하도록 정

뉴턴의 신이 기독교에 필수적이라고 여겼다. 과학자들이 우주에서 찾아낸 자연법칙들은 신의 섭리적 배려를 똑똑히 증명해주었고 예수 그리스도의 믿음에 확고부동한 과학적 확실성을 보여주었다.

라이먼 비처(Lyman Beecher, 1775-1863)는 가슴의 종교를 부르짖는 동시에 복음주의 기독교가 대단히 합리적인 체제라고 주장했다. 프린스턴대학 총장이었던 제임스 매코시(James McCosh, 1811-1894)도 그와 비슷한 취지로 신학이 자연의 연구로부터 신의 특성과 의지의 발견으로 나아가는 과학이라고 주장했다. 그는 신도 다른 자연현상과 똑같은 방식으로 작동한다고 보았다. 근대 세계에 진리에 이르는 길은 오직 하나뿐이었기에 신학도 과학적 방법을 따르는 수밖에 없었다.

서부 개척지의 다소 거친 성향의 민주적 기독교를 1840년대 들어 도시 중산층들 사이로 가져왔다. 그 중심에 미국 종교의 중추적 인물인 찰스 피니(Charles Finney, 1792-1875)가 있었다. 피니는 과거의 선도자들처럼 거친 기술들을 사용해서 전문직 종사자들과 사업가들에게 기성 체제의 매개 없이 직접 그리스도를 체험하고, 스스로 생각하고, 탁상공론적인 신학자들에 저항하라고 촉구했다. 그에게 기독교는 절대적으로 합리적인 신앙이었다. 기독교의 신은 물리법칙들을 통해 작용하는 창조주이자 자연의 지배자였다. 모든 자연적 사건들은 신의 섭리를 드러내는 것이었다.

복음주의자들은 그때까지 소수의 전유물이던 자연신학을 주류에 편입시켰다. 그들은 여전히 신의 초월성을 주장하면서 역설적이게도 상식에 따

교한 구조로 만들어진 것이 '저절로' 생겼다고 보기는 힘들다. 누군가 지적인 존재가 만들었다고 보아야 한다. 동물의 눈은 시계보다 훨씬 더 정교하며 어떤 기능(보는 것)을 잘 행하도록 생겨먹었다. 따라서 눈이 '저절로' 생겼다고 보기는 힘들다. 누군가 지적인 존재가 만들었다고 보아야 한다. 인간보다 우월한 존재, 즉 '신'이 만들었다고 보는 것이 가장 합당하다. 이로써 신의 존재가 입증된다는 논리이다.

라 과학을 통해 신을 알 수 있다고 믿었다. 그들은 박식한 전문가들을 경계하면서 난해한 신학적 상상이 없는 종교를 원했다. 그들의 성서 해석은 전례 없는 '문자주의'[4]를 따랐다. 그것이 과거의 알레고리적 해석보다 더 합리적으로 보였기 때문이다. 그들에게 종교적 언어는 과학적 진술처럼 의미가 분명하고 알기 쉬워야 했다.

신앙의 근거를 뭔가 확실한 것에 두고자 했던 그들은 결국 계몽사상가들의 뒤를 따라 도덕성의 실천을 종교의 핵심으로 만들었다. 그들은 자신들과 도덕적 기준을 공유하고 선한 복음주의자처럼 행하는 합리화된 신을 원했다. 과거에는 사람들이 도덕적이고 자비로운 행동을 통해 초월성을 접했지만, 이제 사람들은 신이 인간과 똑같은 식으로 '선하다'고 선언하게 되었다. 신이 시장에서 성공하는 데 필요한 덕목들(절약, 금주, 자제, 근면, 절제)에 대한 열의까지도 공유하게 되었다. 이러한 신은 분명 우상화될 위험이 있었다.

하나님의 나라가 더욱 빨리 도래하기를 바라던 복음주의자들은 노예제에 반대하고 도시의 빈곤과 착취 문제에 관심을 쏟는가 하면 금주운동을 벌이고 형벌제도 개혁, 빈곤층 교육, 여성 해방을 위해서도 싸웠다. 그것은 인간 개개인의 가치, 평등주의, 인권의 이상을 강조하는 운동이었다. 이들 기독교 개혁집단들은 처음으로 자본주의의 효율성, 에너지, 관료적 기술을 비영리적인 목적에 활용함으로써 사람들에게 분명히 정의된 목표를 계획, 조직, 추구할 것을 가르쳤다. 또한 환경에 대한 지배를 가능하게 한 운송, 기계, 공중위생, 통신 기술 등의 발전이 도덕적 발전까지도 가져다줄 것이라 믿었다.

복음주의자들의 노력 덕분에 19세기 중반의 미국인들은 그 어느 때보다 종교적인 사람들이 되어 있었다. 종교인들의 숫자도 기하급수적으로 늘어났

---

[4] 성서를 문자 그대로 해석하는 것을 말하며, 성서에 기록된 문자 하나하나가 신의 영감으로 기록되었다고 믿는 것을 말한다.

다. 미국의 개신교는 사람들에게 기성 체제에 대항할 힘을 부여했고 이러한 경향은 지금까지도 이어져서 오늘날 미국의 대중운동은 어떤 식으로든 종교와 연관되어 있다. 19세기 중반 미국의 기독교는 계몽주의로부터 원하는 것을 취하고 과학에 근거한 확실성을 굳게 믿으며 근대 세계에 완벽하게 적응하고 있었다.

2. 새로운 유형의 무신론

미국에서 복음주의운동이 한창이던 시절 유럽에서는 새로운 유형의 무신론이 출현하고 있었다. 미국인들은 지성주의를 경계했고 프랑스혁명에 겁먹은 채 기독교를 통해 사회개혁을 촉진했지만 독일인들은 계몽주의의 지적 이상을 정의와 평등의 실천계획으로 바꿔낸 프랑스혁명에 고무되었다. 그러나 당시 독일의 사회정치적 상황으로는 혁명적인 활동은 불가능했고 프랑스혁명의 경험을 보면서 폭력과 공포에 기대기보다는 사람들의 사고방식을 바꾸는 편이 더 낫겠다고 생각했다. 이러한 분위기 속에서 1830년 독일의 대학에서는 반체제적인 지식인 그룹들이 생겨나기 시작했다.

이들 지식인들 중에는 신학에 조예가 깊은 사람들이 많았다. 독일에서 신학은 진보적이고 앞서가는 분야였다. 심지어 대학 졸업생 중 40퍼센트 정도가 신학학위를 취득했다고 한다. 결국 그들이 종교적 변화의 선봉에 섰다. 당시의 독일 학자들은 고전 문헌을 연구할 때 사용하던 근대적 역사비평 방법론을 성서에 적용하는 새로운 성서 해석방법을 개척했다. 그리하여 모세 5경이 모세가 쓴 것이 아니라 적어도 네 가지 서로 다른 자료로 이루어졌음을 발견했고 계시와 종교적 진리를 완전히 다른 방식으로 바라보기 시작했다. 또 다른 젊은 학자들은 슐라이어마허와 헤겔의 신봉자가 되어 반동적인 이데올로기와 제도들을 폐지함으로써 헤겔이 말한 변증법적 발전을 가속화하고자 했다. 그들은 특히 성직자들의 사회적 특권에 격분하며 루터교회(Lutheran Church)[5]를 보수주의의 보루로 여겼다.

유럽의 새로운 무신론은 이러한 근본적인 사회정치적 변화에 대한 갈구의 산물이었다. 타락한 구체제의 일부였던 교회는 그 체제를 떠받치는 신과 더불어 사라져야 했다. 헤겔의 제자였던 루트비히 포이어바흐(Ludwig Feuerbach, 1804-1972)가 아주 혁명적인 글 『그리스도교의 본질』(Das Wesen des Christentums, 1841)[6]을 펴냈다. 여기서 포이어바흐는 인간의 고유한 사유 대상은 어디까지나 인간이며 종교를 무한자에 대한 의식으로 축소해버렸다. 그에 의하면 종교는 의식의 무한성에 대한 의식에 지나지 않는다. 다시 말해 의식하는 주체는 무한자에 대한 의식 속에서 자신의 본성의 무한성을 대상으로 삼는다.

이러한 견해는 신이 인간의 내적 본성의 외적 투사일 뿐이라는 생각으로 귀결된다. 즉 신은 그저 인간의 억압적인 생각에 불과하다는 것이다. 사람들은 자기 자신의 반영에 불과한 상상의 존재에 자신의 인간적 특성들을 투사했다. 따라서 "신에 대한 인간의 믿음은 다름 아닌 자기 자신에 대한 믿음이

---

5 루터에 의해 시작된 성서 중심의 그리스도교 교파 가운데 하나. 복음주의 교파로서 프로테스탄트 교회의 주류를 이루고 있다. 가장 오래된 개신교의 분파이자 장자 교단이라 할 수 있으며, 그래서 전체적으로 봤을 때 예배의 전례적 특성이나 교회 제도 등은 가톨릭 쪽에 조금 가까운 편이다. 또한 가톨릭 신부들과 같이 목사들이 로만 칼라를 착용하며, 주교의 빵모자 등 가톨릭과 비슷한 제도가 많이 있다.

6 카를 마르크스에게 강한 영향을 끼친 이 책의 제1부는 '종교의 참된 본질 또는 인간학적 본질'을 분석하고 있다. 여기서 포이어바흐는 신의 면모를 '지성적 존재', '도덕적 존재 또는 율법', '사랑' 등으로 다루면서 이 면모들은 인간 본성에 내재한 여러 가지 욕구에 대응한다고 주장했다. 제2부에서는 '종교의 거짓 본질 또는 신학적 본질'을 분석하면서, 신이 인간으로부터 독립하여 존재한다는 생각은 바람직스럽지 못한 종교적 유물론의 요소인 계시와 성찬에 대한 믿음을 낳는다고 주장했다.

다. 인간은 신을 통해 다름 아닌 자기 자신을 추앙하고 사랑하는 것이다"[7]라고 강변했다. 그에게 "신이 인간성 외부에 있지 않다"는 헤겔의 말은 옳은 것이었다. 신의 속성으로 여겨지는 선함, 능력, 사랑은 곧 인간의 속성들이며 그냥 그 자체로 추앙받아야 했다.

신 앞에서 세계와 인간은 아무것도 아니라고 생각하는 신 개념은 기독교인들에게 자신감만 앗아갔다. 이제 사람들은 자기 자신이 바로 실재하는 '신'임을 깨닫고 신 개념에 근거한 어떠한 권위도 뻔한 이기심의 발로에 불과하다는 사실을 이해해야만 했다. 그는 자신이 무신론자라는 점은 부인하면서도 그리스도교의 신은 환상일 뿐이라고 주장했다.

1848년 프랑스에서 제2공화정이 선언되자 독일에서도 비슷한 성과를 이룰 수 있으리라는 희망이 번지면서 헌법통치에 대한 요구가 일었다. 이러한 동요가 나머지 유럽 지역에까지 퍼져 나가기를 희망하며 칼 마르크스(Karl Marx, 1818-1883)는 『공산당 선언』(*Manifest der Kommunistischen Partei*, 1848)을 출간했지만 일 년이 지나자 혁명운동은 실패로 돌아갔음이 분명해졌다. 신이 존재하지 않음을 당연시했던 마르크스는 자신의 무신론을 굳이 철학적으로 해명할 필요가 없었다. 그의 유일한 목표는 인간이 겪는 고통을 줄이는 것이었다. 중산층 유대인 가정에서 자란 마르크스는 베를린에서 헤겔과 함께 공부했지만 독일 대학에 자리를 잡지 못하고 파리에서 저널리스트로 일하다 정치활동으로 추방되어 런던에 정착했는데, 그곳에서 기념비적인 자본주의 분석서인 『자본론』(*Das Kapital*, 1894)을 썼다.

마르크스는 포이어바흐의 이론적 분석이 매우 타당하지만 그것만으로는 충분하지 않다고 여겼다. 이론의 시대는 지나갔다. 철학자들은 세상을 해석

---

[7] Ludwig Feuerbach, *The Essence of Christianity* (New York: General Books, 1957), 284.

만 해왔을 뿐 중요한 것은 세상을 바꾸는 일이라고 그는 단호히 주장했다. 열성적인 혁명가라면 헤겔의 변증법을 심사숙고하기보다는 그것을 실행에 옮겨야 했다. 자본주의 사회의 잠재된 모순들을 겉으로 드러냄으로써 그것을 극복할 세력의 출현을 가속화해야만 했다. 신이 인간적 요구의 투영임을 말할 필요도 없지만 그러한 요구는 사람들의 사고방식과 삶의 방식을 좌우하는 물질적, 사회적 요인들이 만들어내는 것이었다.

그래서 자본주의의 부당함이 만들어낸 신은 그저 위안을 주는 환상에 불과했다. 따라서 그는 "종교적 고통은 실제 고통의 표현인 동시에 실제 고통에 대한 항의다. 종교는 억압받는 존재의 한숨이며 심장 없는 세상의 심장이며 영혼 없는 상황의 영혼이다. 종교는 인민의 아편이다"[8]라고 주장했다. 인간이 더 이상 억압적인 체제에 의해 비천해지고 노예화되고 버려지고 경멸당하는 존재로 전락하지 않을 때 신이라는 개념은 소멸할 것이었다. 무신론은 추상적인 이론이 아니라 인류의 행복에 필수적인 실천안이었다. 환상에 불과한 행복인 종교를 폐지하는 것이 실제 행복을 위해 필요했기 때문이다.

또 다른 이들은 그토록 오랫동안 종교의 시녀 역할을 해온 과학이 종교를 없앨 것이라고 주장했다. 프랑스 철학자 오귀스트 콩트(Auguste Comte, 1798-1847)는 『실증철학 강의』(*Cours de philosophie positive*, 1842)에서 인류의 지적인 역사를 3단계로 제시했다. 먼저 원시적인 신학적 단계에서 신은 모든 현상의 궁극적인 원인으로 여겨졌다. 다음 단계에서 이러한 초자연적 존재는 형이상학적인 관념으로 바뀌었다. 그리고 가장 발전된 마지막 단계인 실증적 혹은 과학적 단계에서는 인간의 정신은 더 이상 경험적으로 검증 불가능한 사물의 내적 본질에 집착하지 않고 오직 사실에만 집중하게 된다는 것

---

8 Karl Marx, *Modern Thought* (Bloomsbury Academic, 1971), 80.

이다. 서구 문화는 이 세 번째 실증적 단계로 막 접어들고 있었다. 이제 과거의 신학적 혹은 형이상학적 위안 속으로 되돌아가는 일은 있을 수 없었고 거스를 수 없는 역사의 법칙에 따라 과학의 시대로 나아갈 수밖에 없었다.

과학은 점점 더 정밀해졌고 그 과정에서 일반 대중의 종교적 확신은 무너지기 시작했다. 찰스 라이엘(Charles Lyell, 1797-1875)은 『지질학의 원리』(Principles of Geology, 1830)를 통하여 지구의 지각이 성서에서 말하는 6000년보다 훨씬 더 오래되었다고 주장했다. 그리고 그는 지각은 신이 직접 만든 것이 아니라 바람과 물의 점진적인 작용에 의해 형성된 것이라고 말했다. 라이엘은 자신의 연구 결과에 담긴 신학적 의미를 굳이 논하지는 않았다. 그에게 과학은 마치 성서가 존재하지 않는 것처럼 수행되어야 하는 것이었다. 그래서 그는 고대의 뮈토스(영감)와 로고스(이성)의 구분을 과학적 버전으로 바꾸어 과학과 신학은 서로 다른 분야이며 둘을 뒤섞는 것은 위험하다고 선언했다.

이런 분위기 속에서 과학자들은 더 이상 과학을 형이상학에만 관심을 가져온 철학의 한 분류로 여기지 않았고 스스로를 전문가로 여겼다. 19세기 중반에 이르자 물리학자뿐만 아니라 지질학자, 식물학자, 생물학자들도 자신들의 통찰을 정확한 수학적 언어로 표현하게 되었다. 그들은 새로운 전문가적 입장에서 수량화할 수 없는 것은 일체 배제하는 진리의 실증주의적 평가를 고집하기 시작했다.

케임브리지대학의 지질학자 애덤 세지윅(Adam Sedgwick, 1785-1873)은 과학을 그 성질이 순수하든 복합적이든 측량과 계산이 가능한 모든 주제들을 고려하는 것이라 정의했다. 그런 주제 속에 신이 포함되지 않는 것은 분명했다. 경이로운 기술 발전 덕분에 과학자들은 그 어느 때보다 존경의 대상이었고 과학은 진보의 화신이었다. 다른 분야의 사람들도 과학의 전문적 엄격성에 감탄하며 실증주의적 진리 기준에 점점 큰 영향을 받았다.

3. 다윈주의

영국의 저명한 의사이자 동식물학자인 찰스 다윈(Charles Darwin, 1809-1882)은 1831년부터 5년간에 걸쳐 남아메리카 해역에서 동식물과 지질에 대한 과학적 조사를 실시했다. 그가 수집한 증거들은 페일리의 설계 논증을 부정하게 만들었다. 신은 우리가 아는 그대로의 세상을 창조하지 않은 것이 확실했다. 대신에 종(種)들이 환경에 적응하면서 오랜 시간에 걸쳐 서서히 진화해왔음이 분명해보였다. 이러한 자연선택(natural selection)[9]의 과정에서 무수한 종들이 사라진 것도 분명했다. 1859년 다윈은 『자연선택에 의한 종의 기원』(Origin of Species by means of Natural Selection)을 출간했다. 그리고 『인간의 유래』(Descent of Man, 1871)에서는 호모사피엔스가 오랑우탄, 고릴라, 침팬지의 조상으로부터 유래했다고 말함으로써 훨씬 더 큰 논란을 불러왔다. 인간은 목적 있는 창조의 정점이 아니었다. 인간도 다른 모든 것들처럼 시행착오를 거쳐 진화했으며 여기에 신의 직접적인 관여는 전혀 없었다.

진화론은 근본적인 선입견들을 너무 많이 깨뜨리는 것이어서 처음에는

---

[9] 어떤 생물에 생긴 유전적 변이개체(變異個體) 중 생존에 유리한 것이 살아남는 것을 말한다. 다윈이 도입한 개념으로 집단 유전학의 주요 개념이 되어 왔다. 다시 말해서 특정 유전자들 또는 유전자형을 선호하는 생식 경향을 말하며, 자연선택으로 인해 환경에 대한 생물체들의 적응을 증진시킨다. 생존과 생식 능력을 향상시키는 유전적 변이체는 선택이 일어나서 세대를 거치며 후대로 전해져 내려가 빈도를 증가시킬 것이다. 그러한 변이체를 지니는 개체들은 그것을 갖지 않은 개체들보다 많은 자손을 남길 것이기 때문이다. 유전적 변이체들은 돌연변이에 의해 일어나는데 그 중 도움이 되지 않는 것들은 자연선택에 의해 제거되고 도움이 되는 돌연변이는 세대를 통해 축적이 되며 이러한 과정은 무한히 계속된다.

온전히 받아들이는 사람이 거의 없었다. 다윈의 업적에 중대한 기여를 했던 앨프리드 월러스(Alfred Wallace, 1823-1913)조차도 통제하는 지적 존재가 없다는 점을 받아들이지 못했다. 확신에 찬 진화론자이면서 헌신적인 기독교인이었던 미국의 식물학자 아사 그레이(Asa Gray, 1810-1888) 역시 식물 연구에 진화론을 이용하면서도 진화론에 총괄하는 신의 계획이 없음을 받아들이지 못했다. 다윈 이론은 서구 기독교 신앙의 중심이 된 설계에 근거한 신학뿐 아니라 계몽주의의 중요한 원리들까지 무력화시키는 것이었다.

그러나 다윈 자신은 종교를 파괴할 생각이 전혀 없었다. 그의 신앙심은 다소 기복이 있었지만, 그가 기독교와 갈등을 빚은 주된 문제는 자연선택이 아니라 영원한 지옥불의 교리였다. 그는 열렬한 유신론자이면서 동시에 진화론자일 수 있음을 의심하는 것은 터무니없는 일이라고 생각했다. 그리고 그는 신의 존재를 부인한다는 의미에서 무신론자였던 적이 결코 없다고 하였다. 그러나 자신의 심리상태를 가장 적절하게 설명해줄 말은 불가지론자가 아닌가 싶다고 했다. 이러한 그의 고백에도 불구하고, 그의 연구 결과는 신은 더 이상 유일한 우주의 과학적 설명이 될 수 없었다. 단지 신을 과학적으로 설명할 수 없어서가 아니었다. 자연선택은 그런 증명 자체가 불가능하다고 말하고 있었다.

그러나 진화 과정이 어떤 식으로든 신의 감독을 받는다고 믿고 싶어 하는 기독교인들이 있다면(실제로 많았음) 그런 믿음은 개인적인 선택의 문제였다. 신학을 과학의 논의에서 배제하려는 추세는 이미 진행 중이었고 다윈의 발견은 그런 추세를 가속화했다. 그리하여 1860년대 말 대부분의 과학자들은 여전히 기독교인들이었지만 과학자로서는 더 이상 신을 언급하지 않았다.

이러한 변화가 자연신학에 어떤 충격을 가져올지에 대해 깨달은 사람 중 대표적인 사람이 프린스턴대학 신학 교수였던 찰스 호지(Charles Hodge,

1797-1878)였다. 그는 1874년 처음으로 다윈주의를 일관되게 공격하는 글을 발표했다. 그는 과학자들이 자연 연구에 너무 몰두한 나머지 자연적인 원인들만 믿고 종교적 진리 역시 사실에 기반하며 그러한 자격으로 존중받아야 한다는 사실을 인정하지 않는다고 비판했다. 호지는 과학자들이 더 이상 신을 궁극적 설명으로 받아들이지 않게 되면 기독교 신앙에 무슨 일이 일어날지를 알았다. 그래서 그는 종교가 대규모의 과학자 부류에 맞서 결사항전해야 한다고 선언했다. 그러나 기독교인들 스스로 기독교와는 완전히 이질적인 과학적 방법에 그토록 의존하지만 않았어도 그럴 필요가 없었을 것이다.

사실 호지 자신도 과학적 근거라고 추정되는 것에 의존해서 다윈을 공격했다. 즉 다윈이 자기 이론을 증명하지 못했기 때문에 다윈 이론은 비과학적이라고 결론 내렸다. 사실 이 정도라도 다윈에 맞선 사람은 호지 혼자였다. 자연선택의 함의를 제대로 이해할 수 없었던 대부분의 기독교인들은 진화론을 기꺼이 수용했다. 이때만 해도 다윈은 악마 같은 존재가 아니었다. 19세기 후반 보수적인 기독교인들은 전혀 다른 문제(성서고등비평의 여파)로 훨씬 더 골머리를 앓았고, 이로 인해 엄청난 딜레마에 빠졌다.

4. 성서 고등비평의 딜레마

1860년 영국에서는 성직자 7명의 글을 묶은 『에세이와 평론』(Essays and Reviews)이라는 책이 출간되었다. 이 책은 출간되자마자 센세이션을 불러일으켜서 2년 만에 2만 2000부가 팔렸고, 5년 만에 13판을 찍었으며, 이 책의 반향으로 400권 가량의 책과 글들이 쏟아져 나왔다고 한다. 7명의 성직자가 쓴 내용들은 물론 질적인 편차가 있었지만, 단연코 주목받은 글은 성서도 다른 고대 문헌들처럼 엄격한 학문의 대상이 되어야 한다고 주장한 벤저민 저윗(Benjamin Jowett, 1817-1893)의 『성서 해석에 관하여』(On the Interpretation of Scripture)였다.

그동안 성서를 있는 그대로 이해하라고 배우고 그 과정에서 신화적 성격에 대한 이해를 상실한 복음주의 개신교도들은 그들의 생각에 매우 당혹감을 느꼈다. 특히 『에세이와 평론』을 통해서 독일의 성서고등비평(biblical criticism)[10]을 접한 일반 대중들은 놀랍게도 모세가 5경을 쓰지 않았고, 『시편』(Psalms)의 저자가 다윗 왕이 아니며, 성서의 기적들이 문학적 비유에 지나지 않는다는 사실을 알게 되면서 큰 충격에 빠졌다.

영국의 소설가 험프리 워드 부인(Mrs Humphry Ward)은 적극적인 사회 참여를 주장하면서 초자연적인 것을 중심에 두는 그리스도교 신앙을 거부했는데, 이러한 사상은 그의 소설 『로버트 엘즈미어』(Robert Elsmere, 1888)에 감동적으로 나타나 있다. '종교란 인류에 봉사할 때만 존재한다'라는 신념으로 돌아서는 젊은 성직자 이야기를 그린 이 작품은 많은 논란을 불러일으켰다. 소설 속에서 주인공의 아내가 이렇게 투덜거렸다. "복음이 역사적으로 진실이 아니라면 복음에 무슨 가치가 있는지 모르겠어요."[11] 이러한 내용을 담고 있는 소설이 베스트셀러가 되었다는 것은 많은 독자들이 소설 속의 주인공 아내와 같은 딜레마에 빠져 있었음을 짐작케 한다.

교계 역시 이와 같은 새로운 이론에 많은 동요가 있었다. 『에세이와 평론』이 출판된 직후 캔터베리 대주교와 25명의 주교들이 공동으로 서명하여 이

---

10 성서고등비평은 독일의 베를린대학교의 교수를 역임했던 아이히 호른(K. F. Eichhorn, 1781-1854)이 최초로 주장했던 학문이다. 성서고등비평은 성서의 각 권들의 저자와 연대 등을 역사적, 사상적 배경을 통해 이해하는 학문으로, 성서를 단순하게 문학 서적이나 역사 서적 정도로 취급하는 것으로 '문학비평', '역사비평'이라고도 한다.

11 Mrs Humphry Ward, *Robert Elsmere* (Kessinger Publishing, 1969), 414.

책의 저자들을 교회재판소에 회부하겠다고 위협했다. 실제로 저자들 중 두 명이 이단 재판에서 유죄판결을 받고 직위를 잃었으며 저윗은 업무를 일시 정지당했다(나중에 판결이 번복됨). 주교, 신학자, 교수들은 『에세이와 평론』을 반박하는 대규모 학술토론회를 개최하기도 했고, 영국 가톨릭교도들은 복음주의자들과 제휴를 맺고 성서가 신적 영감에 의해 쓰여졌음을 확인하는 선언을 했다. 평범한 717명의 과학자들도 강경한 항의서에 서명했고, 서명자 중 일부는 성서에 적힌 문자 그대로의 진리를 수호하기 위해 빅토리아학회를 설립했다.

이러한 비판적 분위기에도 불구하고 영국과 미국 등 자유주의 기독교인들은 고등비평을 받아들였다. 미국의 개신교 목사 헨리 비처(Henry Beecher, 1813-1887)는 자선을 베푸는 것이 교리와 믿음보다 더 중요하다고 믿었다. 그는 신학적으로 다른 견해를 가진 사람을 처벌하는 것은 기독교인답지 않다고 주장했다. 자유주의자들은 자연선택 과정에서 신이 작용하고 있고 인류는 영적인 완성을 향해 서서히 진화해나가고 있다고, 그래서 머지않아 인간과 신 사이의 간극은 사라지고 인간들은 서로 평화롭게 살아갈 수 있을 것이라고 주장했다. 그러나 자유주의자들과 보수주의자들 사이의 간극은 점점 커져만 갔다.

고등비평에 열렬히 반발했던 찰스 호지는 성서의 한마디 한마디가 신적 영감에 의해 쓰여진 틀림없는 진리라고 주장했다. 그리고 성서에 나오는 모든 이야기와 진술들이 절대 오류가 있을 수 없는 믿고 복종해야 할 내용들이라고 하였다. 성서에 나오는 모든 것들이 완전무결한 사실에 입각한 진리라는 것이다.

고등비평에 대항하기 위해 부흥운동가 드와이트 무디(Dwight Moody, 1837-1899)는 시카고에 무디성서연구소를 설립하기도 했다. 나라를 파멸로 몰고 갈 그릇된 생각들에 맞설 핵심 그룹을 육성하는 것을 목적으로 했다. 어떤 이들은 고등비평이 근대 세계의 모든 잘못된 것들을 상징한다고 생각했다. 그들은 일단 성서의 진리가 무너지면 모든 고결한 가치들이 사라질 것이라고 보았다. 미국 사회에 만연한 음주와 외도 문제가 고등비평의 책임이라고 생각했고, 이혼율의 증가, 비리, 부패, 범죄, 살인의 원인 또한 고등비평 때문이라고 여겼다. 그런데 사실 이러한 공격적 반응들은 불안의 반영으로 보아야 한다. 보수적 기독교인들이 성서에 담긴 문자 그대로의 의미를 사실로 믿는 태도를 유지하기는 점점 더 어렵게 되었다.

5. 신앙이라는 망상

신의 존재를 부정하는 것이 가능한 분위기는 점점 가속화되었다. 불신앙을 선택하고 지속하는 일이 가능해진 것이다. 그렇지만 사람들은 여전히 '무신론자'라는 말을 경계했다. 영국의 사회개혁론자 조지 홀리오크(George Holyoake, 1817-1906)는 스스로를 '세속주의자'라고 불렀다. 무신론자로 인식되는 것이 여전히 부담스러웠기 때문이다. 찰스 브래들로(Charles Bradlaugh, 1833-1891) 같은 사람은 하원의원에 당선되어 신에게 맹세하는 선서를 거부하며 스스로 무신론자라고 자랑스럽게 불렀다. 그렇지만 그는 곧바로 "신이 없다는 것이 아니다. 나는 당신이 신이 무엇이라고 말하기도 전에 신이 없다고 말할 만큼 미치지 않았다"[12]라는 단서를 달았다. 그러나 그는 신이 우리가 아는 세계와 완전히 본질적으로 구분되는 어떤 것은 아니라고 생각했다.

12　Charles Bradlaugh, *A Record of His Life and Work by His Daughter*, 337.

한편 영국의 생물학자 토머스 헉슬리(Thomas Huxley, 1825-1895)는 전면적인 무신론이 너무 독단적이라고 생각했다. 신의 비존재에 대한 주장이 물리적으로 증거가 불충분하며 단지 형이상학적 주장에 그친다고 생각한 것이다. 19세기 후반쯤 '불가지론'(agnostic, 모름)이라는 말을 만들어낸 사람이 아마 헉슬리일 것이다. 그에게 불가지론은 믿음이 아니라 하나의 방법이었다. 불가지론의 요건은 간단했다. 즉 지성의 문제에 있어서 입증되지 않았거나 입증될 수 없는 결론이 확실한 것인 양 주장하지 않는 것이었다.

그가 볼 때 절대적 확실성을 거부하고 이러한 원칙에 충실했던 소크라테스, 바울, 루터, 칼뱅, 데카르트 모두 불가지론자였고, 이제 불가지론은 근대 과학의 근본 원리였다. 그러나 헉슬리 역시 과학적 합리주의를 회심과 헌신을 요하는 새로운 세속종교로 여겼다. 사람들은 종교적 신화와 과학적 진실 중 하나를 선택해야 했다. 그 사이의 타협은 있을 수 없었다. 언제 끝날지 모르는 투쟁을 거쳐 어느 한쪽이 굴복해야 하는 것이었다. 헉슬리는 분명 자신이 싸움을 벌이고 있다고 느꼈을 것이다. 그에게 과학은 되돌릴 수 없는 진보의 상징이었고, 종교는 사라져야 할 낡은 세계의 일부였다.

심지어 미국 불가지론자의 대변자였던 로버트 잉거솔(Robert Ingersoll, 1833-1899)은 머지않아 인류가 신을 넘어설 것으로 보았다. 종교가 멸종했음을 누구나 인정할 날이 곧 올 것이라 생각했다. 그에게 인간의 역사는 용감하고 고독한 진리의 수호자들이 두려움과 정신적 예속, 편견과 순교자의 고통에 맞서 안간힘을 쓰며 인류를 조금씩 진리 가까이로 이끌고 온 투쟁의 역사였다.

미국의 시인이자 소설가인 찰스 노턴(Charles Norton, 1827-1908)은 가장 문명화된 인류 가운데서 종교적 믿음이 사라지는 것은 유치함에서 성숙함으로 한 단계 올라서는 일이라 생각했다. 1870년대에 이르면서 이러한 확신은

'종교와 과학은 영원하고 불가피한 갈등관계에 있다'고 보는 새로운 신화로 굳어졌다. 과학의 옹호자들은 종교와 과학의 관계의 역사를 현란하게 기술하였는데, 진보의 영웅들인 브루노, 갈릴레오, 루터를 사악한 추기경들과 청교도들에 의한 희생자로 묘사했다.

뉴욕의대 학장이었던 존 윌리엄 드레이퍼(John William Draper, 1811-1882)는 『종교와 과학 갈등의 역사』(History of the Conflict between Religion and Science, 1871)를 출간하였는데 10개 언어로 번역되기도 했다. 그는 종교가 변하지 않는 계시의 진리에 매달려 있는 동안 과학은 빠르게 발전하여 우리에게 수많은 문명의 혜택(망원경, 기압계, 병원, 학교, 계산기, 재봉틀, 군함 등)을 제공해주었다고 했다. 그는 과학만이 종교의 폭압으로부터 우리를 해방시켜줄 수 있다고 믿었다. 기독교인들은 그가 택한 영역 내에 머물 줄 알아야 하고 철학자 위에 군림하기를 멈추어야 한다고 생각했다. 그리고 자신의 힘과 동기의 순수성을 자각하는 철학자는 더 이상 그러한 간섭에 참지 말아야 한다고 주장했다.

코넬대학의 총장이었던 앤드루 화이트(Andrew White, 1832-1918)는 『기독교 국가에서 과학과 신학의 전쟁사』(A History of the Warfare of Science with Theology in Christendom, 1896)에서 종교와 과학은 화해하기 힘든 대립과 투쟁의 관계라고 했다. 둘 중 하나는 인류에 유익하고 다른 하나는 유해하고 위험하다고 주장했다. 아우구스티누스가 성서의 절대 권위를 주장한 이래 모든 신학자들이 예외 없이 인류를 진리와 멀어지게 했으며 수세기 동안 기독교 국가들이 오류와 슬픔의 구렁텅이에서 헤어나지 못하게 했다고 강조했다.

실제로 과학과 종교의 관계는 더 복잡 미묘했지만 이처럼 과장된 주장들은 무신론적 종교비평의 상투적인 주장으로 계속 남았고 진실로 널리 받아들여졌다. 당시에는 수많은 낭설들이 회자되고 있었는데, 그중의 하나로 헉슬리와 옥스퍼드의 주교 새뮤얼 윌버포스(Samuel Wilberforce, 1805-1873)의 만남을 들 수 있다.

둘은 1860년 6월 영국학술협회가 주최한 한 회의에서 논쟁을 벌였다. 윌버포스는 인기에 영합하며 진화에 대해 완벽한 무지를 드러낸 인물로 묘사됐다. 그가 헉슬리에게 '당신이 원숭이의 후손이라면 어머니 쪽이 원숭이냐 아버지 쪽이 원숭이냐?'는 아주 경박한 질문을 했기 때문이다. 이에 헉슬리는 '그 좋은 재주를 진실을 가리는 데 사용하는 윌버포스 같은 인간이 되느니 차라리 원숭이의 후손이 되겠다'고 대답했다. 이 이야기는 두려움을 모르는 과학이 무지하고 자만에 빠진 종교에 승리하는 투쟁의 신화를 압축해서 보여주고 있다.

그런데 이런 만남에 대한 기록을 찾을 수 없으며 그 회의가 언급된 당대의 기록들 속에도 그런 이야기는 없다고 학자들이 거듭 증명했다. 실제로 윌버포스는 다윈 이론에 정통한 사람으로 알려져 있다. 그는 영국학회에 『종의 기원』에 관한 서평을 발표하기도 했는데, 이 서평에 대해 다윈은 자신이 누락한 중요한 부분들을 윌버포스가 잘 지적했으며 아주 영리한 글이라고 평가해주기도 했다.

'믿음 자체가 부도덕하다'(무신론 이념의 필수 요소가 됨)고 보는 관점도 투쟁 신화와 밀접한 관련이 있다. 이러한 관점은 런던대학 수학 교수였던 윌리엄 클리프트(William Clifford, 1845-1879)가 쓴 『믿음의 윤리』(*Ethics of Belief*, 1871)에서 비롯되었다. 그는 이 책을 통하여 충분한 증거가 없는 종교적, 과학적, 윤리적 견해를 받아들이는 일이 지적으로만이 아니라 도덕적으로도 용납될 수 없다고 주장했다.

그는 '배 주인의 이야기'를 예로 들어 자신의 주장을 설명했다. 자기 배에 대대적인 수리가 필요하다는 사실을 알면서도 배가 지금껏 수많은 항해를 버텨냈고 많은 승객을 태운 배가 침몰하게 신이 내버려두지 않을 것이라는 생각에 수리비용을 아끼기로 결심한 선박 주인은 배가 바다 한가운데에서 가라앉게 되었을 때 보험금밖에 건질 수 없다는 이야기다. 이러한 내용을 담고 있는 클리프트의 책은 즉각 공감을 얻었고, 검증되지 않은 '믿음'은 지적으로만이 아니라 도덕적으로도 불쾌한 것으로 만들고 말았다.

영국의 공리주의 철학자 존 스튜어트 밀(John Stuart Mill, 1806-1873)[13]은 신앙을 '망상'으로까지 표현했다. 즉 "신앙이라는 망상이 역사에 기록된 유해한 착각들의 절반을 빚어낸 것이었다"[14]고 주장했다. 그리고 그는 "지옥을 만들어 내는 존재를 생각해 보라. 인류의 대다수가 끔찍스러운 영겁의 형벌을 받도록 되어 있다는 것을 미리 분명히 알면서, 따라서 그렇게 할 의도를 가지고서 인류를 창조한 존재를 생각해 보라. 상상이 가는가?…도덕적 선악을 조금이라도 느낄 줄 아는 사람이라면 누구나 이런 생각을 내 아버지만큼 분하게 여기면서 바라보게 될 시대가 가까워 오고 있다고 나는 믿는다"[15]라고 주장했다. 그가 볼 때 쉽게 믿는 것은 비굴한 겁쟁이나 하는 행동이었다.

오늘날에는 과학과 종교의 갈등관계에 대해 너무 익숙하게 받아들여 세삼 놀라울 것도 없지만 19세기 후반만 해도 대부분의 성직자들은 여전히 과학을 떠받드는 분위기였다. 그들은 다윈주의가 자신들 믿음의 근거인 자연신

---

13 영국의 경제학자, 철학자, 사회 사상가. 19세기 중기 영국 자유주의 사상의 대표적인 인물로 경제학 면에서는 고전과 사상의 체계를 세웠고 사회사상 면에서는 공리주의에 쏠렸으나 만년에는 사회주의에 가까워졌다. 철학, 경제, 정치, 여성 문제, 종교, 사회주의 등에 대한 폭넓은 저작 활동을 전개하였으며, 저서에 『경제학 원리』(Principles of Political Economy, 1848), 『자유론』(On Liberty, 1859), 『공리주의』(Utilitarianism, 1863), 『자서전』(Autobiography, 1873) 등이 있다.

14 J. S. Mill, "Theism", *Three Essays on Religion* (Kessinger Publishing, 1974), 204.

15 J. S. Mill, "Theism", *Three Essays on Religion*, 206.

학을 얼마나 철저히 무너뜨릴지 아직 제대로 인식하지 못하고 있었다.

6. 신의 죽음

영국에서는 산업혁명의 경제 발전이 성숙기에 도달하여 대영 제국의 절정기였던 빅토리아 시대를 거치면서 많은 사람이 제대로 된 저항도 흥분되는 해방도 느끼지 못한 채 슬픔 속에 신앙을 포기했다. 최선의 종교란 사람들이 고통 속에서도 창조적으로 살아갈 수 있도록 내면에 평화의 안식처를 구축해주어야 한다. 그런데 내면화된 안식처는 과학의 시대로 접어들면서 지속되기 힘든 확신으로 교체되고 말았다. 그들은 신앙이 퇴조하면서 남기고 간 공허감을 고스란히 느껴야만 했다.

한편 독일 철학자 프리드리히 니체(Friedrich Nietzsche, 1844-1900)는 동시대인들의 마음속을 들여다보고는 신이 이미 죽었지만 이를 자각하는 사람은 거의 없다고 여겼다. 『즐거운 지식』(Die fröhliche Wissenschaft, 1882)에는 어느 날 아침 저잣거리로 뛰쳐나가 "신을 찾습니다!"라고 외친 어느 광인의 이야기가 나온다. 교양 있는 행인 한 사람이 재미있어 하며 그에게 "신이 달아나거나 이민이라도 갔느냐?"고 묻는다. 그러나 광인이 따지듯이 말한다. "신이 어디로 갔느냐고? 우리(당신과 나)가 신을 죽였지 않소! 우리 모두가 그의 살인자요!"

과학의 놀라운 발전은 신을 지극히 쓸모없는 것으로 만들고 말았다. 인간들은 물질세계에만 지나치게 몰두함으로써 체질적으로 신을 진지하게 받아들일 수 없는 지경이 된 것이다. 신의 죽음, 즉 기독교의 신이 믿을 만한 가치가 없어진 것은 이미 유럽에서 서서히 그림자를 드리우기 시작했다.

의례도 기도도 윤리적 헌신도 없이 신을 합리적, 과학적 지성으로 이해할 수 있는 순전히 관념적인 진리로 만들어버린 인간은 스스로를 위해 신을 죽인 것이다. 이제 유럽인들은 종교를 보잘 것 없고, 자의적이고, 생기 없는 것으로 경험하기 시작했다. 이야기 속의 광인은 간절히 신을 믿고 싶었으나 그럴 수 없는 상황을 그리고 있다. 신의 상징이 가리키던 모든 것들(절대 선, 아름다움, 질서, 평화, 진실함, 정의 등)이 서서히 그러나 확실히 유럽 문화에서 사라져가고 있었다. 마르크스에게 신의 죽음이 미래에 도달해야 할 일종의 목표였다면 니체에게는 이미 발생한 일이었다.

서구 과학 속에서 신이 자취를 감추는 것은 오직 시간 문제였다. 그러나 그 자리를 대신할 새로운 절대적인 것이 없다면 모든 것이 불안전하고 상대적일 수 있었다. 다시 이야기 속에서, 광인이 "이 땅을 태양과 떼어놓으면서 우리는 무엇을 하려 했던가! 우리는 끝없는 무(無)에 빠진 것처럼 헤매고 있지 않은가?"라고 물었다. 물론 니체는 신을 부정하는 철학적, 과학적 주장들에 익숙했지만 굳이 그런 주장을 되풀이할 생각이 없었기에 아무런 대꾸를 하지 않는다.

니체는 인간 스스로 신이 됨으로써 허무주의의 위험에 맞서야 한다고 생각했다. 이제 인간이 새로운 절대자가 되어 신의 자리를 대신해야 하는 것이다. 인간이 외부에 투사해온 신은 인간 정신 안에서 '초인'(超人)[16]으로 탄생해 우주에 궁극적 의미를 부여할 수 있었다. 그러기 위해서는 인간이 열망할 수 있는 한계를 초월하고 인간을 육신과 열정으로부터 멀어지게 하며 인간을

---

16 인간이 자기 자신을 초극(超克)해 나아가야 할 목표로 삼고, 영겁(永劫)으로 회귀하는 운명을 견디면서, 신을 대신하는 모든 가치의 창조자로서 풍부하고 강력한 삶을 실현한 자. 그리스도교적 선악(善惡)을 부정하고, 그리스도교의 신을 대신해서 민중을 지배하는 권력을 가지며, 자기의 가능성을 극한까지 실현하는 이상적인 인간을 말한다. 주로 니체 철학에서 역설된 어휘로서, 그 구체상(具體像)은 자라투스트라(Zarathustra)이다.

나약하게 하는 기독교의 신에 저항해야만 했다. 권력에의 의지를 구현한 초인은 종의 진화를 새로운 국면으로 이끌어서 마침내 인류를 신적인 존재로 만들 것이었다.

니체가 진단한 분위기의 전환을 몸소 보여준 인물이 정신분석학의 창시자 지그문트 프로이드(Sigmund Freud, 1856-1939)였다. 그는 종교적으로 매우 진지한 유대인 집안에서 자랐음에도 불구하고 그에게 신은 정말로 죽은 존재였다. 그는 심리학을 연구한 결과 무신론자가 된 것이 아니라 무신론자였기 때문에 정신분석학을 연구하는 사람이 되었다고 한다.

프로이드에게 신이라는 개념은 한마디로 이치에 맞지 않는 것이었다. 끝이 없어 보이던 과학과 종교의 투쟁에서 제거되어야 할 쪽은 종교였다. 프로이드가 '지성의 부드러운 목소리'가 결국에는 종교를 잠재우는 데 성공할 것이라고 말했지만 사실 그것은 '머나먼 미래에나' 가능한 일이었다. 너무 성급하게 사람들에게 무신론을 강요하는 것은 '건강하지 못한 부정'으로 이어질 수 있기에 위험한 것이었다.

프로이드는 본래 의학을 전공했지만 철학과 종교에 관심이 많았다. 그러나 그의 종교 공부는 이미 마음속에 신의 죽음이 자리 잡은 가운데 이루어졌다. 그에게 무신론은 자명한 진리여서 굳이 정당화할 필요도 없었다. 신이라는 개념은 아주 유치하고 너무 현실과 동떨어진 것이어서 인간에게 우호적인 태도를 지닌 사람이라면 누구든 신의 굴레에서 벗어날 수 없다고 생각한다면 무척 괴로울 것이라 하였다. 그는 환자들을 돌보면서 일부 환자들이 강박적 행위와 종교 의식 간의 유사성을 관찰해보았는데 '종교가 정신이상에 가까운 신경증'이라는 결론을 내렸다.

프로이드가 볼 때 인간의 신에 대한 갈망은 무기력하게 보호자를 갈망하는 유아기의 체험에서 비롯된 것으로 어린아이의 공명정대함에 대한 열정과 영원한 삶에 대한 열망을 반영하는 것이었다.

프로이드는 본격적으로 종교 공부를 하기도 전에 이미 나름의 '신앙의 기원'에 관한 이론을 만들기도 했다. 종교는 우리의 진화적 발달을 반영하는 심리적 압력에서 비롯된다는 확신에 찼던 그는 이러한 생각을 뒷받침해줄 적당한 문헌들을 찾아 그의 독특한 방식으로 해석했다.

프로이드는 '모든 생명체가 환경에 적응하려는 욕구를 타고 난다'는 장바티스트 라마르크(Jean-Baptiste Lamarck, 1744-1829)의 진화 이론에 영향을 받았다. 그의 이론에 의하면 기린은 높은 나뭇가지에 달린 잎을 따먹기 위해 목을 늘이는 법을 터득했고 이렇게 획득된 특질이 후대에 전해진 것이었다. 프로이드는 지나치게 단순하다고 묵살되어온 라마르크 이론에 기대어 종교가 바로 특정한 사건에 부응해서 발전된 획득된 특질이라고 보았다.

그는 『토템과 터부』(Totem und Tabu, 1913)에서 인간 발전의 원시적 단계에서 족장이 종족의 여자들에 대해 독점적 권한을 가짐으로써 아들들의 적의와 분노를 불러일으켰다고 한다. 아들들이 들고일어나 아버지를 살해했지만 나중에 후회로 괴로워하며 죄의식을 달래는 의식들을 만들어냈다는 것이다. 또 『모세와 유일신앙』(Der Mann Moses und die monotheistische Religion, 1938)에서는 황야의 이스라엘인들이 그러한 원시적 살해를 재연하는 의식을 치르다가 모세를 살해했다고 주장했다.

프로이드가 『환상의 미래』(Die Zukunft einer Illusion, 1927)에서 제시한 종교의 정의 역시 환원적이었다. 즉 종교가 본능적, 무의식적 욕구 충족이며 한때 위안을 주었으나 그 신화와 의례들이 인류 진화의 원시적 단계에 속하기에 이제는 실패할 수밖에 없는 환상이라는 것이다. 이제는 과학이 우리의 두려움을 달래주고 도덕성의 새로운 기준을 제시할 때였다. 그의 설명들은 과학적이라고 높이 평가받기도 했지만 여성을 덜된 남성 정도로 보는 다소 비과학적인 관점은 그의 결점이기도 했다. 그에게 종교는 여성적 행위인 반면 무신론은 종교 이후의 건강한 남성적 인간의 상징이었다.

프로이드는 최후의 계몽사상가로 불려진다. 어떤 의미에서 정신분석은 현실 전체를 이성의 통제 하에 두려는 계몽주의 프로젝트의 정점이라고 할 수도 있기 때문이다. 프로이드의 선구적 업적 덕분에 '꿈의 해석'이 가능해졌고 무의식적 충동이 밝혀졌으며 고대 신화의 숨겨진 의미도 드러났다. 그러나 프로이드는 이성이 우리 마음의 표피로, 통제하기 힘든 원초적 본능들이 들끓는 용광로를 덮은 얇은 껍질에 불과하다는 사실을 보여줌으로써 계몽주의의 이상을 다소 위축시키기도 했다.

프로이드는 인간은 생식에의 욕망만큼이나 죽음에의 동경에도 강하게 이끌린다고 말하기도 했는데, 이는 세기말 어두운 측면을 대변하는 것인지도 모른다. 그렇지만 19세기 말 많은 기독교인들은 인간이 더 새롭고 더 완전한 상태로 진화해가고 있다고 굳게 믿었다. 불가지론자들도 신 없는 세상이 더 나은 곳이 될 것이라 확신했다. 잉거솔은 자연의 방해물들을 물리치고 용기를 축적한 인간은 평온한 위엄을 성취할 미래를 고대했다. 인격신이 모든 것을 좌우한다는 생각이 나태와 무지와 불행을 키웠지만 이제 사람들은 종교가 약화시켜온 에너지를 보다 정의롭고 평등한 세상을 만드는 데 쏟아 부을 수 있게 되었다. 초자연적인 것에 대한 그 어떤 믿음보다 이런 것이 바로 미래의 종교였다. 같은 인간들을 위한 노력으로 니체가 묘사한 공허를 채울 수 있다고 보았다.

그런데 이러한 희망적인 비전은 신념의 행위를 필요로 했다. 미국의 남북전쟁(1861-1865)[17]과 프랑스의 프로이센전쟁(1870-1871)[18]은 정밀한 과학기술이 무기에 적용되어 파괴적인 효과를 보여줌으로써 산업 시대의 전쟁에 내포된 공포를 보여준 대표적인 사례이다. 게다가 유럽의 민족국가들은 프로이드가 말한 죽음의 본능에 사로잡힌 듯 했다. 프로이센전쟁 이후 펼쳐진 무기전쟁은 제1차 세계대전의 대학살로 이어졌다. 그들은 전쟁을 살아남는 다윈주의적 필연으로 여긴 듯하다.

근대 국가는 어떤 희생을 치르더라도 대규모 군대와 가장 파괴적인 무기를 갖추어야만 했다. 문제는 지금도 이와 전혀 다르지 않다는 데 있다. 니체가 말한바 인간들이 실제로 자신들이 최상의 실재이자 절대적 기준이라고 생각했을 때 무슨 일이 일어났는지를 알게 하며, 비움의 종교적 이상이 과학기술의 막대한 능력에 기대고 권력에의 노골적인 욕망으로 대체되었을 때 어떤 일들이 일어났는지를 깨닫게 한다.

---

17 북부 연방과 남부 연합 간의 4년간의 전쟁. 남부 경제가 노예 노동에 의한 대농장을 기초로 하는 반면 북부 경제는 자유농민과 제조업이 주를 이루었다. 북부인들이 노예제도의 완전한 폐지를 요구하자 남부 몇몇 주들은 노예를 소유할 권리를 지키기 위해 연방에서 탈퇴하겠다고 위협했다. 노예제를 반대하는 링컨이 대통령으로 당선되자 남북 간의 대립은 최고조에 달했다. 1861년 4월 12일 남부군의 발포로 시작된 전쟁은 결국 북군의 승리로 막을 내렸고, 북부의 승리로 연방은 보존되었으며 노예제가 폐지되고 해방노예에게 시민권이 주어졌다.

18 1870년에서 1871년 사이 나폴레옹 3세와 빌헬름 1세의 프랑스프로이센 전쟁이 있었다. 프랑스 2제정을 이끌던 나폴레옹 3세는 사람들이 흔히 알고 있는 샤를 루이 나폴레옹 보나파르트이며, 그의 대외정책은 연이은 실패를 겪으며 반대파의 세력을 확대시키고 있던 시점이었다. '철혈재상'으로 불리는 비스마르크는 이 당시 빌헬름 1세의 수상으로 삼아 독일통일을 꾀한 인물로 그의 정책이 나폴레옹 3세와 부딪히게 된다. 더불어 스페인 왕위 계승에 따른 프랑스와 프로이센 간의 이익과 안보의 문제로 나폴레옹 3세는 프로이센에 전쟁을 선포한다. 프랑스는 이 전쟁에서 패하게 되며 그 댓가로 1871년 알자스 · 로렌 지방을 프로이센에 양도해야만 했다.

제9장 ·· 모름의 영성

1. 불확실성의 세계: 뉴턴 체계를 넘다

　독일의 뛰어난 수학자 다비트 힐베르트(David Hilbert, 1862-1943)는 20세기가 유례없는 과학의 세기가 될 것이라고 자신 있게 예견한 바 있다. 근대 서구의 발전에는 한계가 없어 보였다. 거의 모든 분야에서 예술가, 과학자, 철학자들은 멋진 신세계를 예측하는 듯 했다. 예술가들(특히 후기인상파 화가들)은 작품을 보는 사람들의 기대를 의도적으로 깨뜨림으로써 신세계의 새로운 비전에 대한 요구를 암묵적으로 선언했다. 과거의 확신들은 서서히 무너졌다. 과학자들은 원자 혹은 미립자를 연구했고, 사회학자나 인류학자들은 원시 사회와 원시 유물을 연구했다. 사람들은 과거를 조각내고 원자를 쪼개어 새로운 무언가를 만들어내고 싶어 했다.

　스페인 출신으로 프랑스에서 활동한 화가 파블로 피카소(Pablo Picasso, 1881-1973)는 대상을 조각내서 그리거나 여러 각도에서 본 것들을 동시에 그렸다. 아일랜드 출신의 소설가 제임스 조이스(James Joyce, 1882-1914)는 전통적인 인과적 서술기법을 버리고 독자들을 등장인물의 혼란스러운 의식의 흐름 속에 던져놓음으로써 실제로 무슨 일이 벌어지는지 어떻게 행동을 판단해야 할지 확신할 수 없게 만들었다. 이제 물리학자들도 뉴턴 체계를 뒤집었다.

이미 19세기 후반에 영국의 이론물리학자 제임스 맥스웰(James Maxwell, 1831-1879)은 전자기파 이론을 통해 우리의 경험과는 다르게 시간을 이해하기 시작했음을 보여주었다. 미국 과학자 앨버트 마이컬슨(Albert Michelson, 1852-1951)은 빛의 이동과 속도에 관한 실험들을 통해 빛의 속도가 지구의 운동 방향과 상관없이 일정하다는 것을 알게 되었는데, 이는 뉴턴 역학과 완전히 어긋나는 결과였다.

이어서 독일 태생의 이론물리학자 알베르트 아인슈타인(Albert Einstein, 1879-1855)[1]은 플랑크의 양자이론을 빛에 적용해서 특수상대성이론(1905)과 일반상대성이론(1916)을 만들어냈다. 상대성이론은 뉴턴 체계에서 절대적이던 시간과 공간 개념을 시공간 연속체로 합침으로써 마이컬슨-몰리 실험(Michelson-Morley experiment)[2]의 결과를 수용할 수 있었다. 아인슈타인의 성과 위에 덴마크의 물리학자 닐스 보어(Niels Bohr, 1885-1961)와 독일의 물리학자 베르너 하이젠베르크(Werner Heisenberg, 1901-1976)가 양자역학을 발전시켰는데, 이는 뉴턴 물리학의 주요 가정들을 거의 뒤집는 결과였다.

이제 선조들이 이룬 성과를 개선함으로써 지식이 점층적으로 발전한다는 전통적인 가정은 이제 통하지 않았다. 3차원의 공간과 1차원의 시간은 당

---

[1] 알베르트 아인슈타인은 독일 뷔르템베르크에서 유대인 아버지와 독일인 어머니 사이에서 태어났다. 그의 부모님은 가톨릭신자였으며, 집안에도 청동으로 만든 십자가상이 있었다고 한다. 한 살 때 아버지의 사업 부진으로 뮌헨으로 이사했다. 초등학교시절 아인슈타인은 유럽인들의 뿌리 깊은 반유대주의로 인해 상처를 받기도 했다. 그가 다닌 초등학교는 로마가톨릭 학교였는데, 교사가 수업 시간에 대못을 보여 주며, 유대인은 예수를 죽인 민족이라고 말했던 것이다. 반유대주의는 유대인 아인슈타인이 존경 받는 과학자가 된 후에도 그를 괴롭혔다.

[2] 우주공간에서 에테르(ether)라는 가상체를 매개로 해서 빛이 지난다고 가정할 때 이 에테르에 대해서 지구가 움직이는 속도를 최초로 측정한 실험.

혹스러운 양자역학적 우주 속에서 4차원의 시공간 연속체를 이루는 상대적 국면들이 되었다. 시간은 서로 다른 속도로 이동하는 관찰자들에게는 서로 다른 속도로 흘렀다. 게다가 거꾸로 흐를 수도 있고 완전히 멈출 수도 있었다. 유클리드 기하학(Euclidean geometry)에서는 행성들이 궤도 위를 움직이는 것은 멀리서 작용하는 인력 때문이 아니라 사실은 행성들이 움직이는 공간이 휘어져 있기 때문이었다.

이러한 발견들은 과학자들에게는 당혹스러운 것이었지만 일반인들에게는 완전히 이해 불가한 것이었다. 뉴턴의 위대한 확실성은 애매모호하고 가늠하기 힘든 체계에 자리를 내주어야만 했다. 사람들은 점점 더 우주를 이해하기가 어려워졌다. 인간은 임의로 생겨난 하찮고 덧없는 존재로서 광대하고 비인격적인 우주 속을 표류하는 것처럼 보였다. 우주를 존재하게 한 '빅뱅'(Big Bang)[3]이전에 대해서는 누구도 확실히 말할 수 없었다. 물리학자들조차 양자론의 공식들이 실제로 거기 무엇이 있었는지 설명해준다고 믿지 않았다. 그러한 수학적 개념들은 말로 표현할 수 없었고 우리의 지식은 표현할 수 없는 실체의 그림자에 불과했다. '모름'은 본래부터 인간의 조건에 속하는 듯했다. 이러한 모름의 과학은 궁극적으로는 모름의 철학, 모름의 신학과 다를 것이 없어 보인다.

아인슈타인은 자신의 상대성 이론이 과학이며 종교와는 무관하다고 늘 강조했지만 일부 기독교인들은 그의 새로운 물리학이 종교 친화적이라고 여겼다. 그들은 아인슈타인이 브뤼셀에서 덴마크의 물리학자 닐스 보어(Niels Bohr, 1885-1962)와 논쟁(1927)을 벌일 때 했던 발언에 주목했다. 아인슈타인

---

[3] 100억 년 전에 일어난 것으로 추정되는 우주의 대폭발. 빅뱅 이론이 옳다면 우주는 과거에 엄청난 폭발을 일으키면서 탄생했을 것으로 생각된다. 여전히 종교적 창조설과는 논란의 여지가 남아 있다.

이 논쟁 중에 "양자역학이 확실히 인상적이기는 하지만, 제 내면의 목소리는 그것이…오래된 유일자의 비밀을 조금도 밝혀주지 못한다고 말합니다"[4]라고 한 말이 다분히 종교적이라는 것이다. 그러나 아인슈타인은 인격적인 신에 대해 말한 것이 아니었다. 여기서 말하는 '오래된 유일자'는 존재들에 내재하는 비인격적이고 이해 가능한 질서를 상징적으로 표현한 말이었을 뿐이다.

그런데 영국의 천체물리학자 아서 에딩턴(Arthur Eddington, 1882-1944)은 상대성을 자연 속에 존재하는 정신의 증거로 보았다. 새로운 시간 개념이 내세를 입증한다거나 빅뱅이론이 창세기를 입증한다고 여긴 사람들도 있었다. 심지어 양자역학의 불확실성이 세상을 지배하는 신의 섭리를 말해준다고 보는 사람들도 있었다. 이런 식의 추측은 분명 문제가 있었다. 과학적 증거들에 길들여진 호교론자들은 여전히 오랜 성서적 상징들을 지나치게 문자주의적으로 해석하고 있었다는 것이다.

어쨌든 아인슈타인 이후 과학은 우리에게 확실한 증거를 제시하지 못할 뿐 아니라 과학적 발견이 본래 일시적, 제한적일 수밖에 없음을 확인시켜주었다. 독일의 물리학 및 철학자인 하이젠베르크(Werner Heisenberg, 1901-1976)는 1927년 핵물리학의 불확정성 원리를 발표했다. 이는 연구 대상을 관찰하는 행위 자체가 대상의 이해에 영향을 미치므로 과학자들이 객관적 결과를 얻는 것이 불가능해졌다고 말했다.

오스트리아 출신 철학자 쿠르트 괴델(Kurt Friedrich Gödel, 1906-1978)이 고안한 불완전성 정리는 그 어떤 논리적, 수학적 형식 체계도 그 체계 내에서 증명될 수 없는 명제들을 포함한다는 사실을 보여주었다. 즉 체제 외적 요소가 투입되어야만 참 혹은 거짓이 증명될 수 있는 명제들이 늘 있게 마련

---

4 Albert Einstein, *The Life and Times* (Harcourt Brace and Company, 1971), 343.

이었다. 괴델의 정리는 체계적 결정 가능성이라는 전통적 가정을 완전히 무너뜨렸다.

그리고 미국 철학자 존 듀이(John Dewey, 1859-1952)도 데카르트의 확실성 추구가 더 이상 근대 철학의 목표가 될 수 없다고 주장했다. 그는 하이젠베르크가 우주를 서로 다른 부품들로 이루어진 거대한 기계로 보던 우리를 17세기의 기계론에서 해방시켜주었으며 이제 새로운 세대의 과학자들이 현실 깊숙이 존재하는 상호연관성을 밝혀내고 있다고 말했다.

우리의 머리로는 도저히 완전한 확실성에 도달할 수 없는 것 같았다. 우리의 정신에는 한계가 있었고 어떤 문제들은 영영 해결되지 않을 것 같았다. 미국 물리학자 퍼시 브리지먼(Percy Bridgman, 1882-1961)은 자연의 구조는 우리의 사고 과정이 따라갈 수 없는, 그런 것으로 영원히 남을 것이라고 하였다. 그리고 우리는 과학의 위대한 개척자들이 도달했던 한계에 이름으로써 우리의 마음으로 이해할 수 있는 '공감'의 세계에 살고 있다는 비전에 도달했다고 주장했다. 과학자들은 이제 침묵의 신학자들처럼 말하기 시작했다. 신뿐만 아니라 자연도 인간 정신의 한계를 넘어서는 것이 되었다. 어느 정도의 불가지론은 고유한 인간 조건인 듯했다.

오스트리아 태생 영국 철학자 칼 포퍼(Karl Popper, 1902-1994)[5]는 『과학적 발견의 논리』(The Logic of Scientific Discovery, 1934)에서 과학이 흔히 생각하듯이 경험적으로 입증된 사실들을 체계적으로 축적함으로써 진전되지는 않는다고 주장했다. 그리고 실험은 어떤 가설이 '틀리지 않다'는 것을 입증

---

5 칼 라이문트 포퍼 경(Sir Karl Raimund Popper)은 오스트리아에서 태어난 영국의 철학자로, 런던 정치경제대학교 교수를 역임하였다. 20세기 가장 영향력 있었던 과학철학자로 꼽히고 있으며, 과학철학뿐 아니라 사회·정치철학 분야에서도 많은 저술을 남겼다. 고전적인 관찰-귀납의 과학 방법론을 거부하고, 과학자가 개별적으로 제시한 가설을 경험적인 증거가 결정적으로 반증하는 방법을 통해 과학이 발전함을 주장하였다.

할 뿐이므로 과학자들이 결코 완벽하게 입증될 수 없고 다른 어떤 믿음보다 믿을 만하지 않은 대담하고 창의적인 추측을 해낼 때 비로소 과학은 앞으로 나아가는 것이라고 강조했다.

포퍼는 "우리는 아무것도 모른다"는 말을 자주 했다고 한다. 그에게 그 말은 모든 철학적 활동의 바탕이 되어야 할 가장 중요한 철학적 통찰이었다. 한때 우리는 무엇을 안다고 해도 그 앎은 반드시 나중에 수정되게 마련이기에 결코 완벽한 앎이라 할 수 없다. 그러나 포퍼는 전혀 낙담하지 않고 해결할 수 없는 문제들에 끊임없이 매달리는 것을 한없는 즐거움으로 여겼다.

아인슈타인도 포퍼와 유사한 즐거움 속에 있었던 것 같다. 그는 다음과 같이 고백했다.

> 우리가 경험할 수 있는 가장 아름다운 감정은 신비다. 그것은 모든 진정한 예술과 과학의 원천이다. 이 감정을 겪어보지 못한 사람은 죽은 것이나 다름없다. 최고의 지혜와 가장 빛나는 아름다움으로 나타나지만 우리의 둔한 능력으로는 그것의 가장 원시적인 형태밖에 파악할 수 없는 불가해한 것이 정말 존재한다는 사실을 아는 것—이런 앎과 느낌이야말로 모든 진정한 종교성의 핵심이다. 이런 의미에서만 나는 독실하게 종교적인 사람이다.[6]

이는 분명 인격화된 근대의 신을 옹호한 것이 아니라 위디오니시우스와 같은 사람들이나 이해할 만한 그런 신비의 경지를 말하고 있는 것이다.

---

6 Albert Einstein, *Modern Religious Thought* (Nabu Press, 1979), 225.

2. 근본주의운동의 태동

불확실성의 세계가 도래하였다고 하여 모든 사람이 확실성의 추구를 기꺼이 포기한 것은 아니었다. 1920년대에 빈학파[7]의 철학자들이 오스트리아 태생 영국 철학자인 루트비히 비트겐슈타인(Ludwig Wittgenstein, 1889-1951)[8]의 사상을 논하기 위해 한자리에 모였다. 비트겐슈타인의 저서 『논리철학 논고』(Tractatus Logico-Philosophicus, 1921)는 경험적 감각자료에 근거한 명확한 사실 너머의 관념들에 관해 말하는 것이 완전히 헛된 일임을 보여주었다. 비트겐슈타인은 "말할 수 없는 것에 대해서는 침묵해야 한다"는 유명한 말을 남겼다. 예컨대 '비가 온다'는 말은 쉽게 입증되는 사실이기에 지극히 타당하지만 말로 표현할 수 없는 가상의 것을 논하는 것은 무의미하므로 그런 식의 추측은 폐기되어야 한다는 것이다.

그런데 빈학파의 철학자들은 감각적 경험에 의해 입증 가능한 문제들에 관해서만 의미 있는 진술이 가능하므로 자연과학만이 믿을 만한 지식의 원천이라는 데 동의했다. 정서적 언어는 감정을 자아내거나 행동을 부추길 뿐,

---

[7] 18세기 이후 유럽문화는 세 개의 중심축을 갖게 되었다. 세계로 약진하여 대제국을 건설했던 영국, 이에 대항하여 대륙의 맹주임을 자처하던 프랑스, 게르만 문화의 심장이라고 자부하는 오스트리아 제국이 그것이다. 영국은 옥스퍼드대학과 케임브리지대학을 중심으로 경험주의 철학을 발전시켰다. 독일은 칸트 이후 관념철학의 중심이 되었다. 그러나 그 당시 2류 국가였던 독일 대신 오스트리아의 수도 빈에 게르만 권의 철학자, 예술가 등이 모여들어 이른바 '빈학파'를 형성했다. 그들은 실용적인 것을 중시하여 거추장스러운 형이상학에서 벗어나고자 했다. 그들의 주된 공격 대상은 플라톤 철학이었다. 플라톤은 19세기 초까지도 여전히 서양 철학의 시조로 인정받고 있었지만, 빈학파는 플라톤 철학을 이상만 추구하는 뜬구름 잡는 철학으로 여겼다. 플라톤이 던진 문제에 몰두하다 서양 철학은 2,000년이란 세월 동안 방황을 계속해 왔다는 것이다. 빈학파는 이 '어리석은 짓'에서 해방되기를 원했다. 그래서 빈학파는 모든 형이상학적인 것, 사변적인 것들을 제거하고 대신 그러한 것들에 의문을 제기했다. 1920년대에 창립된 빈학파는 철학자뿐만 아니라 많은 과학자와 수학자들도 참여했다.

[8] 1925-50년 영국 철학계에서 가장 영향력 있는 철학자 중 한 사람이었으며, 논리학 이론과 언어철학에 관한 독창적이며 중요한 철학적 사유체계를 제시했다.

어떤 식으로도 입증될 수 없기에 무의미했다. 당연히 그들에게는 '신'이라는 개념은 아무런 의미도 갖지 못했다. 뿐만 아니라 무신론이나 불가지론도 논할 대상 자체가 없기에 성립하지 않는 것이었다. 이들 논리실증주의자들도 당대의 다른 지식인들처럼 가장 기본으로 되돌아가자고 했다. 그들의 엄격한 태도 역시 다른 유형의 근본주의자들과 다를 바 없이 근대성의 편협함을 드러냈다. 그들은 진리를 아주 편협하게 정의하여 인문학을 싸잡아 무시하고 어떠한 경쟁적 견해도 인정하지 않았다. 그러나 인간은 언제나 확실한 답이 있을 수 없는 문제들에 대해 숙고해왔다. 아름다움, 도덕성, 고통에 관한 사색은 인간 경험의 필수적인 부분이기에 그것을 무시하는 것은 많은 사람이 볼 때 오만할 뿐 아니라 비현실적이었다.

또 다른 지적 패러다임의 극단에는 근대적 합리주의에 대한 서민적 저항을 대변하는 '기독교 실증주의'가 있었다. 1906년 4월 9일 최초의 오순절파 신도들은 로스엔젤레스의 한 작은 집에서 성령의 강림을 체험했다고 주장하며 그것이 유대인 축절인 오순절(성령강림절)[9]에 하나님의 임재가 불꽃 속에 현현하고 사도들에게 방언 능력이 생겼던 일과 같다고 생각했다. 오순절파는 방언을 체험할 때 기독교 신앙의 모든 논리적 설명 아래에 존재하는 종교성의 근본적인 핵심으로 돌아가는 것을 느꼈다.

1910년경에는 수백 개의 오순절 단체들이 생겨났고 오순절운동은 수많은 나라(약 50개국 정도)로 퍼져나갔다. 처음에 그들은 자신들의 체험이 심판의 날에 대한 예고라고 여겼다. 수많은 미국 흑인들과 불우한 백인들이 머지않아 예수가 돌아와 더 정의로운 사회를 만들어 주리라는 확고한 믿음으로

---

9 초기 교회에서 그리스도교도들은 부활절 다음에 오는 50일 동안을 오순절이라고 했다. 이 기간의 시작(부활절)과 끝(오순절)에는 세례식이 거행되었다. 훗날 북유럽에서는 부활절보다 오순절에 세례를 주는 것이 보편화되었으며, 영국에서는 갓 세례를 받은 사람들이 특별히 흰옷을 입었기 때문에 이 축일을 보통 '백색 일요일'이라고 한다.

오순절파에 합류했다. 그러나 때 이른 낙관론이 제1차 세계대전으로 산산이 무너지자 그들은 방언을 신과 이야기하는 새로운 방식으로 여기게 되었다.

어떤 의미에서 오순절주의는 침묵 영성의 왜곡된 형태였다. 그들은 말이 미치지 않는 곳에 존재하는 신을 추구했던 것이다. 오순절파의 예배에서는 사람들이 황홀경에 빠지기도 하고, 공중부양도 하며, 형언할 수 없는 기쁨에 온몸이 녹아내리는 기분을 느끼기도 했다. 공중에서 밝은 빛줄기를 보거나 바닥에 큰 대자로 쓰러지기도 했다. 이와 같이 감각적 경험에 의존해서 믿음을 입증하려던 오순절주의는 실증주의의 한 형태였다. 그런데 이런 식의 신앙이 폭발적인 호응을 얻은 사실은 근대의 합리성 속에 만연했던 불행을 말해주는 것이었다.

개신교 근본주의 창시자들 중 한 명인 딕슨(A.C Dixon)이 1920년에 "내가 기독교인인 것은 내가 사상가요, 합리주의자요, 과학자이기 때문이다"라고 하였듯이 그의 신앙은 정확한 관찰과 올바른 사고에 의존하는 것이었다. 교리는 신학적 추측이 아니라 사실이었다. 근본주의자들은 여전히 과학적 근거에 입각한 절대적 확실성이라는 근대 초기의 이상을 품고 있었다. 당연히 그들은 거듭나는 회심, 신앙 치유, 강렬한 감정적 확신 같은 신앙 체험을 믿음의 확실한 근거로 여겼다. 아주 공격적이라고 할 만한 딕슨의 합리주의는 어쩌면 감춰진 두려움의 표현이었을는지 모른다.

세계대전과 더불어 미국의 보수 개신교 내에도 공포의 그림자가 드리웠다. 비극적인 솜 강 전투[10]와 3차 이프르 전투[11]가 성서에 나오는 '심판의 날'의

---

10 '생캉탱 전투'라고도 하며 제1차 세계대전 후반의 독일군의 공세를 말한다.
11 제1차 세계대전 당시 1917년 7월 11일 부터 1917년 11월 10일까지 벨기에 서플랑드루 지역에서 벌어진 독일군과 영국군 간의 전투인데, 이 전투에서 독일군은 압도적인 영국군의 공세에 겔루벨트 고지대를 잃었다.

도래를 알리는 전투라고 믿는 사람들도 있었다. 많은 기독교인들은 자신들이 사탄에 맞서는 종말 전쟁의 최전선에 서 있다고 생각했다. 독일군의 잔혹행위에 대한 선전적인 이야기들은 고등비평을 배출한 나라에 맞서는 것이 정당하다는 확증처럼 보였다. 그러나 그들은 무신론적 볼셰비키혁명(1917)으로 폭발한 폭민정치와 붉은 공화국을 연상시키는 민주주의도 똑같이 불신했다. 미국의 기독교인들은 더 이상 예수를 애정 어린 구세주로 여기지 않았다. 계시의 그리스도는 더 이상 우정이나 사랑을 추구하지 않는 분이며 인간을 희생시킬 수도 있는 분이었다.

사실 유대교, 기독교, 이슬람교 할 것 없이 근본주의운동들은 하나같이 깊은 두려움에 뿌리를 두고 있다. 딕슨을 비롯한 보수적인 개신교도들이 막 시작하려던 근대 최초의 근본주의는 세계대전 이후 만연한 문제들이 표현된 것으로 그들이 지키려던 전통을 도리어 왜곡했다. 그들은 싸울 준비가 되어 있었지만 보다 자유주의적인 개신교도들이 때마침 공격해오지 않았더라면 그 싸움은 그들 자신의 불안한 마음속에서만 벌어지고 말았을지도 모른다. 자유주의자들은 보수주의자들의 종말론적 상상을 끔찍해 했다. 하지만 그들은 성서와 교리를 바탕으로 비판하지 않고 매우 부당한 방법으로 공격했다. 이러한 공격은 전후 시기의 극심한 불안이 반영된 것으로 국가적 트라우마(trauma)[12]의 시기에 사람들의 분노와 보복 의지를 이끌어내려는 의도가 담겨 있었다.

그리고 유대교, 기독교, 이슬람교 할 것 없이 근본주의운동은 거의 매번 방어적 운동으로 시작했다. 대게가 같은 신도들이거나 같은 국민들에 의한

---

[12] 재해를 당한 뒤에 생기는 비정상적인 심리적 반응. 외상에 대한 지나친 걱정이나 보상을 받고자 하는 욕구 따위가 원인이 되어 외상과 관계없이 우울증을 비롯한 여러 가지 신체 증상이 나타난다.

어떤 운동이 적대적이거나 급속히 번진다고 느낄 때 그에 대응해서 나타났다. 특히 암울한 전시였던 1917년 시카고 신학대학의 자유주의 신학자들은 무디성서연구소를 겨냥해서 대중매체를 이용한 공격을 시작했다.

그들은 이들 성서 문자주의자들이 독일에 협력하고 있다는 혐의를 제기하고 그들을 볼셰비키 무신론자들에 비유했다. 반박에 나선 문자주의자들은 똑같은 방식으로 응수했다. 자유주의자들의 반전주의 때문에 미국이 무기 경쟁에서 뒤처졌으며 자유주의자들이 떠받드는 고등비평 때문에 독일의 고결한 가치들이 무너졌으므로 독일과 한통속인 쪽은 오히려 자유주의자들이라는 것이었다. 고등비평에는 수십 년간 악의 굴레가 씌워져 있었다. 논리적이고 차분한 논의를 불가능하게 하는 이런 식의 상징은 근본주의운동에 반복적으로 나타나는 특징이 되었다.

급기야 딕슨(Dickson), 루벤 토리(Reuben Torrey), 윌리엄 라일리(William Reilly) 등 핵심 문자주의자들은 1920년 기독교와 이 세계의 생존을 위해 싸운다는 명목으로 세계기독교근본주의협회를 공식 출범했다. 근본주의운동은 점차 확산되었고 그들이 대부분의 개신교 종파에서 주도권을 차지할 것처럼 보였다. 그러나 그때 새로운 운동(진화론을 반대하는 운동)이 그들의 주목을 끌었고, 이 운동은 적어도 몇십 년간 근본주의에 오명을 안겨주었다.

1920년 민주당 정치인 윌리엄 브라이언(William Bryan, 1860-1925)은 학교에서 진화론을 가르치는 것에 반대하는 운동을 벌이기 시작했다. 브라이언은 근본주의의 최대 현안을 고등비평에서 다윈주의로 바꾼 장본인이었다. 그는 진화론의 위험성을 심각하게 생각했다. 그는 진화론이 도덕성과 고결한 문명의 붕괴를 몰고 올 전조라고 여겼다. 물론 그의 생각은 순진하고 지나치게 단순하며 올바르지 않았지만 과학에 의심을 품기 시작한 사람들은 기꺼이 그의 말에 귀를 기울였다. 그는 미국 전역을 돌며 다윈주의의 위험에 대해 강연했다. 그의 강연은 수많은 군중을 불러 모았고 대중매체에도 널리 보도되었다. 그리고 남부에서 벌어진 예기치 않은 한 사건이 이 운동에 유명세를 더해주었다.

이 무렵 근본주의운동은 주로 북부에서 일어났지만 남부 사람들도 진화론을 우려의 눈길로 바라보기는 마찬가지였다. 1925년 플로리다 주, 미시시피 주, 테네시 주, 루이지애나 주에서는 공립학교에서 진화론 교육을 금지하는 법안을 통과시켰다. 그러자 테네시 주의 한 젊은 교사 존 스콥스(John Scopes)가 언론의 자유를 위해 싸우기로 마음먹고 자신이 그 법을 어겼다고 고백했다. 결국 그는 1925년 7월 재판에 회부되었고, 합리주의운동가인 클래런스 대로(Clarence Darrow, 1857-1938)를 중심으로 변호인단이 꾸려졌다. 이에 맞서 반진화론법에 대한 변론을 브라이언이 맡으면서, 이 재판은 시민의 자유에 관한 재판이 아니라 종교와 과학의 한판 대결로 변질되었다.

스콥스 교사에 대한 재판도 다른 근본주의 분쟁들처럼 양립할 수 없는 두 관점의 충돌이었다. 대로와 브라이언 모두 미국의 핵심적인 가치를 대변했다. 물론 대로는 지적인 자유를 대변했고, 브라이언은 박식한 전문가들을 미심쩍어 하며 과학에 대한 이해도 부족한 일반 서민들의 권리를 대변했다. 재판정에서 브라이언의 변론은 형편없었고, 대로는 과학에는 자유가 필수적이라는 주장을 멋지게 펼쳤다. 재판을 통하여 대로는 명쾌한 합리적 사고를 갖춘 영웅이 되었고, 브라이언은 근대 세계와 유리된 무능한 시대착오적 인간으로 보였다. 브라이언은 재판이 끝나고 며칠 뒤 사망함으로써 이 사건의 상징성을 더욱 두드러지게 만들었다.

물론 스콥스는 유죄판결을 받았지만 진정한 승자는 대로와 과학이었다. 스콥스 재판에서 자유주의자들은 자유롭게 말하고 연구할 권리가 위기에 처했다고 느꼈다. 이 권리들은 신성한 것이었으며 근대적 정체성의 핵심이었다. 타협의 의지가 없는 불가침의 권리였다. 이런 권리들이 사라지면 모두 엉망이 되고 말 것이었다.

한편 근대성의 가장 강경한 대변자들이 종교의 파괴에 앞장서왔다고 믿었던 근본주의자들에게는 프린스턴 신학자들이 제시한 '성서 무오류설'이 가장 신성한 것이었다. 그것이 성서의 초자연성을 공인해주었을 뿐만 아니라 점점 더 불확실해져가는 세상에서 유일하게 확실성을 보장해 줄 수 있는 것이라 여겼기 때문이다. 이후에도 이처럼 신성함에 대한 대립적 개념을 지닌 유사한 충돌들이 빚어졌다. 근본주의자들이 위협받는다고 느끼는 가치를 위해 일격을 가하자 자유주의자들이 거세게 되받아쳤다. 그리고 처음에는 자유주의자들이 승리를 거두는 것처럼 보였다. 스콥스 재판 이후 근본주의자들이 잠잠해지면서 진압된 것처럼 보였지만 아주 사라진 것은 아니었다. 미래에 다른 근본주의자들도 그랬듯이 그들은 작전상 후퇴한 채 자신들만의 교회, 방송국, 출판사, 학교, 대학, 성서학교 등을 세우고 종교에 적대적인 세상 속에서 경건한 소수의 집단 거주지를 만들고 있었다.

1970년대 후반 충분한 힘과 자신감을 회복한 근본주의자들은 공적인 활동을 재개하며 국가적 회심을 위한 반격에 나섰다. 그들은 야인 생활을 하는 동안 미국 주류 문화에 깊은 불만을 키우면서 더욱 과격해졌다. 이후의 역사를 보더라도 근본주의운동은 공격에 노출되었을 때 더욱 공격적이고 과격하게 변했다. 근본주의처럼 절멸의 공포에 뿌리를 둔 운동의 지지자들은 그 어떤 공격도 세속 사회 또는 자유주의 사회가 종교를 없애려 한다는 증거로 여기게 된다. 유대교와 이슬람교 역시 같은 패턴을 따랐다. 스콥스 재판 이전만 해도 근본주의자들은 급속히 산업화되어 가던 도시의 소외된 지역에서 사회주의자, 자유주의자들과 기꺼이 함께 일하면서 정치적으로 좌파 성향을 보였으나 스콥스 재판 이후 극우로 전향하여 계속 극우로 남았다.

언론도 근본주의자들을 훨씬 더 전투적으로 만드는 데 일조했다. 언론에서는 조롱하듯이 그들을 몰아붙였고 결국 역효과를 낳고 말았다. 사실 스콥스 재판 이전만 해도 진화론은 그리 중요한 쟁점이 아니었다. 미국의 보수적인 성서학자이자 열렬한 문자주의자였던 찰스 호지(Charles Hodge, 1797-1878)조차 이 세계가 성서에 언급된 6000년보다는 더 오래되었다고 알고 있을 정도였다. 창세기의 내용이 모든 면에서 과학적으로 타당하다고 주장하는 이른바 '창조 과학'(Creation Science)을 지지하는 사람은 극소수에 불과했다. 우스운 이야기는, 정작 칼뱅은 과학적 지식에 적대적이지 않았는데 대부분의 근본주의자들은 칼뱅주의자들이었다.

그러나 스콥스 재판 이후 흔들림 없는 성서 문자주의가 근본주의적 사고방식의 핵심이 되고, 창조 과학은 근본주의운동을 대표하게 되었다. 합리적 논의는 불가능해졌다. 그들에게 있어 진화론은 단지 과학적 가설에 불과했다. 이는 분명 역효과였다. 비판자들이 무지몽매해 보이는 종교를 공격할 때 그러한 공격이 대상을 더 극단적으로 만들 수 있음을 알게 했다.

3. 신이 없는 세상: 악이 판친다

제2차 세계대전(1939-1945)은 근대적 폭력이 지닌 끔찍한 효율성을 잘 드러내 보여주었다. 히로시마와 나가사키에 떨어진 원자폭탄은 기술적 인간의 눈부신 성취 속에 도사린 허무주의적 자기 파괴를 암시한다. 그동안 인간들은 놀라운 경제적, 과학적 발전에 발맞춰 서로를 해치는 능력은 발전시켰으나 자신들의 공격성을 다스릴 수단이나 지혜를 갖는 데는 실패했다. 600만 명의 유대인을 나치 수용소에서 체계적으로 학살한 충격적인 참극의 주범이 계몽주의를 선도했던 독일이라는 사실은 인간의 진보라는 개념 자체를 의심스럽게 했다.

우리는 흔히 홀로코스트(Holocaust)[13]를 전근대적 야만성의 야만성의 분출로 묘사한다. 심지어 세속적인 사회 속에서 억압되어온 종교적 충동의 표현으로 보는 사람도 있다. 그러나 역사가나 사회비평가들은 이러한 견해에 이의를 제기해왔다. 십자군 시대 이후 반유대주의가 유럽의 고질병이었음은 분명한 사실이다. 개별적인 기독교인들은 반유대주의에 저항하고 유대인 이웃을 구하려고 노력했지만 많은 기독교 종파들은 부끄럽게도 침묵을 지켰다.

그러나 그 모든 재앙을 종교 탓으로만 돌릴 수는 없다. 나치의 끔찍한 효율성은 체계적, 목표 지향적이고 합리적인 근대성과 모순되기는커녕 그것을 가장 잘 보여준 사례였다. 오래전부터 중앙집권적인 근대 국가의 기틀을 다지려는 통치자들은 인종을 청소하는 일에 착수하곤 했었다. 나치는 철도, 최신 화학, 합리화된 관료제와 경영술 같은 산업 시대의 기술에 의존해서 인종 학살을 자행했다. 수용소는 산업사회의 상징인 공장을 본떴지만 거기서 대량생산된 것은 죽음이었다. 거기서 자행된 우생학적 실험에는 과학이 연루되어 있었다.

'민족주의'(nationalism)라는 근대적 우상숭배는 게르만 민족을 지나치게 이상화함으로써 유대 민족이 설 자리를 빼앗아버렸다. 홀로코스트는 근대적 정원술(잡초만 솎아내면 된다), 즉 명확히 정의된 단 하나의 목표에 모든 것을 종속시키는 합리적 계획의 최고 사례이자 왜곡된 사례에 해당한다.

홀로코스트는 유대-기독교적 가치의 표현이라기보다는 그것의 왜곡일 것이다. 무신론자들이 지적하듯이 신의 상징은 인간 잠재력의 한계를 보여주

---

[13] 제2차 세계대전 중 나치 독일이 저지른 유대인 대학살. 일반적으로는 사람이나 동물을 대량으로 죽이는 행위를 의미한다.

는 것이었다. 나치 이데올로기의 핵심에는 기독교 이전 게르만 이교도에 대한 낭만적인 동경과, 니체가 말했듯이 본능에 따른 이교도적 자유와 야망에 제동을 거는 신에 대한 부정이 자리 잡고 있었다.

그래서 성서의 신을 만든 민족을 말살하는 것은 니체가 선언한 신의 죽음을 상징적으로나마 실행하는 것이었다. 아니, 어쩌면 홀로코스트의 진짜 이유는 서구 문화에서 종교적 감정이 사라진 후의 모호한 상태, 그리고 사람들의 기운을 보다 선한 쪽으로 인도하던 종교의 쇠퇴와 함께 고삐가 풀린 악한 기운이었는지도 모른다. 기독교 신학에서 지옥은 신의 부재로 인식되어 왔는데, 나치 수용소는 전통적인 불지옥을 재현했다. 가죽을 벗기고, 고문을 하고, 채찍질을 하고, 비명을 지르고, 몸을 뒤틀고, 불길이 치솟고, 악취가 가득한 수용소는 바로 지옥 그 자체였다.

홀로코스트의 생존자이면서 노벨상 수상자인 엘리 위젤(Elie Wiesel, 1928-)은 신이 아우슈비츠(Auschwitz)[14]에서 죽었다고 믿었다. 그는 아우슈비츠 강제수용소에 간 첫날 밤 자신의 어머니와 누나의 몸이 소각되는 화장장에서 검은 연기가 솟아오르는 것을 보았다. 훗날 그는 이렇게 썼다.

> 나의 신과 나의 영혼을 죽이고 나의 꿈을 재로 만들어버린 그 순간을 결코 잊지 못할 것이다.[15]

그는 어린아이를 목매달아 죽인 이야기도 들려주었다. 슬픈 눈에 천사 같은 얼굴을 한 그 아이는 말없이 교수대에 올라가서 강제로 모인 수천 명이 지

---

14 갈리치아에 있는 폴란드 마을 오슈비엥침 부근에 있었던 독일 최대의 강제수용소이자 집단학살 수용소.

15 Elie Wiesel, *Night*, trans. Stella Rodway (Vintage Books USA, 1970), 45.

켜보는 가운데 거의 한 시간이나 매달려 있다가 죽었다. 그러자 위젤 뒤에 서 있던 한 수감자가 "신이 어디 있어? 어디 있냐?"고 중얼거렸다. 그때 위젤은 자기 내면에서 우러나오는 말을 했다고 한다.

신은 여기 있다. 바로 저 교수대에 목매달려 죽었다.[16]

이 이야기 역시 니체가 선언한 신의 죽음을 드러내는 외적 징후일 것이다. 그렇지 않다면 자비로운 신이 창조하고 지배한다는 세상에서 우리가 목격하는 엄청난 악을 어떻게 설명할 수 있겠는가?

또 다른 아우슈비츠 이야기도 있다. 수용소 안에서는 일부 수감자들이 계속 토라를 공부하고 축일을 지켰다. 분노한 신을 달래보겠다는 희망에서가 아니라 그런 의례들이 공포를 견디게 해준다고 믿었기 때문이다.

하루는 한 무리의 유대인들이 신을 재판하기로 했다. 그들은 상상도 못할 고통 앞에서 기존의 논증들은 아무 설득력도 없음을 알게 되었다. 신이 전능하다면 분명 홀로코스트를 막을 수 있었을 것이다. 만약 막을 수 없었다면 신은 무능하고, 막을 수 있었는데도 막지 않았다면 신은 괴물이었다. 그래서 그들은 신에게 사형을 선고했다. 그때 재판을 주재한 랍비는 판결을 내린 뒤 기도시간이 되었음을 태연히 알렸다고 한다. 신에 대한 생각은 늘 변할 수 있지만 가장 암울한 상황에서 의미를 찾으려는 몸부림인 기도는 멈출 수가 없었기 때문이다.

카렌 암스트롱(Karen Armstrong, 1944-)에 의하면 신 개념은 형언할 수 없는 초월성의 상징으로 오랜 세월 동안 수많은 방식으로 해석되어왔다고 한

---

16   Elie Wiesel, *Night*, 76.

다. 현실적으로 이해되고 합리적으로 증명되는 '강력한 창조주', '제1원인', '초자연적 인격'으로서의 근대적 신은 최근에 나타난 개념들이다. 이런 신은 인간이 환경에 대한 전례 없는 지배력을 갖고 우주의 신비를 풀어내는 중이라고 생각하던 시기의 인간이 투사한 것이었다. 그러나 많은 사람이 계몽주의의 희망 역시 아우슈비츠에서 죽었다고 생각했다.

수용소를 고안한 사람들은 스스로를 유일한 절대적 존재로 여기라는 고전적 무신론의 에토스에 젖어있었다. 그들은 자기네 국가를 우상화함으로써 국가의 적으로 보이는 것들을 파괴해야만 한다고 느꼈다. 근래 들어 너무 많은 악을 목격한 우리는 '신이 자기가 뭘 하는지 안다'고 말하는 안이한 신학에 빠져들 수 없게 되었다. 즉 우리가 헤아릴 수 없는 비밀스러운 신의 계획이 있다거나, 고통은 오히려 미덕을 갈고 닦을 기회라고 말하는 신학 같은 것 말이다. 따라서 암스트롱은 오늘날의 신학은 거대한 어둠의 심장을 들여다보아야 하며, 기꺼이 무지의 구름 속으로 들어갈 수 있어야 한다고 주장했다.

4. 신에 대한 원초적 기다림

문자주의가 성행하면서 신을 믿기 힘든 시대가 되었지만, 제2차 세계대전 이후 많은 철학자들과 신학자들은 문자주의로부터 신을 구해내려 부단히 노력했다. 그러한 노력 가운데 그들은 근대 이전의 방식을 부활시켜서 신에 관해 생각하거나 말하곤 했다. (초기에는 그렇지 않았는데) 말년 들어 비트겐슈타인은 생각을 바꿨다. 그는 언어가 사실만 진술해야 하는 것이 아니라 명령을 내리고 약속을 하고 감정을 표현할 수 있음을 인정했다. 그리고 진리에 이르는 단일한 방법을 확립하려는 초기 근대적 야망을 버리고 무수한 사회적 담론들을 인정하게 되었다. 각각의 담론들은 자체의 맥락에서는 모두 유의미했다. 따라서 종교적 믿음을 과학처럼 증거의 문제로 만드는 것은 심각한 잘못이었다. 신학적 언어는 전혀 다른 차원에서 작동하기 때문이다. 종교에 과학적 합리성과 상식의 잣대를 들이대려는 실증주의자와 무신론자들 그리고 신 존재를 증명하려는 신학자들은 신을 외적 사실로 보게 만듦으로써 막대한 해를 끼친다고 비트겐슈타인은 주장했다. 그리고 그는 만일 신이 내 외부에 있는 엄청나게 강력한 존재라고 생각한다면 신에게 저항하는 것을 내 의무로 삼겠다고 했다.

종교적 언어는 본래 상징적이었다. 종교적 언어가 문자 그대로 해석되면 이해할 수 없는 역겨움이지만 상징적으로 해석되면 톨스토이의 단편들처럼 초월적 실재를 드러내는 힘을 발휘했다. 그러한 예술작품들은 주장을 펼치거나 증거를 제시하지 않고도 형언할 수 없는 실재를 떠올리게 했다. 그러나 초월적 실재란 말로 표현할 수 없는 경이로운 것이기에 신에 관해 말하는 것만으로는 결코 신을 알 수 없었다. 비트겐슈타인은 언젠가 자신의 모든 본성이 겸허한 복종을 받아들일 수 있을 때 비로소 신이 자신을 찾아올 것이라고 믿었다.

(제1장에서 이미 언급한 바 있는) 독일 실존주의 철학자 마르틴 하이데거는 근대의 인격화된 신을 거부하고 '존재'를 지고의 실재로 여겼다. 존재는 어느 한 존재가 아니라 우리가 아는 어떤 실재와도 무관하다. 그것은 절대적 타자로서 '어떤 것도 아닌 것'이라고 부르는 것이 더 정확하다. 그럼에도 역설적으로 존재는 다른 어떤 특정한 존재보다 더 완전하게 존재하는 것이다. 그 완전한 초월성에도 불구하고 존재를 어느 정도 이해하는 것은 가능하다. 그러기 위해서는 논리적, 과학적 연구 대신 침묵을 특징으로 하는 경청하고 수용하는 태도를 길러야 한다. 그것은 논리적 과정이나 실제 행동이 아니라 우리

내면에 불이 켜지듯 일어나는 계시에 가까운 그 무엇이다. 존재는 단번에 완벽하게 이해할 수 있는 사실이 아니라 오랜 시간에 걸쳐 반복적, 점차적으로 쌓아나가야 이해할 수 있게 된다.

하이데거는 그동안 신학자들이 신을 일개 존재로 축소해버렸다고 애통해 했다. 신은 다른 누군가가 되었고 신학은 실증과학이 되어버렸다는 것이다. 하이데거는 초기 저작에서는 이런 '신'에 대한 믿음을 체계적으로 해체해서 존재의 의미를 회복하는 것이 필수적이라고 주장했다. 근대의 철학자들이 발명한 것이나 다름없는 '신'은 이미 죽은 것이나 다름없었다. 그런 신을 믿거나 그런 신에게 기도하는 것은 불가능했다. 바야흐로 엄청난 고갈의 시대였다. 그러나 하이데거는 후기 저작에서는 신을 믿을 수 없게 된 현실을 고무적으로 여겼다. 사람들이 점점 삶의 핵심이 부재하다는 것 혹은 공허하다는 것을 자각하고 있었다. 사람들은 명상적 사유를 수련함으로써 신성의 귀환을 경험할 수 있었다. 더 이상 일개 존재에 빠지지 않고, 존재가 우리에게 직접 말을 건네도록 원초적 기다림을 수련해야 했다.

독일 루터교 신학자 루돌프 불트만(Rudolf Bultmann, 1884-1976)은 신은 비객관화되어야 하고, 성서는 사실적 정보를 전달하는 것이 아니라 기독교인들이 실존적으로 신앙에 임할 때에만 이해되는 것이라고 주장했다. 그에게 그리스도 십자가를 믿는다는 것은 객관적인 사건을 믿는 것이 아니라 십자가를 자기 자신의 것으로 만드는 일이었다.

이제 유럽인들은 자신들의 교리를 그저 초월성을 향한 몸짓으로 보는 감각을 잃고 말았다. 문자주의적 접근은 신화의 목적에 대해서도 오해를 낳았다. 신화의 목적은 있는 그대로의 객관적 세계상을 제시하려는 것이 아니다. 신화는 우주론적으로 해석될 것이 아니라 실존적으로 해석되어야 하는 것이다. 성서 해석은 해석자의 개인적인 개입 없이는 시작조차 할 수 없는 일이었기에 과학적 객관성은 예술에 맞지 않듯이 종교에도 맞지 않았다. 종교는 사람들이 자신의 실존에 관한 질문들로 혼란스러울 때 성서가 요구하는 것을 들을 수 있어야만 가능했다. 예수조차도 신을 생각이나 추측의 대상으로 여긴 것이 아니라 실존적 요구, 즉 '도움을 요구하며 신과 직면한 인간이 결단하게 만드는 힘'으로 여겼었다. 불트만도 하이데거처럼 신성에 대한 감각이 단번에 완벽하게 이해되는 것이 아님을 알았다. 그것은 순간순간의 요구에 끊임없이 주의를 기울임으로써 얻어지는 것이었다.

루터교 목사였던 파울 틸리히(Paul Tillich, 1886-1965)는 1차 대전 이후 프랑크푸르트대학 신학교수로 있었으나 1933년 나치에 의해 해임되고 미국으로 이주해야 했다. 그는 근대의 신을 인간이 버리고 가야 할 우상숭배의 신으로 여겼다. 그는 종군 목사로 전쟁에 참여하면서 느낀 신은 인간폭군과 다름없는 폭군 그 자체였다. 그런 신은 인간이 만든 절대화된 '우상'일 뿐이었다. 그리고 정통적인 신학조차 우상숭배에 지나지 않는다고 주장했다. 그에게는 일개 존재로 축소되어온 신을 열렬히 거부하는 무신론조차 종교적인 행위였다.

오랫동안 '신'이나 '섭리' 같은 상징들은 사람들이 변화무쌍한 속세의 삶 너머로 어렴풋이나마 존재 자체를 느끼게 해주었고 사람들이 삶의 두려움과 죽음에 대한 공포를 견디게 도와주었다. 그러나 틸리히에 의하면 이제는 많은 사람이 과거의 상징을 어떻게 해석하는지 잊어버리고 순전히 사실에 입각한 것으로 여기게 되었다. 불투명한 상징들은 더 이상 그 너머의 초월성을 비춰주지 못하게 되었다. 힘을 잃고 죽은 상징이 된 것이다. 그런 상징들을 문자 그대로 해석하는 사람들은 부정확한 허위 진술을 하는 셈이었다.

따라서 틸리히는 "신은 존재하지 않는다. 신은 본질과 실존을 넘어선 존재 자체다. 따라서 신이 존재한다고 주장하는 것은 신을 부정하는 것이다"[17] 라고 단언했다. 이 말은 단순한 무신론적 선언이 아니었다. 신은 결코 우리 주변에서 보는 사람이나 사물처럼 인지되는 대상일 수 없었다. 유한한 상징 너머의 실재, 즉 유신론을 초월하는 신 너머의 신을 보려는 용기가 필요했다. 우리는 죽은 상징과 대면함으로써 '의심을 불안해하며 사라지는 신 너머로 나타나는 신'을 발견해야 했다.

틸리히는 신을 '존재의 근거'라고 즐겨 불렀다. 개별 자아의 가장 참된 핵심이자 브라흐만과 동일한 아트만처럼 우리가 '신'이라 부르는 것은 우리 존재의 기본 바탕이었다. 따라서 신에 참여한다는 느낌은 우리를 우리 자신의 본질이나 세계와 멀어지게 하지 않고 우리 자신으로 되돌아가게 하는 것이었다. 틸리히도 불트만처럼 존재 자체의 체험을 색다른 것으로 보지 않았다. 그것은 다른 지적, 정서적 체험들 속에 배어있으며 따로 구분되지 않는 체험이기에 '지금 영적 체험을 하고 있다'는 말은 틀린 것이었다. 신에 대한 자각은 따로 특별한 명칭을 갖지 않으며 용기, 희열, 절망 같은 일상의 감정의 바탕에서 이루어지는 것이었다. 그도 불트만처럼 우리가 궁극적 진리, 사랑, 아름다움, 정의, 공감에 절대 헌신할 때 신성을 체험하게 된다고 믿었다.

독일 출신의 로마가톨릭교회 사제였던 카를 라너(Karl Rahner, 1904-1984)는 20세기 중반 가장 영향력 있는 기독교 신학자였다. 그는 신학이 자명한 진리로서 기계적으로 전해지는 일련의 교리들을 다루는 것이 아니라고 주장했다. 신학이 다루는 가르침들은 사람들이 살아가는 실제 조건에 뿌리를 두고 그들이 현실을 어떤 식으로 알고 이해하고 경험하는지를 반영해야 했다. 사람들은 수수께끼 같은 교리의 해석, 신 존재의 증명, 난해한 형이상

---

17 Paul Tillich, *Systematic Theology 2vols* (William B. Eerdmans Publishing, 1957) ch.1, 205.

학적 탐구를 통해서가 아니라 자기 본성이 어떻게 자각하는지를 자각함으로써 신이 무엇인지 알 수 있었다.

라너는 붓다가 강조한 '정념'(正念, 잡념을 버리고 진리를 구하는 마음)의 개념을 장려했다. 우리는 세상의 의미를 이해하려고 애쓰는 가운데 끊임없이 스스로를 넘어서게 된다고 했다. 우리는 매일 매일의 경험 속에서 스스로를 넘어서게 하는 무언가와 끊임없이 부딪치므로 초월성은 본래부터 인간 조건에 포함되는 것이었다.

초월성은 단지 '무엇을 넘어선다'는 의미이기에 보통의 존재에 보태지는 별개의 어떤 것이 아니었다. 이 세계의 다른 존재들을 알고 선택하고 사랑할 때 우리는 자기 자신을 넘어서는 것이며 모든 특정한 존재들을 넘어서고자 할 때 우리는 언어와 개념과 범주를 초월하는 무언가를 향해 나아가는 것이다. 도저히 설명할 수 없는 그 신비가 바로 신이다. 종교적 교리는 그 신비를 설명하거나 정의하기 위한 것이 아니라 한마디로 상징적인 것이다. 따라서 교리적 진술은 그 진술을 넘어서고 상상할 수 있는 모든 것을 넘어서는 어떤 존재를 표현하는 수단일 뿐이다.

캐나다 예수회 수사였던 버나드 로너건(Bernard Lonergan, 1904-1984)은 외적인 감각 자료만이 믿을 만한 지식을 제공한다는 실증주의적 믿음을 거부했다. 그는 『통찰』(*Insight*, 1975)이란 책에서 지식은 통찰, 즉 대상을 꿰뚫어보고 다양한 방식으로 고려하는 능력을 요한다고 말했다. 여기서 다양한 방식이란 수학적, 과학적, 예술적, 도덕적, 형이상학적 방식 모두를 포함한다. 그는 우리가 잡으려 해도 잡히지 않는 무언가가 있는데, 그것이 지혜로워지기를 바라는 우리를 앞으로 나아가게 한다고 했다. 이는 기독교에서 하나님이라 불리는 초월적이고 진실되고 무조건적인 영역으로 우리를 이끈다는 것이다. 그러나 로너건은 이런 식의 설명을 모조건 받아들이라고 강요하지는 않았다. 그는 자신의 책에서 설명하는 내용들을 독자들이 마음대로 해석하여 자기 것으로 만들기를 원했고, 각자가 스스로 완성할 수밖에 없는 과제라고 하였다.

5. 모름: 또 다른 인간의 조건

1920년 과학혁명 이후 '모름'이 인간 경험의 필연적인 일부라는 생각이 점점 확산되었다. 미국의 지성 토마스 쿤(Thomas S. Kuhn, 1922-1996)이 『과학혁명의 구조』(The Structure of Scientific Revolutions, 1962)[18]라는 책을 통하여 '과학이 기존 이론의 체계적 반증을 통해 발전 한다'는 칼 포퍼의 이론을 비판하고, 과학의 역사가 점점 더 정확한 객관적 진리를 얻기 위해 아무 구속 없이 지속적으로 발전한다는 낡은 신념을 무너뜨렸다. 그는 점차 누적되는 가설에 대한 검증이 과학의 발전을 증명해주는 것은 아니라고 믿었다. 과학자들이 이론을 연구하고 검증하더라도 새로운 진리에 도달하는 것이 아니라 당대의 과학적 패러다임을 확인하고자 할 뿐이라는 것이다. 그들은 당대의 패러다임에서 조금도 더 나아가지 못함으로써 패러다임은 신학적 교리와 같은 확신과 고정성을 갖게 된다.

그러나 그러한 과학의 시기가 지나가면 극적인 패러다임의 변화가 일어나곤 한다. 불확실한 실험결과들이 누적되어 한계에 이르면 과학자들은 새로운 패러다임을 찾기 위해 다시 씨름하게 된다. 이런 과정 가운데 다른 분야

---

[18] 20세기 사회과학과 인문과학 및 철학 분야에서 가장 널리 읽혔고 가장 영향력을 끼친 저서. 이 책은 과학 연구와 과학 사조 형성에서 과학외적인 사회적·문화적 요인도 중요한 역할을 한다는 영감에 찬 주장으로 과학사와 과학철학에 혁명을 일으켰고, '패러다임'이라는 전문용어를 일반적으로 널리 쓰도록 만들었다.

의 비유, 이미지, 가정들로부터 영향을 받은 예측불가의 창의적인 비약이 이루어진다. 쿤은 이런 과정에 미적, 사회적, 역사적, 심리적 요인들도 개입된다고 생각했다. 따라서 쿤에 있어 순수과학이란 비현실적인 이상일 뿐이었다. 새로운 패러다임이 자리 잡으면 또 다른 과학의 시기가 시작되고 과학자들은 그것을 또 지지하는 연구를 계속하게 된다는 것이다.

'모름'이 인간 경험의 필연적인 일부라는 생각은 헝가리 태생의 과학자이자 철학자인 마이클 폴라니(Michael Polanyi, 1891-1976)의 『앎과 존재』(Knowing and Being)에서 좀 더 분명해진다. 폴라니는 모든 지식은 객관적, 의식적으로 획득하는 것이 아니라 암묵적이라고 주장했다. 그는 이론적 이해를 중시하는 근대의 풍토 속에서 간과되어온 '실제적 지식'의 역할에 주목했다.

예컨대 우리가 헤엄치거나 춤추는 방법을 배우면서도 정확히 어떻게 그런 일이 가능한지를 설명할 수 없다. 친구의 얼굴을 알아볼 때도 우리가 구체적으로 무엇을 알아보는 것인지 설명할 수 없다. 그리고 기술을 배울 때도 우리가 어떻게 그런 기술이 가능해지는지는 잘 모른다. 잘 모르면서 그냥 거기에 머문다.

폴라니는 우리의 모든 앎이 그와 같다고 주장했다. 우리는 어떤 언어나 시를 내면화하고 그 속에 머문다. 그렇게 스스로를 확장함으로써 새로운 능력을 개발하는 것이다. 우리의 모든 교육은 이런 식으로 작동한다. 각 개인이 이런 식으로 문화유산을 내면화함에 따라 그러한 관점으로 세상을 보고 삶을 경험하는 사람으로 성장해나간다. 따라서 신을 앎에 있어서도 머리만 굴릴 것이 아니라 명확히 표현되지 않는 묵시적인 앎을 접하게 해주는 교회의 전례에 몸소 참여해야 한다고 주장한다.

20세기 중반에 이르자 세속주의가 새로운 이데올로기가 되고 종교는 두

번 다시 공적인 역할을 하지 못할 것이라는 생각이 일반적이었다. 그러나 무신론은 여전히 쉬운 선택이 아니었다. 프랑스 실존주의 철학자 장폴 사르트르(Jean-Paul Sartre, 1905-1980)는 인간의 의식 속에는 신모양의 구멍이 있다고 비유적으로 말했다. 예전에 신성이 늘 존재하던 자리가 텅 비어 있다는 의미다. 우리가 신이라 부르는 것에 대한 욕구는 우주의 완전한 무의미함을 견디지 못하는 인간의 고유한 본성이었다.

사르트르는 우리는 설명할 수 없는 것들을 설명하기 위해 신을 발명했다고 말했다. 즉 신은 인간성에 신성이 부여된 것이었다. 그러나 설령 신이 존재하더라도 우리의 자유에 방해가 되는 신을 거부해야 한다고 강조했다. 그런데 이러한 사르트르의 신조는 편하게 지킬 성질의 것이 아니었다. '우리의 삶이 아무런 의미도 없다'는 암담한 사실을 받아들여야 가능한 것이기 때문이다.

또 다른 프랑스의 실존주의 철학자 알베르 카뮈(Albert Camus, 1913-1960)는 우리의 삶은 언젠가는 죽는다는 사실로 인해 무의미해지므로 인간 존재에 의미를 부여하려는 그 어떤 철학도 망상이라 하였다. 우리는 신 없이 견뎌야 하며 우리의 애정 어린 관심과 고독을 이 세상에 모두 쏟아 부어야 했다. 그러나 그것이 진정한 해방이 아니었다. 카뮈는 『시지프 신화』(Le Mythe de Sisyphe, 1942)에서 신을 버리는 것이 얼마나 힘든 일이며 일생에 걸친 절망적인 싸움을 요한다는 사실을 잘 보여주고 있다.

책 속의 주인공 시지프는 삶에 대한 열정과 죽음에 대한 증오로 가득했었는데 신을 거역한 죄로 영원히 헛된 일만 되풀이하는 벌에 처해졌다. 그는 매일 바위를 산꼭대기로 밀어 올렸지만 꼭대기에 다다르면 바위는 다시 아래로 굴러 떨어져서 다시 처음부터 시작해야만 했다. 이는 죽음조차 해방을 가져다주지 못하는 우리의 삶의 부조리에 대한 은유였다. 결론적으로 그는 죽음과 부조리에 맞서 자신만의 의미를 만들어내려는 영웅적 노력이 있다면 행복은 가능하다고 말했다.

    20세기 중반에 이르자 신을 없애면 멋진 신세계가 펼쳐지리라는 상상이 불가능하다는 것을 많은 사람이 깨닫게 되었다. 인간 존재의 합리성에 대한 계몽주의적 낙관론은 사라졌다. 카뮈는 모름의 상태를 받아들였다. 그는 신이 존재하지 않는다는 것을 확실히 알지는 못했다. 단지 그렇다고 믿는 쪽을 택했을 뿐이다. 그런데 카뮈가 죽은 지 채 10년도 지나지 않아 세상은 급격히 변했다. 근대적 에토스에 대한 저항으로서 또 다른 종류의 무신론이 생겨났고, 모름이 고유한 인간 조건처럼 보임에도 불구하고 단호히 확실성을 열망하는 사람들이 생겨났다.

제10장 ·· 탈근대 시기의 신과 종교

1. 신이 죽은 시대: 신의 죽음 신학 등장

1960대에 들어서자 유럽은 극적인 신앙의 퇴조현상을 보였다. 예컨대 영국에서는 그동안 유례없는 숫자의 교인들이 교회에 발길을 끊었고 이러한 감소 추세는 지속되었다. 최근의 한 조사결과에 의하면 영국인의 약 6퍼센트만이 정기적으로 예배에 참석하는 것으로 나타났다. 1960년대에 유럽과 미국의 사회학자들은 세속주의의 승리를 선언하기도 했다.

하버드대학에서 사회윤리학을 강의하는 신학자 하비 콕스(Harvey Cox)는 『세속도시』(Secular City, 1965)에서 신이 죽었으므로 이제부터 종교는 초월적인 신보다 인간에 중점을 두어야 한다고 주장했다. 그리고 기독교가 이러한 새로운 가치들을 받아들이지 못하면 교회는 소멸의 길을 걷게 될 것이라고 경고했다.

이러한 종교의 퇴조는 많은 근대적 제도들이 무너져가던 1960년대의 중대한 문화적 변화를 보여주는 하나의 징표였다. 검열이 완화되고, 낙태와 동성애가 합법화되고, 이혼이 쉬워지고, 남녀평등을 강조하고, 젊은이들은 부모세대의 근대적 성격을 비판했다. 그들은 좀 더 정의로운 평등사회를 요구하고 정부의 물질주의에 저항했으며 조국의 전쟁에 참여하거나 대학에 가는 것을 거부하기도 했다. 한마디로 주류에 저항함으로써 '대안 사회'를 만들어 가고 있었다.

어떤 사람들은 1960년대 세속주의의 물결을 계몽주의의 합리적 성격이 충족된 것으로 보기도 했으며, 어떤 이들은 계몽주의 프로젝트가 종말을 고하고 '탈근대'(postmodernity)가 시작된 시기로 보기도 했다. 기독교의 가르침, 여성의 예속, 사회적 권위 구조 등 그때까지는 자명한 것으로 여겨지던 진리들이 의심받게 되었다. 과학의 역할, 지속적 발전, 합리성이라는 계몽주의적 이상에 대한 회의론이 생겨났다. 육체와 정신, 물질과 영혼, 이성과 감성이라는 근대적 이분법은 도전을 받았다. 여성, 동성애자, 흑인, 식민지 주민 등 근대사회에서 천대받고 예속되어온 하위 계층의 사람들이 해방을 요구하며 나름의 성취도 이루었다.

니체가 예견했듯이 신은 그야말로 죽었고, 이제는 무신론도 더 이상 모욕적인 말이 아니었다. 선구적 철학자나 신학자가 아닌 일반인들이 기꺼이 스스로를 무신론자라고 부르기 시작했다. 그들은 신 존재를 부정하는 과학적, 합리적 논거들을 검토하려하지도 않았다. 많은 유럽인들에게 신은 그저 불필요한 것이 되고 말았다. 믿음은 오히려 평화의 적으로 인식되었다. 왜냐하면 수많은 국가 간 분쟁이나 싸움, 정치적 불균형, 세속적 민족주의 등의 문제에 종교가 직·간접으로 관여했고 많은 잔학행위에도 연루되었기 때문이다. 종교가 정치적으로 이용되었던 것이다. 분명 종교는 세상을 구원하는 임무를 다하지 못했다.

미국에서는 세상의 냉혹한 현실에 관여하면서 열광적으로 신의 죽음을 선언하는 또 다른 형태의 기독교 무신론을 만들어낸 신학자그룹이 있었다. 그들 중 한 사람인 급진적인 신학자 토머스 알타이저(Thomas Altizer)는 『그리스도교 무신론의 복음』(The Gospel of Christian Atheism, 1966)이라는 책을 통하여 신의 죽음이 우리를 초월적 신의 압제로부터 해방시켰다는 복음(기쁜 소식)을 전했다. 그는 신의 죽음이 역사적인 사건임을 알아야 한다. 신은 우리 시대, 우리 역사, 우리 존재 안에서 이미 죽었다고 주장했다. 그리고 그는 신비주의적 시적인 언어로 영혼의 어두운 밤, 버려지는 고통 그리고 신이 다시 의미를 갖기 위해 필요한 '침묵'에 관해 말했다. 그는 신학이 다시 태어나려면 과거의 신 개념은 죽어야 한다고 강하게 주장했다.

동료 신학자 폴 밴 뷰런(Paul Van Buren)은 『복음의 세속적 의미』(Secular Meaning of the Gospel, 1963)를 통하여 과학기술이 전통 신화의 효력을 없앴다고 주장하며, 하나님을 포기하고 인간이 어떤 존재인지 정의해준 해방자 나사렛 예수에 주목해야 한다고 말했다.

로체스터신학교 교수를 지낸 윌리엄 해밀턴(William Hamilton)은 『급진 신학과 신의 죽음』(Radical Theology and the Death of God, 1966)에서 '신의 죽음 신학'이라는 용어를 사용하였는데, 신의 죽음 신학이 20세기 개신교도의 방식이라고 보았다.

루터가 수도원을 버리고 세상 속으로 나아간 것처럼 근대의 기독교인도 과거의 신이 있던 성스러운 장소를 버리고 떠나야 한다고 했다. 그래야만 기술, 권력, 돈, 섹스가 판치는 세상 속에서 인간 예수를 발견할 수 있다는 것이다. 인간에게는 신이 필요치 않았다. 다만 세상의 문제들에 대해 스스로의 해답을 찾아야만 했다. 신의 죽음 신학에는 분명 결함도 있었다. 그것은 부유한 백인 중산층의 운동이었고, 때로는 아주 공격적이었다. 이러한 한계에도 불구하고 신의 죽음 신학은 동시대의 우상들(근대적 신 개념 포함)에 대한 비판을 요구하는 예언적 목소리였다.

이러한 시대에 청년 문화는 제도 종교의 권위적 구조를 격렬히 거부하면서도 보다 종교적인 삶의 방식을 요구했다. 젊은이들은 교회에 나가는 대신 티베트에 가거나 동양의 명상술에서 위안을 찾았고 에르하르트 세미나 훈련 같은 개인적 변신을 통해 초월성을 추구했다. 그렇지만 서구 근대사회에서는 보다 직관적인 지식에 이르는 전통적 방식들이 도외시됨으로써 1960년대의 영성 추구는 종종 거칠고 자기 탐닉적이고 불균형적인 모습을 보일 수밖에 없었다.

2. 신과 종교의 극적인 부활

그러나 아직도 종교의 죽음을 말하는 것은 시기상조였다. 1960년대만 해도 곧 세속도시가 도래할 것이라는 확신이 있었으나 1970년대에 접어들어 종교의 극적인 부활에 의해 그 확신은 퇴색되고 말았다. 1979년 서아시아에서 가장 진보적이고 안정되었던 이란의 팔레비 왕조(Pahlavi dynasty)[1]가 무명의 시아파(Shia Islam)[2] 지도자 아야톨라(Ayatollah)[3]에 의해 무너지는 모

---

1   1925년부터 1979년까지 이란을 지배했던 왕조로, 현재까지 이란에 존재했던 최후의 왕조이다.

2   시아파는 초기 이슬람사에서 알리(마호메트의 사위이자 4대 칼리프)의 이슬람교도 공동체 지배를 지지한 정치적 당파였다. 20세기 후반에 시아파 신자 수는 6,000만-8,000만 명가량 되었으며 이는 전체 이슬람 인구의 약 10퍼센트에 해당한다. 시아파는 이란과 이라크의 이슬람교도 중 대다수를 이루고 있다. 그 밖에 시리아, 레바논, 동아프리카, 인도의 북부지방과 데칸 고원, 뭄바이, 그리고 파키스탄에도 시아파 신자가 있다. 이슬람의 대다수를 차지하는 또 하나의 분파는 '수니파'(Sunni Islam)이다. 수니파 이슬람교도는 자신들의 교파를 이슬람의 주류이자 정통파로 간주함으로써 소수파, 즉 시아파와 구별한다. 수니파는 처음 4명의 칼리프를 마호메트의 합법적 후계자로 인정하는 반면 시아파 교도는 마호메트의 사위였던 알리와 그 후손에게만 이슬람에 대한 지도권이 속한다고 믿는다. 한편 시아파와는 대조적으로 수니파는 마호메트에 의해 건립된 신정국가(神政國家)를 세속의 통치영역으로 오랫동안 이해해왔기 때문에, 이슬람의 지도권에 대해서도 신의 질서나 영감이 아닌 당시 이슬람 세계의 지배적인 정치현실에 의해 결정된다고 생각했다.

3   시아파에서 고위 성직자에게 수여하는 존칭. 이슬람 신학에서는 철학, 윤리학 등 최고 전문가들이 갖는 칭호로 꼽힌다.

습은 온 세계에 놀라움이었다.

한편 이집트 사다트(Anwar El-Sadat, 1918-1981) 대통령의 평화 계획에 각국 정부가 박수갈채를 보내고 있을 때 이집트 젊은이들은 전통 이슬람 복장을 하고 근대의 자유도 내팽개친 채 종교를 되찾겠다고 대학 캠퍼스를 장악했다. 이스라엘에서는 공격적인 종교적 시오니즘(Zionism, 유대 민족주의 운동)[4]이 정치적으로 각광받으면서 초정통파 정당들이 득세했다. 미국에서는 보수주의의 핵심 인물이며 침례교 목사인 제리 팔웰(Jerry Lamon Falwell, 1933-2007)이 자신을 근본주의자라고 소개하며 1979년에 '도덕적 다수파'(Moral Marjority)[5]라는 단체를 설립했다. 개신교 근본주의자들이 정치에 참여하여 세속적 인본주의를 조장하는 주 법안과 연방법안에 맞설 것을 촉구하는 단체였다.

서구에서 세속 정부가 들어서면서 정교(政敎)가 분리되었던 모든 지역에서 이러한 공격적 독실함이 나타나자 그동안 변방에 밀려나 있던 '신'과 '종교'도 다시 중심으로 부상했다. 세계 도처의 많은 사람이 전문가, 지식인, 정치인들의 생각과는 상관없이 종교가 공적인 삶에 좀 더 분명히 반영되는 모습을 보고 싶어 했다. 이 새로운 유형의 독실함은 흔히 '근본주의'로 알려져 있지만 자신들은 개혁운동이라 생각했으며 기독교적 용어로 왜곡되는 것을 거부하는 사람들이 많았다. 실제로 그들은 종교 본연의 모습으로 회귀하자고 주장하지는 않았다. 그들의 운동은 그 시대적 상황으로 보면 혁신운동이라

---

4 과거에 나라 없이 떠돌던 유대인들이 그들 조상의 땅이었던 팔레스타인 지방에 유대 민족 국가를 건설하는 것을 목표로 하였던 민족주의운동. 1948년에 이스라엘이 독립함으로써 실현되었다.

5 도덕적 다수파는 레이건이 대통령이던 1980년대 기독교 우파에서 영향력을 크게 끼친 보수주의 단체로 기독교 소리(Christian Voice) 등과 더불어 낙태반대, 동성애자들의 시민권 인정 반대, 학교내 기도부활, 당시 인종차별이 존재하던 남아프리카공화국에 대한지지, 국방비 증액요구, 공화당내 보수인사 경제정책 지지, 사회복지 예산증액 반대 등을 주장하였다.

할 수 있을지도 모른다. 그리고 자신들은 근대성에 대한 탈근대적 거부로 여겨질 수도 있었을 것이다. 그들은 나름 정통적이지도 보수적이지도 않다고 생각했다. 오히려 그들은 보다 전통에 충실한 신앙인들을 문제로 여겼다.

이러한 운동은 서로 독자적으로 성장했기 때문에 같은 전통 내의 운동들조차 서로 다른 비전을 갖게 되었다. 그러나 그들은 유사성을 지녔고 근본주의의 시조격인 미국 개신교 근본주의가 세웠던 패턴을 본능적으로 따르고 있었다. 그래서 처음에는 절멸의 공포 속에서 적에 대한 피해망상적인 환상을 키우는 방어적 운동의 성격을 띠었다. 내부적 신앙운동으로 시작했다가 이차적으로 외부의 적에 주의를 기울이게 된 것이다.

근본주의자들이 방어적인 태도를 보이며 경쟁적인 견해들을 인정하기 싫어하는 것은 위협을 느끼기 때문이다. 그러나 이러한 태도는 근대성에 늘 내재해 있던 편협함의 또 다른 표현이기도 하다. 기독교 근본주의자들은 자신들이 도덕적, 신앙적 도리라고 여기는 것에 대해 강경한 태도를 취한다. 그들은 공립학교에서 진화론을 가르치는 데 반대한다.

또한 그들은 맹렬한 애국주의자이면서도 민주주의는 탐탁지 않게 여긴다. 페미니즘을 시대적 악으로 규정하고 낙태에 반대하는 성전(聖戰)을 벌인다. 심지어 일부 극단적 근본주의자들은 낙태를 시술한 의사를 살해하기도 했다. 기독교 근본주의자들은 자신들이 믿는 교리가 정확한 성스러운 진리이며, 성서의 한 구절 한 구절이 문자 그대로의 사실이라고 확신했다. 또한 그들은 기적이 참된 신앙의 필수적인 증거이며 신자들이 기도로 무엇이던 청하면 하나님이 모두 들어준다고 믿는다. 그런데 이는 기독교 주류 전통에서 완전히 벗어난 태도이다.

근본주의자들은 신의 적으로 여겨지는 사람들을 비난하는 데는 매우 신속하다. 대부분의 기독교 근본주의자들은 유대인과 무슬림이 지옥에 갈 것이라고 생각하고 불교, 힌두교, 도교는 악마에게 영감을 받았다고 생각하는 사람들도 있었다. 문제는 유대교와 이슬람교 근본주의자들도 별 다르지 않다는 데 있다. 그들 역시 각기 자신들의 전통이 유일하게 참된 신앙이라고 여긴다. 심지어 이슬람 근본주의자들은 정부를 전복시키기도 했고, 일부 극단주의자들은 잔혹한 테러 행위에도 가담했다. 유대교 근본주의자들은 아랍 주민들을 몰아내겠다는 공언된 의도로 웨스트뱅크(West Bank)[6]와 가자 지구(Gaza Strip)[7]에 불법 정착촌을 세우면서 자신들이 메시아를 맞이하는 중이라고 확신했다. 어떤 근본주의자들은 안식일에 차를 운전하는 사람들에게 돌을 던지기도 한다고 한다.

    미국의 스콥스 재판의 설명에서 이미 살펴보았듯이, 이러한 근본주의운동은 같은 종교의 자유주의자들 혹은 세속 체계의 공격에 의해 시작되고, 공격이 계속될수록 더 극단적으로 변하게 마련이다. 유대 세계의 근본주의도 그와 같은 두 차례의 계기를 거쳐 발전했다.

    첫 번째는 히틀러가 유럽의 유대인들을 말살하려 했던 홀로코스트였고, 두 번째는 아랍 군대들이 이스라엘을 불시에 공격하여 전과를 올렸던 1973년의 10월 전쟁이었다. 이슬람 세계에서도 유사한 패턴이었다. 수많은 서구인들이 이슬람교가 본래 근본주의적이고 민주주의와 자유에 본래부터 반대하며 만성적으로 폭력에 심취해 있다고 믿은 데서 출발한다. 그러나 이슬람교는 세 유일신교 가운데 가장 늦게 근본주의 경향이 나타난 종교였다. 그럼에도 불구하고 서구의 많은 나라들이 이슬람 근본주의자들을 정치적 명목

---

6 1920-1947년 영국의 위임통치를 받은 요르단 강 서쪽의 팔레스타인 영토. 1949-88년 하심 요르단 왕국에서 그 소유권을 주장했으나 1967년 이스라엘이 점령했다

7 지중해를 끼고 있는 면적 365㎢의 지역. 시나이 반도의 북서쪽에 자리하고 있다. 인도 대륙의 북서부에 있는 잠무카슈미르와 더불어 인구밀집 지역임에도 불구하고 어떤 현존 국가의 영토로도 인정을 받지 못하는 곳이다.

을 내세워 무차별 공격함으로써 오히려 그들의 과격화에 불을 지폈다. 그리고 일부 이슬람 국가들의 급속한 세속화는 종교에 대한 공격의 형태로 종종 나타났다. 유럽과 미국에서는 세속화가 오랜 세월 동안 서서히 이루어져 새로운 사상과 제도들이 모든 구성원들에게 자연스럽게 전달된 반면 많은 이슬람 국가들은 겨우 50년쯤 되는 시간 동안 서구 모델을 채택해야만 했기 때문이다.

3. 신(新)무신론자들

한편 다수의 물리학자들이 지적인 발전에 필수적인 요소로 보이는 '모름'에서 편안함을 느꼈지만 아직도 학문적으로 중대한 전환을 경험하지 못한 일부 생물학자들은 여전히 절대적 진리를 발견할 수 있다고 자신했다. 그리고 다윈과 헉슬리의 불가지론적 절제를 포기한 일부 학자들은 자신들의 무신론적 관점을 설파하기 시작했다. 프랑스 생화학자로 노벨상을 수상하기도 한 자크 모노(Jacques Lucien Monod, 1910-1976)는 『우연과 필연』(*Chance and Necessity*, 1970)을 통하여 유신론과 진화론이 절대 양립 불가능하다고 주장했다. 변화는 우연에 의해 생겨나고 필연에 의해 퍼져나가므로 우주의 목적과 설계를 말하는 것은 불가능하다고 했다. 그리고 우리 인간은 우연히 생겨났고 인자하신 창조주도 우리의 삶과 가치를 결정하는 신도 없으며 이 방대한 비인격적인 우주에 우리밖에 없다는 사실을 받아들여야 한다고 했다. 또한 과학적으로 검증될 수 없는 생각을 받아들이는 것은 지적으로만이 아니라 도덕적으로도 잘못이라고 주장했다.

하지만 그도 이러한 객관성이라는 이상이 정말 맞는 것인지는 증명할 방법이 없음을 인정했다. 그것 역시 자의적인 이상이며 증거가 불충분한 주장일 수밖에 없었다. 이처럼 그는 과학적 탐구조차 믿음의 행위와 더불어 시작된다는 것을 암묵적으로 시인했다. 하지만 모노의 생각은 프랑스 문화에 익숙지 않은 사람들이 이해하기에는 그리 쉽지만은 않았다.

한편 영국 옥스퍼드의 생물학자 리처드 도킨스(Richard Dawkins)는 『눈먼 시계공』(The Blind Watchmaker, 1986)에서 페일리의 지적설계 논증이 19세기 초에는 완벽하게 받아들여졌지만 다윈은 그러한 설계가 진화 과정에서 아주 자연스럽게 출현한 것임을 입증했다고 설명했다. 여기서 '눈먼 시계공'은 자연선택, 즉 지적으로 계획될 수 없는 맹목적인 과정을 비유한다. 도킨스에게 무신론은 진화의 필연적인 결과였다. 그는 종교적 충동이 그저 진화상의 실수, 즉 '유용한 무언가가 빗나간 것'일 뿐이라고 주장했다. 그리고 종교적 충동은 종을 살아남게 해준다는 이유로 자연선택된 인지체계에 기생하는 바이러스 같은 것이었다. 이러한 도킨스는 오늘날 지식인들 사이에서 주요 세계관으로 자리 잡은 과학적 자연주의의 극단적인 주창자로 알려져 있다.

미국 철학자 다니엘 데닛(Daniel Dennett)[8]은 우리가 과학과 신앙 중 하나를 택해야 한다고 주장했다. 그리고 왜 인간이 종교적인지에 관해 생물학이 더 나은 설명을 해줄 수 있으므로 이제 신학은 불필요해졌다고 생각했다. 그러나 미국의 대표적 논객이자 신경과학자인 샘 해리스(Sam Harris)[9], 영국계 미국인 작가이자 평론가인 크리스토프 히친스(Christopher Eric

---

8 데닛은 인간과 동물의 마음을 읽는 능력을 비롯한 인지과학 분야에서 항상 혁신적인 연구를 했던 석학으로 평가받고 있다. 데닛은 터프츠대학교의 인지연구소 소장이자 철학교수로 재임하고 있으며, 대표 저서로는 『자유의 진화』(Freedom Evolves, 2003), 『달콤한 꿈』(Sweet Dreams, 2005), 『주문 깨기』(Breaking the Spell, 2006) 등이 있다.

9 미국의 대표적 논객이자 신경과학자이다. 그는 리처드 도킨스, 크리스토퍼 히친스, 다니엘 데닛과 함께 종교적 도그마와 지적설계론을 비판하고 있다.

Hitchens), 그리고 리처드 도킨스 같은 '신무신론자'들에게 종교는 이 세상 모든 문제들의 근원이었다. 그들은 종교가 절대 악의 근원이며 모든 것을 오염시킨다고 보았다. 그래서 그들은 자신들이 언젠가는 인간의 의식에서 신 개념을 몰아낼 과학적, 합리적 운동의 선봉에 서 있다고 생각했다.

이러한 접근에 대해 우려하는 목소리도 있었다. 대표적으로 미국의 진화생물학자 스티븐 굴드(Stephen Jay Gould, 1941-2002)는 진화의 함의를 논함에 모노의 생각을 따랐다. 자연계의 모든 것이 자연선택으로 설명되는 것은 사실이지만 자연적 설명에만 유효한 과학이 신이 존재하는지 아닌지를 판단할 자격은 없다고 주장했다. 그리고 자기 자신은 종교에는 아무런 감정도 없었다고 한다. 그는 자기 자신을 무신론적인 불가지론자라고 설명했지만 다윈이 자신은 무신론자가 아니라고 한 사실, 저명한 다윈주의자들도 기독교가 아니면 불가지론자들이었다는 사실을 지적했다. 따라서 무신론은 진화론을 받아들인 필연적 결과는 아닌 것이었으며, 이 문제에 대해 독단적으로 떠드는 다윈주의자들은 과학의 소관을 넘어서는 셈이었다.

그러나 신무신론자들의 생각은 달랐다. 특히 도킨스는 굴드를 '부역자'라고 비난하는 다소 격한 반응을 보였다. 그들이 고수하는 강경한 과학적 자연주의는 바로 그들이 비판의 근거로 삼는 근본주의의 양태와 다를 바 없었다. 그들은 모든 종교적 근본주의자들이 그러하듯이 자신들이 진리를 독점하고 있다고 믿는다. 기독교 근본주의자들처럼 성서를 완전히 문자 그대로 해석하는 그들은 알레고리적 해석이나 탈무드식 해석의 전통, 혹은 고등비평 같은 것을 들어보지도 못한 듯 했다. 해리스는 성서적 영감을 성서가 실제로 '신에 의해 쓰여 졌다'는 의미로 받아들였던 것 같다. 히친스는 신앙이 성서를 문자 그대로 읽는 데 전적으로 의존한다고 가정함으로써, 예컨대 복음서의 초기 기술에 나타난 불일치들을 기독교의 허위를 보여주는 증거로 여긴다. 그는 복음서들이 어떤 의미에서 문자 그대로의 진실이거나, 아니면 모든 것이 근본적인 사기, 그것도 부도덕한 사기일 것이라고 보았다.

도킨스는 개신교 근본주의자들처럼 성서의 도덕적 가르침을 지나치게 단순하게 받아들임으로써 그러한 가름침의 목적이 당연히 명확한 행동규칙과 역할모델을 제시하는 것으로 보았다. 그러니 이를 부적절하다고 통탄하는 것도 당연하다. 단지 그가 개신교 근본주의자들과 다른 점은 성서가 과학적으로 믿을 만하지 못하다고 보는 점이다.

도킨스는 진화론 교육을 반대하는 미국의 창조론자들과 지적설계론을 부활시키려는 새로운 유사 과학적 철학을 지지하는 자들에게 분개했다. 그러한 지지자들로는 버클리대학 법학교수 필립 존슨(Philip E. Johnson)[10], 리하이대학 생화학부 교수 마이클 베히(Michael Behe), 지적설계운동의 중심인물인 윌리엄 뎀스키(William Dembsky) 등이 있다. 이 유신론자들은 모두 신을 설계자로 상정하지는 않지만 지적설계론이 다윈주의를 대체할 수 있다고 주장하며 마치 과학적으로 입증이라도 된 것처럼 세상을 창조한 초자연적 행위자를 언급한다.

그러나 지적설계자들은 현대의 진화론적 사고를 반박할 만한 경험적 관찰이나 실험을 전혀 내놓지 못했다. 따라서 지적설계론은 과학이 아니라고 데닛은 판단했다. 지적설계론은 과학적 진술을 펼친다는 점에서 신학적으로도 부적절하다. 이같이 창조론자들이나 지적설계론자들을 못마땅하게 여기는 도킨스의 심정은 이해할 만하지만 근본주의적 믿음이 기독교 혹은 종교 전체를 대변한다고 보는 그의 관점은 분명 옳지 않아 보인다.

---

10 그는 지적설계운동(Intelligent Design movement)의 주창자로서, 다윈주의 이론들을 비판하면서 지성계를 지배하는 자연주의 세계관을 무너뜨리는 연구, 저술, 강연 활동을 활발히 전개하고 있다.

이런 식의 환원주의야말로 근본주의적 사고방식의 전형이라고 할 수 있다. 근본주의를 세 유일신교의 핵심으로 보는 태도는 도킨스, 히친스, 해리스의 종교 비판에 있어 필수적이다. 그들은 신을 지극히 문자주의적으로 이해한다. 도킨스가 보기에 종교적 믿음이란 우주 만물을 의도적으로 설계하고 창조한 초인적, 초자연적 지성이 존재한다는 생각에 달려있다. 이처럼 신을 초자연적 설계자로 정의해놓고는 신을 부정하기 위해 실제로 자연에 설계는 없다는 것만 보여주면 되는 것이다. 그러나 도킨스는 그런 정의가 사람들이 신이라는 말을 이해하는 일반적인 방식이라고 가정하는 오류를 범하고 있다. 신이 과학적 가설, 즉 일련의 실험과 관찰을 이해하기 위한 개념 틀이라는 그의 주장 역시 잘못된 것이다.

신무신론자들 모두가 신앙을 아무 생각 없이 쉽게 믿는 것으로 여긴다. 해리스는 9·11테러 직후에 쓴 『종교의 종말』(*End of Faith*)에서 테러를 없애는 유일한 길은 종교를 폐지하는 것이라고 주장했다. 그도 도킨스와 히친스처럼 신앙을 '증거 없는 믿음'으로 정의하며 그런 태도는 도덕적으로 비난받을만하다고 보았다. 그는 이전의 다른 무신론자와 불가지론자들처럼 신앙이 모든 악의 근원이라고 선언하기까지 했다.

그의 논리에 의하면, 믿음이 결백해 보일지는 몰라도 교리를 맹목적으로 받아들인다면 마음속에 신이 이스라엘의 파멸을, 팔레스타인의 민족 청소를, 9·11대학살을 원한다는 등의 가공할 만한 허구가 들어설 자리를 만들어주게 된다. 따라서 우리 모두는 과학의 경험적 방법으로 검증될 수 없는 것은 믿지 말아야 한다. 극단주의자, 근본주의자, 테러리스트들만 없애는 것으로는 불충분하다. 온건한 신자들도 위험이 내재하는 신앙을 믿는 죄가 있으므로 잔혹한 테러 행위에 함께 책임져야 하는 것이다.

같은 논리로, 도킨스는 우리 시민들도 신앙에 관용을 보이지 말아야 한다고 주장한다. 종교적 믿음이 단지 종교적 믿음이라는 이유만으로 존중받아야 한다는 원칙이 계속 지켜진다면 오사마 빈 라덴(Osama bin Laden)[11]이나 자살폭탄 테러범들까지도 존중해야만 한다. 명백하고 자명한 대안은 종교적 믿음이라면 무조건 존중하는 원칙을 버리는 것이다. 비록 극단주의가 아닌 온건한 종교의 가르침이라 해도 언제든 극단주의로 변할 수 있기 때문이다. 해리스 역시 종교적 관용이라는 생각은 우리를 구렁에 빠뜨리는 주요한 힘들 중 하나라고 주장한다. 이들의 태도, 즉 계몽주의의 관용 원칙을 거부하는 태도는 그 자체 극단주의임에 분명하며, 그들의 관용의 결여는 또다시 종교적 근본주의들과 다를 바 없다. 자연스럽게 독일 나치의 강제수용소와 옛 소련의 강제수용소를 연상하게 된다.

세 신무신론자들 모두 종교를 그 최악의 모습으로 묘사하고 있다. 종교의 이름으로 악행들이 저질러진 사실도 중요하고, 사람들이 그러한 사실에 관심을 갖게 하는 것도 옳다. 신앙인들은 다른 종교에서 저지른 죄를 열거하기 좋아하면서도 정작 자신들의 오점은 못 본 체할 때가 많다. 예컨대 기독교인들은 이슬람 역사에 대해 부끄러울 정도로 무지하지만 같은 기독교인들이 저지른 십자군, 박해, 종교재판에 대해서는 철저히 외면하면서 이슬람교의 불관용성을 비판하는 데는 열을 올린다.

그러나 종교가 오로지 악하기만 했다고 주장하는 것은 옳지 않다. 과학자라면 잘 연마된 이성적 능력으로 공정하고 균형 있게 증거를 가려내 줄 수 있어야 함에도 불구하고 해리스는 대부분의 무슬림들은 종교적 믿음 때문에 완전히 미쳐있다고 단호하게 주장해버린다. 이런 식의 관점은 그가 비난하는

---

11 사우디아라비아에서 태어난 석유 재벌이었으며, 이슬람 근본주의적 성향의 국제 테러리스트 조직 알카에다의 지도자이다. 빈라덴은 2001년 9월 11일 뉴욕과 워싱턴 DC에 행해져 최소 2752명을 숨지게 한 9.11 테러의 배후로 간주되고 있다.

일부 종교적 수사만큼이나 편향적이며 게다가 사실도 아니다.

그리고 지금의 이 위기의 시대에 명석한 두뇌와 정확한 지성을 요구한다는 이유로 현대 사회의 모든 문제들을 전적으로 종교 탓으로만 돌리는 것도 문제가 있다. 자살 폭파, 9·11테러, 십자군, 마녀 사냥, 화약 음모 사건, 인도 분할, 이스라엘과 팔레스타인의 전쟁 등 이 모든 갈등이 전적으로 종교 탓으로만 보기는 어렵다.

신무신론자들은 현대 사회의 경험과 모호성에 관해 이해나 관심이 부족했던 것인가? 그들은 세 유일신교가 비록 명백한 결점을 지니고는 있지만 모두 정의와 공감을 지닌 종교라는 긍정적인 측면은 전혀 언급하지 않는다. 그리고 그들도 종교적 근본주의자들과 전혀 다를 바 없이 자신들의 적을 악의 원형인 것처럼 과장해버린다. 그러면서 그들은 종교에 관해 자신들과 견해를 달리하며 어떤 근본주의자들보다 주류 전통에 가까웠던 불트만이나 틸리히 같은 신학자들은 거론조차 하지 않는다. 또한 그들은 윤리적으로도, 지적으로도 아주 보수적이며 더 나은 세상에 대한 열망도 보여주지 못한다.

4. 포스트모던 시대의 신과 종교

1980년대부터는 새로운 우주론의 불확정성을 적극적으로 포용하는 철학운동이 전개되었다. 우리가 현실이라고 부르는 것이 정신에 의해 구성되며, 따라서 인간의 모든 이해는 정확하고 객관적인 정보의 습득이 아니라 해석이라는 흄과 칸트의 가정은 포스트모던적 사고로 이어졌다. 그 결과 지배적인 단일한 시각이 존재할 수 없게 되었고, 우리의 지식은 확실하고 절대적인 것이 아니라 상대적이고 주관적이고 불완전한 것이 되었으며, 진리는 본질적으로 애매모호한 것이 되었다. 따라서 특정한 역사적, 문화적 환경의 산물인 기성관념들은 엄격히 해체되어야 했다.

그러나 이러한 작업이 어떤 절대적인 원칙에 입각해서 이루어지는 것은 아니며, 이를 통해 완전히 정확한 진리에 도달하리라는 보장도 없다. 이 세계가 외부 조건을 반영하는 이데올로기가 아닌, 바로 인간 자신이 세계에 부과한 이데올로기에 영향을 받는다는 확신은 포스트모던적 사고의 핵심이다.

포스트모더니스트들은 특히 '거대한 이야기'를 미심쩍어한다. 그들은 서구 역사가 세계를 전체화하려는 끊임없는 충동에 의해 많은 상처를 입었다고 생각한다. 신학적인 '거대한 이야기'는 십자군이나 종교박해를 낳았고 과학적, 경제적, 이념적, 정치적으로 '거대한 이야기'는 자연에 대한 기술의 지배, 노예제도, 대량 학살, 식민 통치, 반유대주의, 여성과 소수집단에 대한 억압 등을 낳았다.

포스트모더니스트들은 니체, 프로이드, 마르크스가 그랬듯이 절대적인 신념을 무너뜨리고자 하지만 그렇다고 이를 자신들의 절대적인 '이야기'로 대체하려 들지는 않는다. 따라서 포스트모더니즘은 우상파괴적이다. 그리고 포스트모더니즘의 태두로 알려진 프랑스 철학자 장프랑수아 리오타르(Jean-Francio Lyotard, 1925-1998)의 말처럼 포스트모더니즘은 '거대서사에 대한 의심'으로 정의될 수 있다. 이 세계를 굽어보며 만물을 자기 마음대로 움직이는 근대의 전지전능한 '신'은 가장 의심받을 만한 거대서사다. 그러나 포스트모더니스트들은 절대적, 전체주의적 주장을 펼치는 무신론 역시 반대한다.

프랑스 철학자 자크 데리다(Jacques Derrida, 1930-2004)[12]는 종교적 맥락

---

12 알제리 태생의 프랑스 철학자이다. 에콜 노르말 쉬페리외르 철학과를 졸업하고 1960-1964년 소르본대학, 1965년 이후에는 모교에서 철학을 가르쳤다. E. 후설의 현상학(現象學)을 공부하고 구조주의 방법을 철학에 도입하였다. 서양 철학이 대부분 궁극적인 형이상학적 확실성이나 의미의 근원을 모색해 왔음을 비판, 어떤 확립된 철학이론을 갖는 것을 피하고 언어의 기호체계

의 명시적인 신학적 편견뿐만 아니라 모든 형이상학에 나타나는 신학적 편견들을 경계해야 한다고 주장했다. 데리다도 다른 포스트모던 철학자들처럼 근대적 사고방식을 특징짓는 확고한 이항대립적 사고를 의심했다. 그런 그가 보기에 유신론과 무신론의 구분은 너무 단순했다. 무신론자들은 복잡한 종교 현상들을 자신들의 이데올로기에 맞게 축소해왔다. 마르크스가 종교를 억압받는 인민의 아편이라 부른 것과 프로이드가 종교를 오디푸스적 두려움으로 본 것 등이 좋은 예가 된다.

데리다가 볼 때 형이상학적 근거에 의한 확고부동한 신의 부정은 독단적인 종교적 신학만큼이나 잘못된 것이었다. 세속 유대인이었던 데리다는 비록 자신이 무신론자로 통할지 몰라도 늘 기도하며 더 나은 세상에 대한 메시아적 희망을 지녔다고 한다. 그래서 우리에게 절대적으로 확실한 것은 없기에 평화를 위한다면 신앙 혹은 불신앙을 단언하지 말아야 한다고 강조했다.

이러한 거침없는 상대주의를 두고 일부의 정통적인 신자들과 대다수의 근본주의자들은 혐오감을 가질지 모른다. 그러나 데리다의 사고에는 초창기 신학을 상기하게 한다. 그 어떤 텍스트에서도 확실하고 단일한 의미를 찾을 수 없다는 그의 해체 이론은 분명 랍비들의 태도와 유사하기 때문이다. 그는 종종 '부정' 신학자로 불리기도 했고, 에크하르트에게도 관심이 많았다. 데리다는 '차연'(Différance, 차이와 지연)[13]이란 핵심 용어를 사용했는데, 이때 '차

가 자의적인 것이라는 인식 아래 '해체'(解體)의 방법을 통해 언어를 분석, 철학적 테제의 기본 개념을 재검토하려 하였다. 또한 '시차성'(示差性)이라는 개념을 도입, 실체와 직결된 것이라고 인식되었던 개념들이 사실은 시차적 특징에 의해서만 의미를 지니는 것이라 하여, 이를 재구성하려 했다.

13 차연(Différance)은 프랑스 해체주의 철학자 자크 데리다가 만든 용어이다. 이것은 차이 짓다(to differ)와 지연시키다(to defer) 두 가지 말을 결합해 만든 것이며, 언어가 말을 전달하지 못하고 계속 지연시키는 상태에 있다는 것을 지칭하는 뜻으로 사용된다. 데리다는 차연이 개념도 아니고 낱말도 아니라고 말한다. 그런데 이 말은 더 깊은 의중을 숨기고 있다. 얼핏 개념과 낱말의 중간쯤인가 싶겠지만 이 말의 진정한 의미는 차연에 개념이나 낱말 등의 형이상학적 기준을

연'이란 어떤 낱말이나 개념이 아니라 더 깊은 의중을 숨기고 있다. 예컨대 '신'이라는 낱말 혹은 개념 속에 존재하는 준초월적(혹은 유사한 초월적, quasi-transcendental) 가능성의 의미를 담고 있다.

에크하르트에게서 이러한 차연은 '신 너머의 신', 즉 인간 자신과 분리될 수 없는 새롭지만 알 수 없는 형이상학적 근거였다. 그러나 데리다에게서 차연은 그저 유사한 초월적일 뿐이었다. 즉 보이지 않고 잠재되어 있지만 우리가 신에 관해 하는 어떤 말도 수정하거나 철회해야 할 것 같다고 느끼게 만드는 무엇이었다. 이러한 차연의 의미와 더불어 그의 해체철학[14] 또한 발전하였다.

데리다는 후기 저작에서는 열린 미래의 잠재력과 매력에 흠뻑 빠져 있는 듯해 보였다. 그는 해체될 수 없는 것이 있음을 단언했다. 그것은 실재하지 않기에 또 다른 절대적인 것은 아니지만 우리는 그것을 위해 눈물을 흘리고 기도한다. 예컨대 정의는 일상에서는 절대로 완전히 실현되지 않지만 모든 법적인 고찰을 특징짓는 해체될 수 없는 무엇이다. 정의는 실재하는 것이 아니라 우리가 바라는 것이다. 정의는 우리에게 손짓하며 때때로 우리 손에 잡힐 듯하지만 결국에는 잡히지 않는다. 그럼에도 우리는 정의를 법체계로 구현하기 위해 계속 노력한다.

훗날 데리다는 용서, 우정 같은 다른 해체될 수 없는 것들에 대해서도 논했다. 그는 또 도래할 민주주의에 관해서 즐겨 말했다. 우리는 민주주의를 열망하지만 결코 이를 이룰 수는 없다. 민주주의는 미래에 대한 부단한 희망으

적용시킬 수 없다는 뜻이다.

14 종래의 로고스(logos) 중심주의적인 철학을 근원적으로 비판하는 포스트구조주의의 철학 이론으로, 1960년대에 프랑스의 비평가 데리다(J. Derrida)가 제창한 비평이론. 주어진 것으로서의 전체성, 즉 신(神)이나 이성 등 질서의 기초에 있는 것을 비판하고, 사물과 언어, 존재와 표상(表象), 중심과 주변 따위 이원론을 부정하며 다원론을 내세운다.

로만 남는다. '신' 또한 마찬가지다. 과거에 인간의 생각과 노력을 제한하기 위해 종종 쓰였던 '신'이라는 말은 데리다에게 욕망 너머의 욕망, 본질상 설명하기 힘든 기억이자 약속이었다.

일부 포스트모던 사상가들은 이러한 개념들을 신학에 적용해왔다. 데리다의 사상을 처음 신학에 적용한 사람은 마크 테일러(Mark C. Taylor)였다. 테일러는 해체가 1960년대 '신의 죽음' 운동과 연관성이 있다고 보면서도 급진주의 신학자 알타이저가 모든 것을 살았거나 죽었고, 존재하거나 부재한다고 보는 근대적 변증법에서 벗어나지 못했다고 비판했다. 그가 보기에 종교는 부재하는 것처럼 보일 때조차 존재하는 것이었다. 그래서 그의 후기 저작은 종교가 다른 담론들 속에 완전히 묻혀버렸다는 비판을 받기도 한다.

이탈리아의 포스트모더니스트 잔니 바티모(Gianni Vattimo)는 종교가 본질적으로 해석적인 담론임을 자인해왔다고 처음부터 주장하고 나섰다. 종교는 성서를 끊임없이 해체함으로써 전통을 이어왔기에 애초부터 형이상학적 전통으로부터 자유로울 수 있다는 것이다. 그는 현대의 수많은 종교와 무신론을 특징짓는, 승리에 도취된 공격적 확신에 맞서 이른바 '약한 사고'(weak thought)라는 것을 고취하고자 했다. 형이상학이 위험한 것은 신 또는 이성에 대해 절대적인 주장을 하지 않기 때문이다.

모든 형이상학이 폭력적인 것은 아니지만 심각할 정도로 폭력적인 사람들은 모두 형이상학적이라고 바티모는 말한다. 예컨대 히틀러는 자기 주변의 유대인들을 증오하는 데 만족하지 않고 유대인 일반에 대해 형이상학적 주장을 하는 거대서사를 만들어냈다는 것이다. 그러면서 그는 '누가 내게 절대적 진리를 말해주고 싶어 한다면 그는 나를 지배하고 싶어 하는 사람'이라고 강조했다. 그가 볼 때 유신론도 무신론도 모두 절대적인 주장을 하고 있지만 이제 더 이상 절대적인 진리는 없으며 오직 해석만 있을 뿐이라고 하였다. 그는 유신론과 무신론의 벽을 포함해서 온갖 벽들을 무너뜨리고 싶어 했다.

하이데거와 데리다의 영향을 많이 받은 미국 철학자 존 카푸토(John D. Caputo) 역시 '약한 사고'를 옹호하며 유신론과 무신론 간의 대립을 초월하고자 했다. 그는 '신의 죽음' 운동이 지닌 한계를 지적하면서도 근대의 신을 해체하려는 알타이저와 밴 뷰런의 열망에는 충분히 공감했다. 또한 그는 종교적 진리가 본래 상징적임을 강조한 틸리히의 견해를 높이 평가하면서도 신을 '존재의 근거'로 부르는 것은 경계한다.

그는 유신론자든 무신론자든 모두 확실성에 대한 근대적 욕망을 포기해야 한다고 주장한다. '신의 죽음' 운동이 지닌 문제들 중 하나는 그 용어들이 너무 절대적으로 쓰였다는 것이다. 영원히 변하지 않는 상태란 없으며, 이제 우리는 '신의 죽음'의 죽음을 목격하고 있다고 말한다.

그리고 카푸토는 데리다처럼 신을 욕망 너머의 욕망으로 묘사한다. 욕망은 그 본질상 존재하는 것과 존재하지 않는 것 사이에 위치하며 지금 우리에게 있는 것과 없는 모든 것, 우리가 아는 것과 모르는 모든 것을 다룬다. 여기서 '욕망이 존재하는가?'라고 물을 수 없듯이 '신이 존재하는가?'라고도 물을 수 없다는 것이다. 차라리 '우리는 무엇을 욕망하는가?'라고 물어야 한다는 것이다. '내가 신을 사랑한다고 할 때 무엇을 사랑하는 것인가?'라고 자문해 보았지만 답을 찾지 못했던 아우구스티누스는 아마도 이 점을 이해했을 것이다.

카푸토에게 종교적 진리는 지식 없는 진리이다. 그는 데리다의 '차연' 개념을 적용해서 '사건의 신학'을 만들어냈다. 그것은 신, 정의, 민주주의 같은 '이름'과 그 이름 속에서 들썩거리는, 결코 완전히 실현되지 않는 '사건'을 구분하는 신학이다. 그러나 이름 속의 사건은 우리가 도래할 무언가를 위해 눈물 흘리고 기도를 하게 함으로써 우리를 부추겨서 사태를 뒤집는다. 우리는 이미 존재하는 것이 아닌 도래할 것을 위해 기도한다. 사건은 존재하는 고정불변의 신에 대한 믿음을 요구하지 않고 신이라는 이름 속에 들썩거리는 것(평화, 정의, 사랑 등)을 세상에 실현하도록 부추긴다.

이들 포스트모던 철학자들이 말하는 종교는 지나치게 근대적인 종교에는 생소하게 들릴지 몰라도 과거의 많은 통찰들을 환기시킨다. 바티모와 카푸토 모두 자신들의 생각이 오랜 내력을 지닌 원초적인 것들이라고 주장한다. 종교가 본래 해석적이라고 보았던 바티모의 주장은 '토라란 무엇인가? 토라는 토라에 대한 해석이다'라는 랍비들의 금언과 통한다. 또한 카푸토는 안셀무스의 '존재론적 증명'이 자동해체적이라고 생각했다. 그리고 사건이 믿음보다 반응을 요구한다는 카푸토의 주장은 성서를 행동에의 요구로 보는 랍비들의 정의를 상기시킨다.

카푸토는 무신론이 언제나 특정한 신 개념에 대한 거부라는 점에 주목하여, 근대의 무신론이 근대의 신에 대한 거부라면 근대의 한계 설정은 또 다른 가능성을 열어준다고 말한다. 즉 근대 이전의 유신론을 부활시키기보다는 근대적 유신론과 무신론 모두를 넘어서는 무언가를 가능하게 해준다는 것이다. 그의 전망은 무척 매력적이다. 이제 우리는 전근대적 유신론을 뛰어넘어서 지금의 이 복잡하고 혼란스런 현실과 요구들에 진정으로 답해줄 수 있는 '신'에 대한 인식으로 나아가야 할 것이다.

·· 맺음말

　글쓴이는 본 글을 '신이란 무엇인가?', '신은 존재하는가?' '종교란 무엇인가?' 등의 명제를 제시하면서 시작했다. 그리고 그 답을 찾아보자고 했다. 이는 곧 이 글을 통하여 이에 대한 답을 어느 정도 찾을 수 있을 것이라 생각한 데서 기인한다. 글을 진행해오면서 참 많은 사상가들과 그들의 신에 대한 관점과 종교적 견해들을 살펴보았다. 그 정도면 제시한 명제에 대한 나름의 답을 찾을 수 있을 것으로 여겼다. 위대한 신학자들의 견해는 나름 명확했다.
　그렇지만 그들의 견해에는 늘 함정이 있었다. 인간의 이성으로 판단하는 신에 대한 견해는 사실은 신에 대해 전혀 알 수 없는 것이었다. 어떤 경우에는 신에 대한 비합리적 확신이 넘쳐났고, 어떤 경우에는 모름의 태도로 일관하여 갈피를 잡지 못하게 했다. 나름의 확신을 얻을 수 있을 것이라던 기대는 글을 끝맺어야 하는 이 시점에도 아무런 답을 찾지 못한 듯하다. 점점 더 침묵할 수밖에 없음을 솔직히 고백한다. 굳이 말로 표현하자면 '오히려 더 모르겠다'는 고백을 할 수 밖에 없다. 이는 아마도 글쓴이의 얄팍한 지적 능력과 이성적 판단에 따른 논거에 머물렀기 때문일 것이다. 철저한 수련과 헌신적인 삶의 실천 없이는 그 어떠한 접근도 허용하지 않는 것이 종교의 영역이기 때문이다.

그러나 글을 전개해오면서 다음과 같은 지적 희열을 얻을 수 있었든 것은 큰 수확이 아닐 수 없다.

글을 전개해오면서 줄기차게 말해왔듯이, 신이나 종교는 결코 인간의 이성으로 이해 가능한 답을 기대할 수는 없다는 것이다. 그런 답은 로고스의 소관이며 철학의 영역에서는 어느 정도 가능할지 모르나 신학의 영역에서는 도저히 불가능한 일이다. 본래 종교의 임무는 쉽게 설명되거나 쉽게 해결될 수 없는 삶의 유한성, 고통, 슬픔, 절망 등과 같은 문제들과 더불어 평화로우며 즐겁게 살아가도록 돕는 것이다. 그렇다고 종교가 알아서 그런 역할을 해주는 것은 아니다. 종교는 엄청난 노력과 수양의 과정이 필요하며 거짓되고 우상숭배적이고 자기탐닉적인 종교는 그러한 역할을 제대로 할 수 없다.

다시 말해서 종교는 실천적 수련을 통하여 진리를 얻을 수 있기에 종교적 통찰이란 관념적인 사색이 아니라 철저한 영성수련과 헌신적인 삶을 통해서 가능하다. 올바른 실천 없이 종교적 진리를 이해하는 것은 불가능한 일이다.

앞서의 논의들에서 요가 수행자, 카발리스트, 성서 해석자, 랍비, 수도사, 명상 수행자, 철학자, 심지어 신앙심이 좋은 일반 신도들의 대단한 노력까지 두루 살펴보았다. 그들 모두는 위디오니시우스의 말대로 우리를 다른 종류의 앎의 단계로 인도함으로써 이전의 우리 자신으로부터 벗어나게 해주는 엑스타시스의 경지를 말해주었다. 종교적 통찰에 이르려면 생각의 우상들을 넘어서는 지적인 노력도 필요하지만 자기중심적 사고를 넘어서게 해주는 공감의 삶 또한 필요함을 알게 해주었다. 상대를 지배하거나 제거해야겠다는 공격적인 로고스로는 그러한 초월적 통찰에는 이를 수 없음도 알게 해주었다. 미술이나 음악 혹은 시를 대할 때처럼 순수하게 경청하며 받아들일 때 그러한 통찰에 이를 수 있음을 알게 했다.

각 종교적 전통마다 성스러움을 서로 다르게 표현하며 성스러움을 체험하는 방식도 서로 달랐다. 브라흐만, 열반, 하나님, 도 등은 서로 상당한 차이를 보이지만 그렇다고 어떤 것은 옳고 어떤 것은 다르다고 말할 수 없음도 알았다. 모든 신앙체계들은 이러한 '궁극적 실재'에 대해 우리의 언어와 개념의 틀로서는 규정할 수 없으며, 인간의 사유체계를 넘어서는 것임을 알게 했다.

종교에 관한 과거의 사고방식에서도 배울 점이 많았다. 유대인, 기독교인, 무슬림 모두 계시된 진리를 고정불변의 것이 아닌 상징적인 것으로 여겼고 성서는 문자 그대로 해석되는 것이 아니라 오히려 다양한 의미로 해석되어 완전히 새로운 통찰로 이어졌음을 알 수 있었다. 계시는 먼 옛날 한 차례 일어났던 일이 아니라 인간의 창의력을 요하는 계속 진행 중인 과정이었다. 그들은 계시가 신에 관한 틀림없는 정보를 준다고 생각하지는 않았다. 신은 언제나 인간의 이해력이 미치지 못하는 곳에 있었기 때문이다. 무로부터의 창조 교리는 자연세계가 신에 관해 아무것도 말해줄 수 없음을 분명히 했고, 삼위일체는 신을 단순한 인격체로 생각해서는 안 된다는 가르침을 주었다.

유대교, 기독교, 이슬람 학자들 모두 지적인 성실함과 스스로 사고하는 것이 무엇보다 중요하다고 강조했다. 그들은 사람들이 과거의 통찰에 소심하게 매달리기보다 독창적이고 과감하고 자신 있게 신앙을 재해석하기를 기대했다.

사실 인간들은 태초부터 아주 헌신적으로 고된 종교적 행위를 되풀이해 왔다. 그러면서 그들은 표현하기 힘든 방식으로 인간성을 고양하고 충족하는 신성함을 접하게 해주는 신화, 의례, 도덕적 규율을 발전시켜왔다. 그들이 그렇게 독실했던 이유는 무엇인가? 그들은 단지 신화와 교리들이 과학적, 역사적으로 믿을 만해서도 아니며 우주의 기원에 관해 알고 싶어서도 아니며 더 나은 세계를 원해서도 아니었다. 권력에 굶주린 사제나 왕들이 믿음을 강요해서도 아니었다. 오히려 종교는 사람들이 폭정과 억압에 맞서도록 도와주었다.

종교의 의미는 지금 현재의 삶을 치열하고 풍요롭게 사는 데 있었다. 그들은 꿈을 꾸면서 자연을 사색하고 자연과 소통하면서 일상의 환희와 통찰의 순간들을 맞이하기를 소망했다. 그들은 삶의 고통에 짓눌려 신음한 것이 아니라 오히려 고통 속에서 평온함을 유지하고자 했다. 그리고 죽음에 대해서도 초연하고자 하는 용기를 갈망했다. 그들은 인간 개개인에게서 느끼는 형언할 수 없는 신비를 찬미하고 모든 사람이 존중받는 사회를 만들고자 했다. 유한한 인간이 신적인 삶을 살며 진정한 자아에 눈뜨는 일이 가능하다는 것을 보여주었다. 갈등과 고통으로 가득한 세상 속에서도 다른 존재들과 평화롭게 살 수 있다는 진리를 보여주었다. 이는 철저히 자기중심적 사고를 버려야 가능한 엄격한 수련을 동반함을 보여주었다.

이는 본 글에서 줄기차게 강조해온 '자기 비움'과 '공감'의 종교를 의미한다. 종교는 삶의 실천적인 헌신을 위한 실천적 수련 가운데 그 본질적인 의미를 담고 있다. 결코 종교는 관념적 교리들에 대한 믿음이 아니라, 우리 마음의 새로운 능력을 발견하기 위한 실천적 수련에 의미가 있는 것이다. 원시종교에서부터 포스트모더니즘까지 이어지는 전통의 맥에서 이것이 오히려 종교의 전통이었으며 우리가 회복해야 할 모습이었다.

　오늘날처럼 관념적 교리들에 대한 믿음으로 사람들에게 잣대를 들이대며 상대를 판단하며 정죄하고 혹 그렇지 않더라도 그들을 신에게 돌아가야 할 존재라고 전제하는 태도가 아니라 진정한 '모름' 즉 '자기 비움'이 우선되어야 한다. 사실 '자기 비움'과 '공감'의 태도는 모든 인간이 가장 아름답게 살아가기 위한 태도일 것이며, 특히 종교인들에게는 궁극적으로 추구해야 할 태도임에 틀림없다.

　모든 사람이 서로 공감하며 살아가는 삶, 그러한 삶이면 얼마나 아름다우며 얼마나 행복하겠는가! 이러한 공감은 '다른 사람의 혼돈 속으로 들어가는 것'일 것이다. 다른 사람의 혼돈 속으로 들어가기 위해서는 침묵의 태도, 모름의 태도, 이로 인한 자기 비움이 전제되어야 할 것이다. 그리고 '나'에 의해 '타자'를 규정하지 않을 때 온전한 공감이 이루어 질 수 있음을 명심해야 한다. 이러한 온전한 공감이 이루어질 때 갈등과 고통으로 가득한 세상 속에서도 다른 존재들과 화합하며 평화로운 삶을 영위할 수 있을 것이다.

> 진정 신 앞에 침묵해야 함에도 불구하고 글쓴이는 참 많은 말을 하고 말았다. 이는 분명 아직 제대로 깨침의 단계에 입문조차 하지 못했음을 알게 하는 징혹이다.

신앞의
침묵

도/서/소/개

변증학
The Defense of the Faith

코넬리우스 반틸 지음
신국원 옮김 | 신국판 양장 | 632면

기존에 출간된 반틸 박사의 변증학을 웨스트민스터신학교 변증학 교수 스캇 올리핀트 박사가 새롭게 편집 및 증보하여 출간한 책이다. 인간의 자율성에 내포된 공허함과 하나님의 주권적 은혜의 위대함을 밝힌다.

개혁주의시리즈 9
개혁주의 변증학
The Justification of Knowledge

로버트 L. 레이몬드 지음
이승구 옮김 | 신국판 | 224면

워필드, 반틸, 카아넬, 쉐이퍼 등 여러 학자들의 기독교 변증학의 제 유형들을 가감 없이 소개한다. 무엇보다도 살아계신 하나님의 계시를 정확하게 반영하고 있는 개혁주의적 입장에서 변증신학을 피력하고 있다.

신 앞의 침묵

The Silence in the Presence of God

2015년 10월 31일 초판 발행

지은이 | 조현규

편　　집　|　전희정
디 자 인　|　김소혜 김윤정
펴 낸 곳　|　밀알서원
등　　록　|　제21-44호(1988. 8. 12)
주　　소　|　서울시 서초구 방배로 68
전　　화　|　02) 586-8761~3(본사)　031) 942-8761(영업부)
팩　　스　|　02) 523-0131(본사)　031) 942-8763(영업부)
홈페이지　|　www.clcbook.com
이 메 일　|　clckor@gmail.com
온 라 인　|　기업은행 073-085404-01-017　예금주: 박영호 (밀알서원)

ISBN　978-89-7135-059-1 (93230)

* 낙장 · 파본은 교환해 드립니다.

총 판 처　|　사) 기독교문서선교회

이 도서의 국립중앙도서관 출판시 도서목록(CIP)은 서지정보유통지원시스템 홈페이지(http://seoji.nl.go.kr)와
국가자료공동목록시스템(http://www.nl.go.kr/kolisnet)에서 이용하실 수 있습니다.
(CIP제어번호: CIP2015026928)